JN171376

ミネルヴァ日本評伝選

足利義持

累葉の武将を継ぎ、一朝の重臣たり

吉田賢司著

ミネルヴァ書房

刊行の趣意

「学問は歴史に極まり候ことに候」とは、先哲荻生徂徠のことばである。

歴史のなかにこそ人間の智恵は宿されている。人間の愚かさもそこにはあらわだ。この歴史を探り、歴史に学んでこそ、人間はようやくみずからの正体を知り、いくらかは賢くなることができる。新しい勇気を得て未来に向かうことができる。徂徠はそう言いたかったのだろう。

「ミネルヴァ日本評伝選」は、私たちの直接の先人について、この人間知を学びなおそうという試みである。日本列島の過去に生きた人々の言行を、深く、くわしく探って、そこに現代への批判を聴きとろうとする試みである。日本人ばかりではない。列島の歴史にかかわった多くの異国の人々の声にも耳を傾けよう。

先人たちの書き残した文章をそのひだにまで立ち入って読み、彼らの旅した跡をたどりなおし、彼らのなしとげた事業を広い文脈のなかで注意深く観察しなおす――そのとき、はじめて先人たちはいまの私たちのかたわらによみがえってくる。彼らのなまの声で歴史の智恵を、また人間であることのよろこびと苦しみを、私たちに伝えてくれもするだろう。

この「評伝選」のつらなりのなかから、列島の歴史はおのずからその複雑さと奥ゆきの深さをもって浮かび上がってくるはずだ。これを読むとき、私たちのなかに新たな自信と勇気が湧いてきて、その矜持と勇気をもって「グローバリゼーション」の世紀に立ち向かってゆくことができる――そのような「ミネルヴァ日本評伝選」にしたいと、私たちは願っている。

平成十五年（二〇〇三）九月

上横手雅敬
芳賀　徹

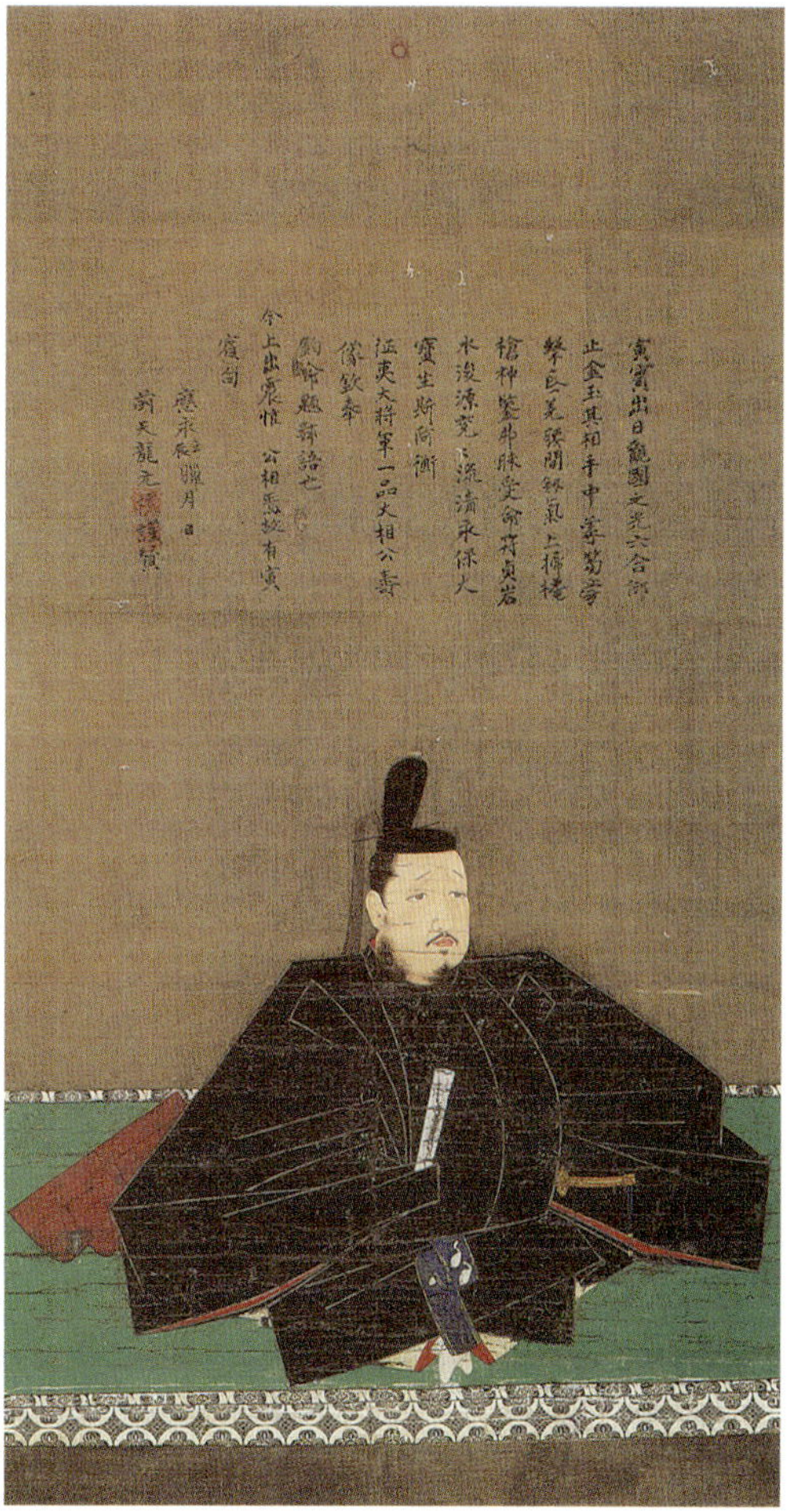

足利義持像（京都・慈済院蔵）

正装の束帯《そくたい》姿を描いた，義持27歳の寿像。賛は履《り》中《ちゅう》元礼《げんれい》。（本書124～127頁参照）

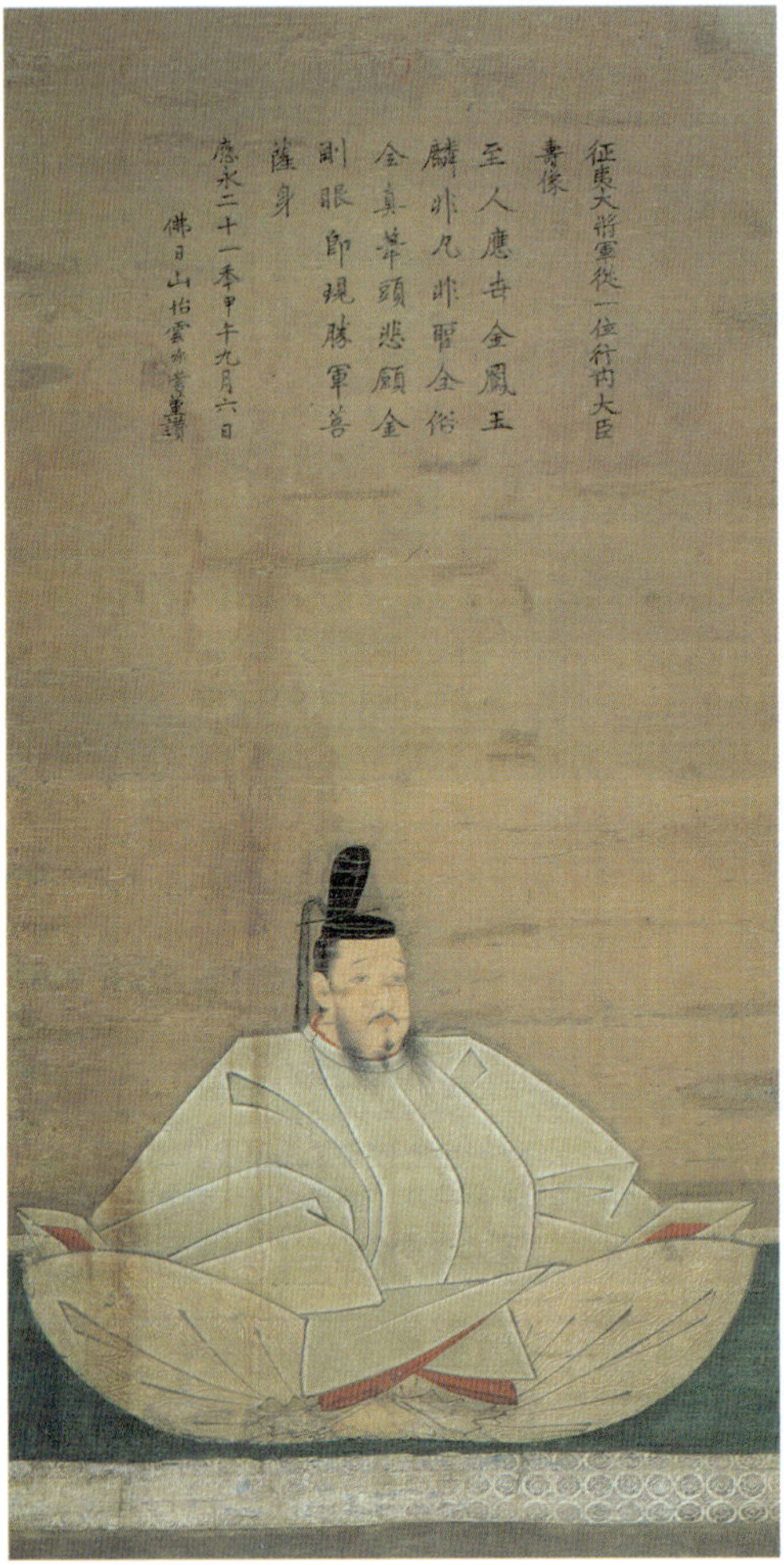

足利義持像（京都・神護寺蔵）

平服の直衣《のうし》姿を描いた，義持29歳の寿像。賛は怡《い》雲《うん》寂《じゃく》誾《ぎん》。
（本書91頁，127頁参照）

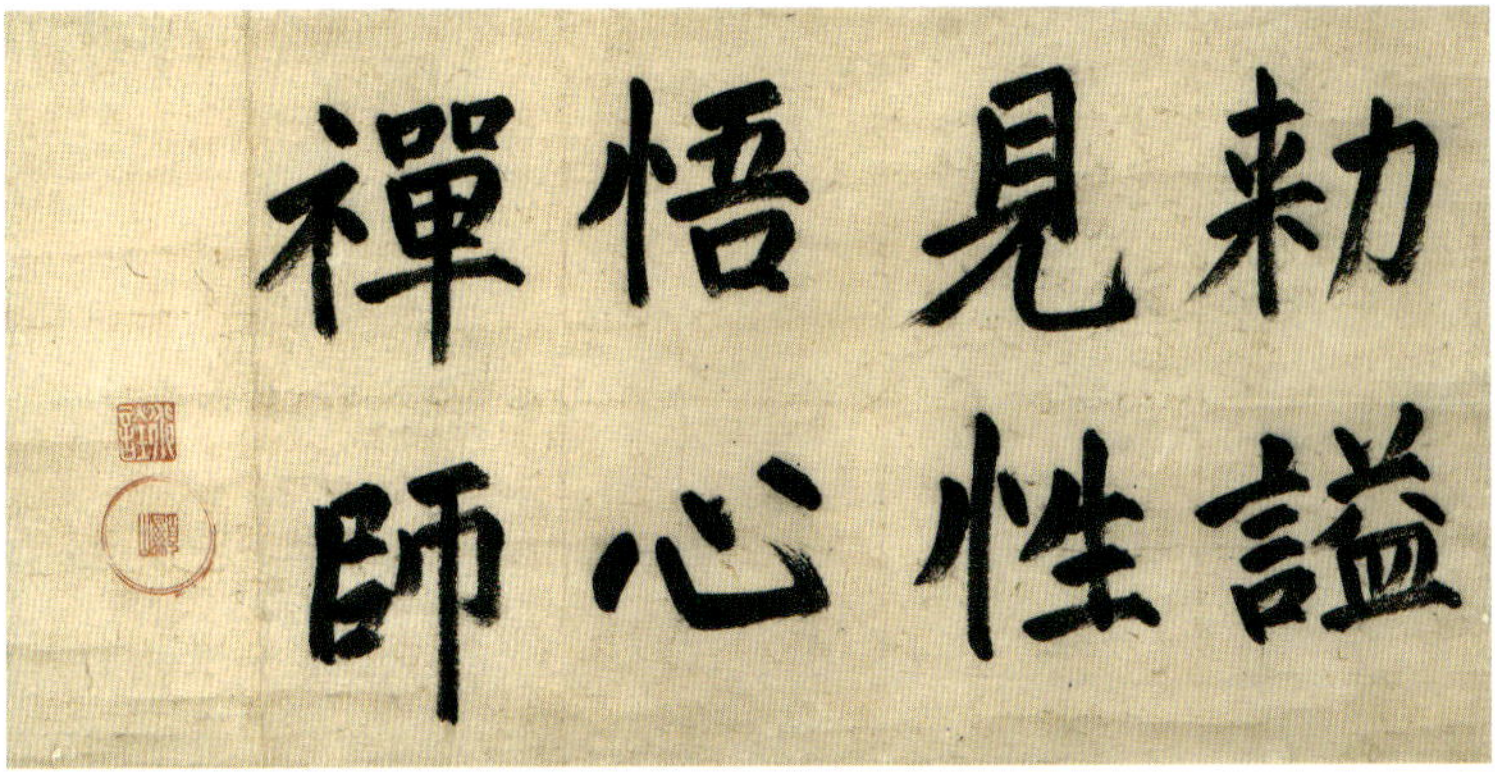

足利義持筆 見性《けんしょう》悟心禅師《ごしんぜんし》号（滋賀・永安寺蔵，安土城考古博物館提供）
称光天皇の勅命により与えられた，禅僧弥天永釈《みてんえいしゃく》（永安寺開山）の諡号《しごう》を，大書したもの。

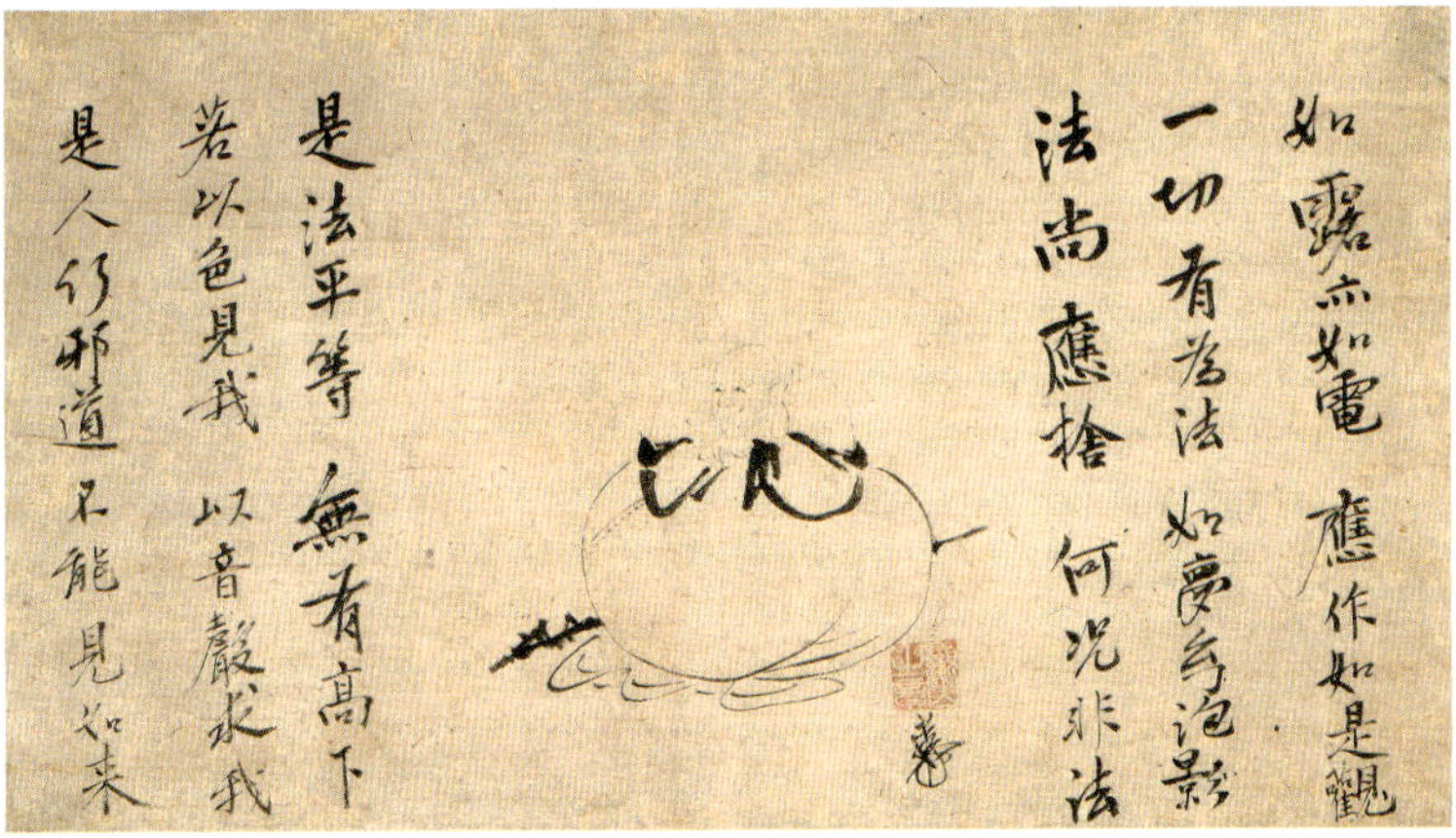

足利義持筆 布袋図（福岡市美術館蔵）
大袋に頬づえして，微笑む布袋。左右に禅宗で重んじる金剛経の一節，右下に花押を記す。（本書94～96頁参照）

足利義持筆 寒山図
（岡山県立美術館蔵）
禅宗で好まれた画題，唐代伝説の隠者寒山《かんざん》。

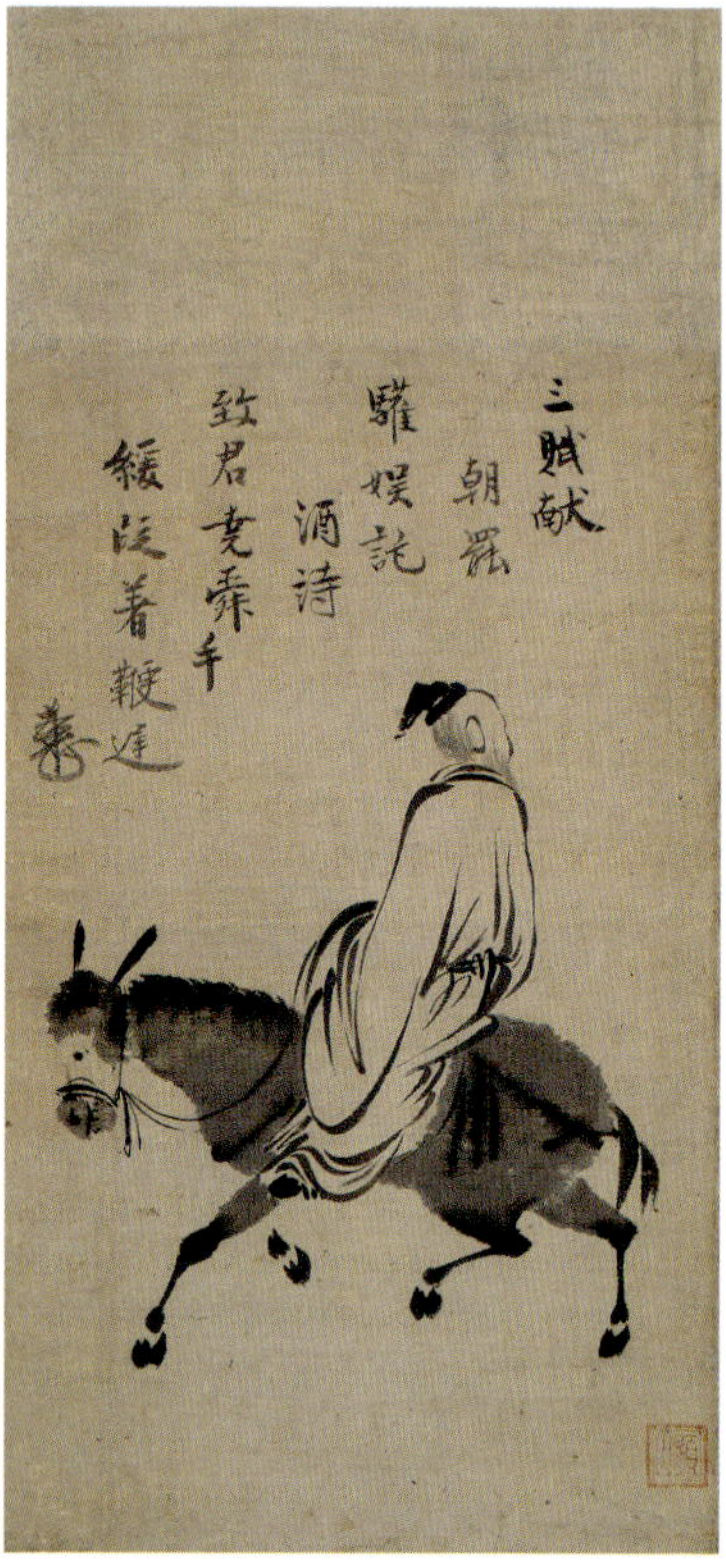

足利義持筆 騎驢人物図
（細見美術館蔵）
驢馬《ろば》に乗る，中国唐代の詩人杜甫《とほ》。
（本書127頁，142頁参照）

足利義持——累葉の武将を継ぎ、一朝の重臣たり　目次

※本書では既発表の著書・論文を示すにあたり、〔吉田：二〇一六〕のように執筆者の姓と発行年を表記し、同姓の著者が含まれる場合には姓名ともに記載した。その文献名は、巻末の参考文献にまとめて掲載した。

図版一覧

図版一覧

足利氏略系図

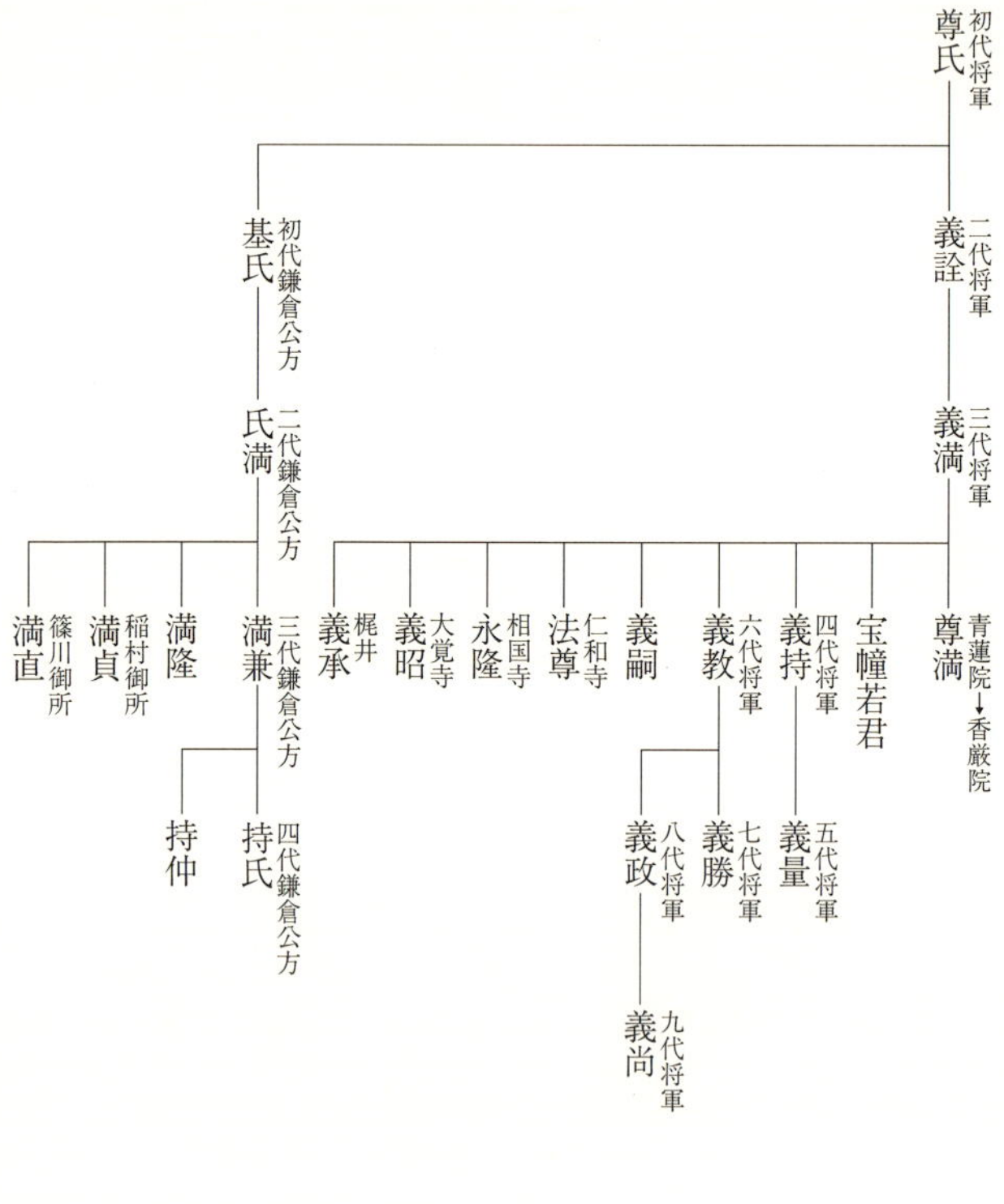

尊氏 初代将軍
義詮 二代将軍
義満 三代将軍
尊満 青蓮院→香厳院
宝幢若君
義持 四代将軍
義量 五代将軍
義教 六代将軍
義勝 七代将軍
義政 八代将軍
義尚 九代将軍
義嗣
法尊 仁和寺
永隆 相国寺
義昭 大覚寺
義承 梶井
基氏 初代鎌倉公方
氏満 二代鎌倉公方
満兼 三代鎌倉公方
持氏 四代鎌倉公方
持仲
満隆
満貞 稲村御所
満直 篠川御所

序章　動乱の傷跡――生誕前

室町幕府の諸段階

応永一五年（一四〇八）五月六日、公武に君臨した足利義満が五一歳の生涯を閉じた。室町幕府の四代将軍であった足利義持《よしもち》は、実権を握り続けた父の急死により、将軍襲職一五年目の二三歳にして、ようやく親政を始めた。義満が試行錯誤のすえ開拓した日明貿易を中断するなど、義持は父の「偉業」をくつがえす反動政策を行ったことで知られる。これを評して「義満に対する私憤を晴らしたにすぎない」とする考えは古くからあるが〔田中義成：一九二三〕、こうした側面だけで捉えてしまうと、「不肖の息子」として義持の歴史的評価は低いものとならざるを得ないだろう。義持の事績を客観的に位置づけるためには、彼が生きた時代の特質を踏まえる必要がある。一般的に室町幕府は義満の治世に絶頂を迎えると考えられがちだが、実は政治・財政・軍事の多分野で流動的な不安定要素が伏在していた。これらの淵源を探ってみると、ことごとく南北朝の動乱中に山積された諸問題にたどりつく。

室町幕府の制度変遷は、将軍足利尊氏と弟直義《ただよし》が軍事と政務を分掌した第一段階から、将軍が管《かん》領《れい》・諸大名に諮問しつつ政治を行った第二段階、将軍の側近・奉行人が幕政の中心を担うようになる第三段階と、大きく三つの段階に区分できる〔佐藤進一：一九七六〕。将軍でいえば、第一段階は初代尊氏の時期（一四世紀前半）、第二段階は二代義詮《よしあきら》を過渡期として三代義満から六代義教の時期（一四世紀後半～一五世紀前半）、第三段階は七代義勝・八代義政を過渡期として九代義尚以降の時期（一五世紀後半～一六世紀）にあたる。本書の主人公である四代義持は、第二段階の政務形態が最も円滑に機能したとされる時期の将軍である。よって本書の叙述も、第二段階が中心となる。

第二段階の室町幕府は鎌倉幕府と比較して、A将軍の親裁とB朝廷との融合が顕著である点を特質としてあげることができる。さらにC「守護の連合政権」といった評価に象徴されるように、守護職を兼ねる在京大名が幕政に参与した点も、この時期の特徴といえる。AとBは独裁的・求心的な、Cは合議的・遠心的なイメージを抱かせるが、こうした相反する二つのイメージをいかに止揚《しよう》するかが、第二段階の室町幕府を理解するうえで重要となる。そこで第一段階から第二段階への変化がいかにしておこり、義持の活動を規定する舞台が準備されたのかを、近年の研究成果によりながら序章で取り上げることにしたい。

親裁化の実態

まず、Aの論点から確認しよう。周知のように、鎌倉幕府の後期には将軍となる首長の鎌倉殿《かまくらどの》に政務の実権はなく、執権を輩出する北条氏嫡流の得宗《とくそう》が執政していた。もっとも第一段階の初期室町幕府でも、将軍尊氏は執事高師直《こうのもろなお》の補佐のもと戦功褒賞のみを専管し、そのほかの一般政務は弟の直義が担当していた〔佐藤進一：一九六二〕。近年では初期室町幕府の二頭政治と鎌倉幕府の政治形態との類似性も指摘されており、直義は鎌倉期の得宗に相当する地位にあって政務を裁断したと考えられる。実際に初期室町幕府の諸制度は、一三世紀後半までに著しく発達した鎌倉幕府のそれをモデルに構築されていた。たとえば所領関係の裁判では、直義の管轄下にある引《ひき》付方《つけかた》が原告である訴人《そにん》と被告である論人《ろんにん》の主張を聴取したうえで判決原案を作成し、これを受け直義の臨席する評定の場で裁許が下された。このような訴訟手続きは、後期鎌倉幕府の訴訟制度と酷似している。

ところが将軍親裁となった訴訟手続きは、これとは様相が異なる。延文三年（一三五八）尊氏が死去して二代将軍となった義詮は、訴人（原告）の請求を即座に受け入れ、論人（被告）の反論を確かめることなく裁許する、「特別訴訟手続」と呼ばれる簡易裁判を行った。有無を言わさず判決を下すあり方は、一見すると将軍親裁に強権的なイメージを抱かせる。従来、義詮は引付方を抑圧することで親裁の確立をめざしたと考えられ、二頭政治から将軍親裁に至る統合を、引付方の「裁判権」吸収から導き出す見解が主流であった〔佐藤進一：一九六五〕。だが実のところ引付方は、直義と執事師直の対立を発端に、尊氏・直義兄弟の抗争へと突き進んだ観応の擾乱（一三四九〜五二）で機能不全に陥っていた。それまで引付方は毎月六回の定例日に規則正しく運営されていたが、このような規則性は武家勢力が分裂するなか見いだせなくなる〔山田徹：二〇〇七ａ〕。

擾乱以後、引付方は定例開催が困難なほど弱体化していたのであり、将軍側から抑圧の対象とされるような実態など有していなかったのである。むしろ将軍を悩ませたのは、裁判機関がダウンしたのに加えて、不法占拠の押領が諸国で頻発し、大量に持ち込まれてくる訴訟をいかに処理するかであった。引付方の審理が完全にストップしてしまい、困惑した訴人たちは義詮に引付方をとおさず直裁することを求めた。義詮は独立性の強い引付方と競合して裁判権を奪取したのではなく、内乱激化にともなう引付方の機能麻痺を補うため、訴訟に直接関与せざるを得なかったのである。義詮の「特別訴訟手続」は、幕府に殺到する訴人に対応するため、係争地に対する論人の干渉をひとまず停止させる、内乱激化にともなう非常時対応であったといえる〔吉田：二〇一四〕。

戦時下の政務

同様のことは、所領支配を保証する安堵にもあてはまる。一三世紀後半ごろ鎌倉幕府は知行秩序の流動化を防ぐため、戦乱の草創期から勲功の見返りに濫発してきた安堵を制限し、安堵発給前に申請者の所領支配がなされているか調査を行うようになった。初期室町幕府でこれを担当した直義管轄下の安堵方も、この「調査型」安堵の手続きを実施しており、鎌倉幕府の制度を踏襲していた。一方尊氏が主宰する恩賞方では、現地調査を行わない戦功褒賞としての安堵が即決で濫発されていた。こうした「調査型」と「即時型」の安堵併存は、発達した鎌倉幕府制度の早期導入をめざしつつ、同時に内乱にも対処しなければならなかった初期室町幕府の特異性である。だが観応の擾乱により安堵方も機能を停止させ、恩賞沙汰で発給される「即時型」安堵のみが残存することになった結果、安堵は将軍親裁のもと申請の真偽を調査しないまま濫発されるようになった。安堵も戦時下に適応する形で、将軍の親裁に一本化されたのである〔吉田：二〇〇四〕。

もう一つ、将軍親裁化の実態を考える好事例として、御家人の任官を審査する官途沙汰がある。一三世紀後半に鎌倉幕府は御家人の任官を統制するため、任官推挙の代償として御家人に朝廷儀礼や寺社造営の経費を負担させる成功《じょうごう》を義務づけていた。初期室町幕府でも鎌倉幕府の成功任官制が遵守され、叙任は人数制限のうえ直義から官途奉行《かんとぶぎょう》を介して北朝に推挙され、朝廷の任官儀式である除目《じもく》において行われた。しかし観応の擾乱後、将軍尊氏と義詮が発給した任官推挙状には成功を条件とする文言が消え、正式の除目でなく略式の口宣案《くぜんあん》のみで頻繁に叙任されるようになった。成功任官の原則は直義の没落とともに消滅し、官途沙汰は将軍が主宰する恩賞沙汰に包摂され、成功によらず戦功に対する恩賞として臨時に増発されはじめたのである〔金子：一九九四a〕。

以上のように、第一から第二段階への変化を権限の移転と捉えるだけでは不十分で、二頭政治が将軍親裁へと発展的に統合されたわけではなかった。貞治六年（一三六七）一二月に義詮が三八歳の壮年で急逝し、跡を継いだ嫡子の義満は一〇歳と幼く、執事の細川頼之がこれを後見することになった。将軍親裁の予期せぬ中断によって、はからずも頼之は将軍権力を代行することになり、その地位は従来の執事と異なる、軍事と政務を統轄する管領としての実態を備えた。将軍親裁の枠組みは執政を代行する細川頼之のもとにスライドされ、観応の擾乱にともなう戦時対応が第二段階の制度を規定することになったのである。

公武関係の変質

次に、Bの論点について。室町幕府と朝廷との融合については、朝廷の権限を幕府が奪取・吸収することで達成されたとして、武家政権の発展上に位置づける理解がこれまで一般的だった〔佐藤進一：一九六三〕。これは第二段階の室町幕府が、もともと朝廷財源であった段銭《たんせん》・棟別銭《むねべつせん》・土倉酒屋役《どそうさかややく》を財政基盤とし、しかも武家の統制外であるはずの廷臣を諸行事に動員するなど、「公武統一政権」と呼ばれるような様相を呈していたためである。だが室町幕府の創業当初から、このような政権構想がなされていたわけではない。

第一段階には北朝の政務機関として光厳《こうごん》上皇の院評定・雑訴《ざっそ》評定・文殿《ふどの》が整備され、院政を行う治《ち》天《てん》の君《きみ》（天皇家の家長）に近侍する伝奏《てんそう》が太政官機構との連絡役となる、鎌倉期以来の院政制度は健在だった。公武交渉も鎌倉期の方式が維持され、関東申次《かんとうもうしつぎ》を引き継ぐ武家執奏《ぶけしっそう》が朝廷側の窓口として幕府からの連絡を取次いだ〔森茂暁：一九八二・一九八四〕。鎌倉時代と酷似する形で朝廷と幕府の機構は独立していたのであり、公武を一統した後醍醐天皇の建武政権崩壊後、再び鎌倉期的な公武関係の枠組みが復活したのである。このことは財政面でもあてはまり、初期室町幕府は鎌倉幕府をモデルに、将軍と主従関係を結ぶ御家人に課された御家人役と、関東御領と同様に九州・関東・奥州に偏在する直轄領の年貢を財政基盤とした。一方の朝廷は、年中行事等の恒例公事では諸国への所課、即位式等の臨時公事では荘園・公領に賦課される段銭を基本財源とし、不足分を幕府からの助成である武家御訪《おとぶらい》や御家人成功などで補塡した。これらの徴収範囲も鎌倉幕府の前例を遵守して、武家領に限るのを原則とした。朝廷と幕府の財源も鎌倉期と同じく別枠に設定され、互いの領域を越境するさいには事前に確認がとられていた。

だがこうした公武の枠組みも、観応の擾乱で崩壊した。武家方の分裂で漁夫の利を得た南朝軍は正平六年（観応二、一三五一）京都を制圧して北朝の崇光《すこう》天皇を廃位、翌年京都から撤退するさいには皇位の象徴である三種の神器を接収のうえ、光厳・光明・崇光の三院を吉野賀名生《あのう》へと拉致した。京都を奪還した幕府は北朝再建のため、崇光の弟で僧籍に入る予定だった弥仁《いやひと》を急遽擁立《ようりつ》した（後光厳《ごこうごん》天皇）。幕府は「北朝の軍隊」という体裁を再び整えるべく、正統性に欠ける後光厳へのテコ入れに躍《やっ》起《き》となり、賞罰を用いて廷臣に朝廷儀礼への参仕を強いるなど、従来と異なり公家社会に介入する姿勢を強めた。衰微した北朝に奪取・吸収されるほどの権限などすでになく、むしろ幕府の積極介入は復興支援を求める北朝側の意向にそったものであった〔松永：二〇〇八〕。このような戦時態勢下の廷

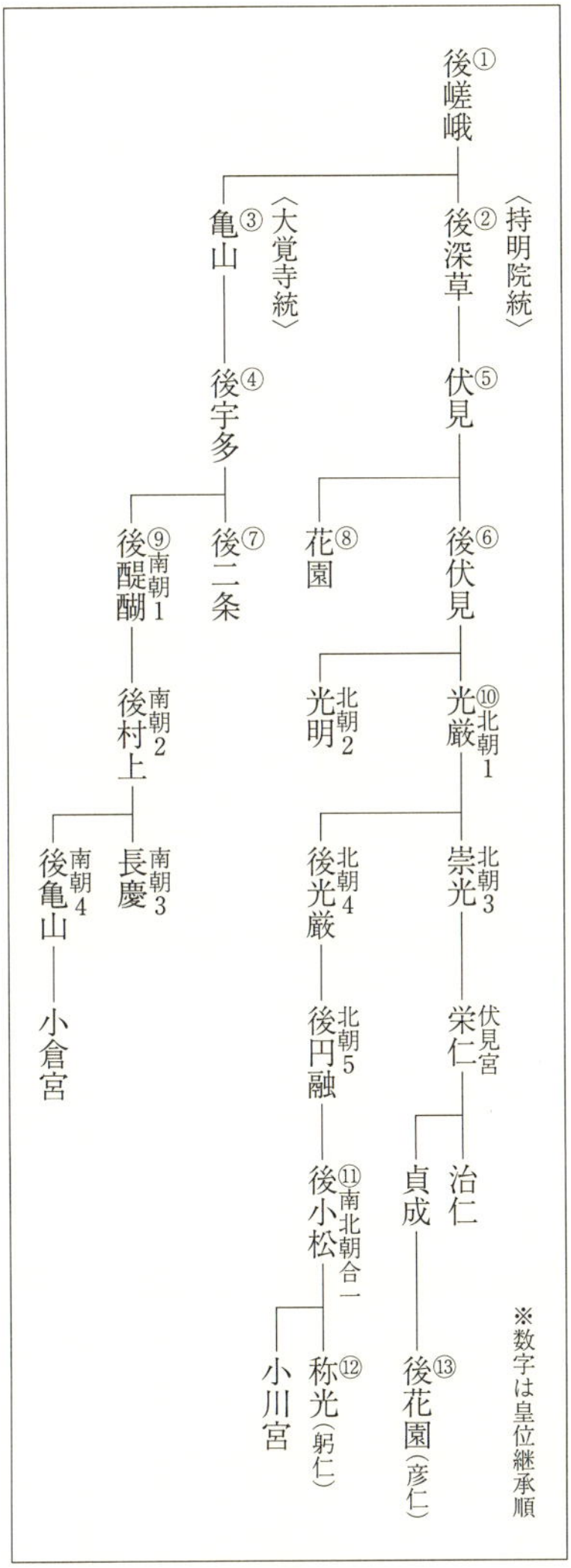

天皇家略系図

臣統制が、第二期における公武関係を規定することになる。

さらに延文二年（一三五七）南朝に拉致されていた崇光上皇が帰京を許されたことで、北朝を揺るがす崇光と後光厳の皇位継承問題も発生してしまう。双方が幕府の支持を引き出そうと競い合うなか、応安三年（一三七〇）後光厳は管領細川頼之の承諾をとりつけて皇子緒仁《おひと》（後円融《ごえんゆう》天皇）への譲位を決行し、崇光皇子の栄仁《よしひと》を退けることに成功した。だが崇光・後光厳両流の反目も、幕府を巻き込みながら第二期に尾を引くことになる。

財政破綻の危機

従来の制度が崩壊したのは、朝廷だけでなく幕府も同様であった。観応の擾乱で幕府の中央機関が麻痺状態に陥ったことは前述したが、地方では守護が激戦を勝ち抜くため、文和年間（一三五二〜五六）半済《はんぜい》令で寺社領・公家領半分を兵粮料所として軍勢に預けることを幕府から認められ、さらに残り半分にも恒常的に軍役を賦課しはじめた。こうしたなか管国内の御家人や荘官層は、守護に協力する「国人《こくじん》」として位置づけられた〔伊藤俊一：二〇一〇a〕。畿内近国守護を兼ねる大名《たいめい》が幕政に参与する第二段階の大名衆議も、その原型は激戦期に常態化した軍議を母体とした。東国における幕府の出先機関である鎌倉府でも、尊氏の三男基氏《もとうじ》が鎌倉公方として文和二年から貞治元年（一三五三〜六二）の九年間にわたり武蔵の入間川《いるまがわ》に在陣し、臨戦態勢のもと幕府から所領安堵・宛行や訴訟裁許などをゆだねられた。それまで幕府から東国守護に直接下されていた遵行命令は、文和三年七月には鎌倉府を介した間接ルートに一本化した〔植田：二〇一三〕。このようにCの論点も、擾乱後の内乱激化を起点に考えることができる。

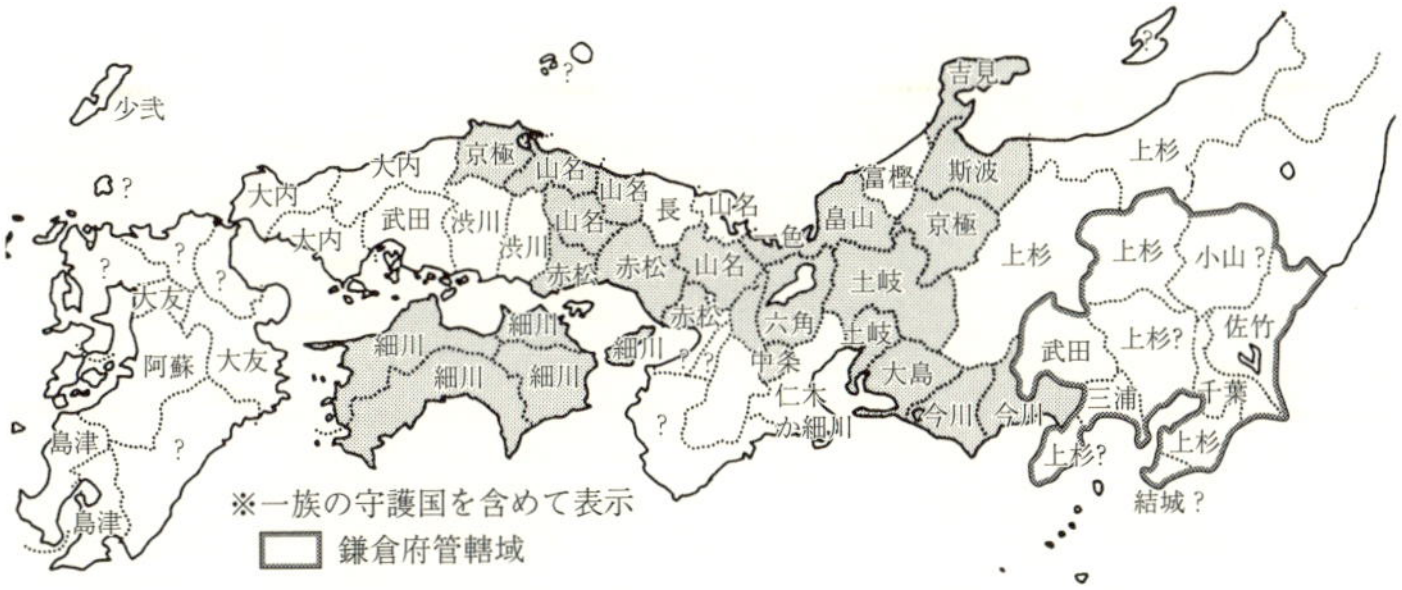

応安元年（1368）守護の在京状況（〔山田徹：2007b〕をもとに作成）

激戦に対処するため、守護や鎌倉府による管国の総動員態勢が構築される状況下、将軍との主従関係を表象する御家人身分は曖昧化していった。鎌倉期以来の守護・御家人制度が変質するなか、御家人役と直轄領年貢も観応年間（一三五〇～五二）に断絶してしまい、財政難に悩む幕府は守護からの資金援助で急場をしのいだ。第二段階に守護出銭《しゅごしゅっせん》と呼ばれたこの資金繰りは、御家人役と同じく主従制にもとづく財源ながら、御家人一般に広く薄く負担させる従来の制度的な賦課と異なり、限られた有力守護に支援を求める非制度的な助成であった。幕府財政の一角を占めた守護出銭は、鎌倉幕府をモデルとした御家人役・直轄領の退転にともなう臨時財源を起源としたのである。貞治年間（一三六二～六八）には武家役の賦課率引き上げや、年貢の京上が比較的容易な畿内・北陸・東海に重点を移した新直轄領の再設置、御家人身分から地頭《じとう》職《しき》保持者（御家人とは限らず）への負担基準の見なおしなど、財政再建が試みられたものの部分的な成果にとどまり、幕府の窮乏は続いた〔吉田：二〇一三〕。

貞治二年に大内弘世《おおうちひろよ》と山名時氏《やまなときうじ》が、同六年に桃井直常《もものいただつね》が帰順して山陽・山陰・北陸に幕府の版図が広がり、九州探題今川貞世《いまがわさだよ》の奮戦で九州平定が進む応安年間（一三六八〜七五）、東国と九州に挟まれた畿内近国では戦局の安定化にともない上洛する守護が増加した（山田徹：二〇〇七b）。だが貞治六年に義詮の急死により嫡子の義満が一〇歳で跡を継ぐと、諸大名は政局をめぐって管領細川頼之と競合し、守護出銭の支出にも消極的であった。財源の確保に行き詰まった頼之は、武家御訪や御家人成功で助成してきた朝廷儀礼や寺社造営の費用を、朝廷財源である棟別銭・土倉酒屋役・段銭などの徴収を肩代わりすることで捻出するようになった。このように第二段階の室町幕府財政は朝廷財源を吸収して膨張の一途をたどった結果ではなく、公武双方の再建と連動しながら相互補完的に形成されていったのである（吉田：二〇一四）。

「室町殿」の創成

永和二年（一三七六）一九歳になって親政を始めた義満は、宮廷女官筆頭日野宣《ひののぶ》子《こ》の斡旋でその姪業子《なりこ》を正室に迎え、同四年には権大納言・右大将に昇り、父義詮以来の三条坊門第から北小路室町に造営した新第に移った。この室町第には公家儀礼に対応した施設が整えられ、任官を天皇に返礼する拝賀の準備が前関白二条良基《にじょうよしもと》の指南のもと進められた。義満の公家社会進出も朝廷支配に向けての動きと前提視するのではなく、日野宣子や二条良基が朝廷に対する幕府の支援を引き出そうと積極的に勧誘し、大名統制に苦慮していた細川頼之が宮廷側との提携を試みて推進されたと、近年では考えられている（小川剛生：二〇一二、山田徹：二〇一二）。

そのさなか、義満を震撼《しんかん》させる康暦の政変がおこった。康暦元年（一三七九）斯波義将《しばよしゆき》を旗頭《はたがしら》とする反細川派の諸大名が、管領細川頼之の追放を要求して室町第を包囲するクーデタを決行したのである。このとき鎌倉公方の足利氏満《あしかがうじみつ》が、補佐役である関東管領上杉憲春《うえすぎのりはる》の諫死を振り切って京都に進軍する構えをみせており、義満が頼之の擁護に固執した場合、義将らは氏満を将軍に擁立する構想があったとされる〔山家：二〇〇四〕。義満が圧力に屈して頼之を更迭し、義将を管領に任じたことで氏満の野望は頓挫したが、いまだ幕府の基礎が定まらないなか、その不穏な動きに対する追及は回避された。義満の「公家化」は、北朝復興計画の一環で公家側から歓迎されるとともに、武家側でも大名との身分格差を可視化して、足利将軍家の地位を突出させるため急務とされた〔松永：二〇〇八〕。

康暦の政変後、準備中だった右大将拝賀が摂関家の様式で行われ、義満は公家の慣例にならい儀礼の従者を確保するため、廷臣のうちから自身に奉仕する家礼《けらい》を募った。これにより公武双方の性格を一身に備えることになった義満の地位は、将軍の肩書のみでは説明できず、その居所にちなみ「室町《むろまち》殿《どの》」と称されるようになる。義満は永徳元年（一三八一）内大臣昇進を機に、日野・万里小路《までのこうじ》・広橋ら名家《めいけ》と呼ばれる中級貴族の家礼を「室町殿家司《けいし》」に組織し、公卿としての家政機関を設けた。名家とは伝奏として院政の実務を担う貴族の家格だが、翌年に後円融が皇子幹仁《もとひと》（後小松天皇）に譲位して開いた院庁の職員は、左大臣に昇り院執事に就任した義満以下その家礼で占められ、彼らが伝奏を兼ねて公武は密接に結合した。義満の意向が公家社会内部の制度で伝達されるにともない、幕府に対する朝廷の連絡窓口だった武家執奏は活動を停止し、鎌倉期以来の公武交渉の枠組みは終焉を迎えた〔森茂暁：一九八四、家永：一九九五〕。義満は永徳三年に二六歳で准三后《じゅさんごう》の宣下をこうむり、太皇太后・皇太后・皇后の三后に准じた特別待遇を獲得するに至る。

義満の親政期にも訴人の請求のみにもとづいた「特別訴訟手続」による裁許や、当知行の実否を調査しない「即時型」安堵が発給され、義満に奉仕する見返りに宛行・安堵を受ける廷臣や直臣が増加した〔家永：一九九五、吉田：二〇〇四、松園：二〇一一〕。これとともに、内乱で衰退した引付に代わり、奉行人が義満と管領の居所を行き来し、訴訟の審理・決裁を仰ぐ「個別伺」という方式が一般化する〔山田徹：二〇〇七a〕。武家官途では任官者の御礼は室町殿に対してなされ、「官途授与は室町殿の恩恵」との認識が平時に定着した。義満の庇護を受ける廷臣の叙任推挙も、このころから高官にまで対象が拡大した〔金子：一九九四b、森茂暁：一九八四〕。さらに義満と親密な公家・武家・寺社の所領には、守護勢力の立入りを禁じる不入特権が付与され、室町殿に直結する独立領域として手厚い保護が加えられた〔吉田：二〇一三〕。こうして室町殿義満との親疎を基準に、所領・官位・特権などに付随する「富」の再配分が行われ、観応の擾乱後に混迷した秩序や権益の整理が進められていった。

室町幕府による「京都支配」は、以上のような状況と連動しながら進展していった。

誕生の直前

中世京都で金融業を営む土倉・酒屋の多くは、最大級の寺社権門で山門と称された延暦寺やその鎮守日吉社《ひえしゃ》から保護を受け、山徒《さんと》・神人《じにん》として山門の配下におかれていた。鎌倉時代に山門勢力は幕府の統制外にあり、洛中の裁判も朝廷所轄の検非違使庁《けびいしちょう》が行っていた。ところが室町幕府は応安三年（一三七〇）から延暦寺に隷属《れいぞく》する公人《くにん》の狼藉取締りを開始、さらに至徳三年（一三八六）日吉神人の強引な借金取り立てを禁じて幕府の裁判に服すべきことを命じ、やがて明徳四年（一三九三）には洛中洛外の土倉・酒屋に幕府政所の恒常財源として課税を実施するに至る（「室町幕府追

室町第（左）と相国寺（右下）（『洛中洛外図屏風』米沢市上杉博物館蔵）

加法」一〇五・一四五・一四六〜一五〇条）。こうしたことから、幕府は①治安警察（応安三年）→②行政・裁判（至徳三年）→③商業課税（明徳四年）の順に、朝廷や延暦寺の権限・権益を吸収して「京都市政権」を確立したとするのが、かつての通説的な理解であった〔佐藤進一：一九六三〕。

だがこうした動向を、武家政権の発展上に位置づけ必然視する見方も、近年再考が進んでいる。検非違使庁の裁判・警察活動は、観応の擾乱による内乱激化で停滞が顕著となり、長官にあたる検非違使別当《べっとう》も、義満が将軍となる応安年間（一三六八〜七五）には空席が続いた。幕府による①の治安警察に関する山門公人の狼藉取締りは、こうした時期に朝廷から幕府に要請されたものであった。②の行政・裁判についても、実のところ訴訟当事者の側から機能低下の著しい検非違使庁に見切りをつけ、みずから幕府に提訴するといった事態を背景に展開した。荒廃した北朝および検非違使庁が機能しないなか、公家社会の要請にこたえる形で幕府が京都の警察・裁判に関与を深めていったのである〔早島：二〇一〇〕。もっとも、これを担う幕府侍所の機能も観応の擾乱で大打撃をこうむっており、応安年間までに守護・御家人との統属関係を失った結果、侍所所司《しょし》に就任した大名の従者である被官《ひかん》を中心に、洛中の寺社や住人にも人員・経費を負担させつつ復旧された。室町期洛中の裁判・警察も、公武双方の復興と連動しながら、相互補完的に再編されたのだった〔吉田：二〇一四〕。

永徳二年（一三八二）に義満が威信をかけて創建した、足利家の菩提所相国寺《しょうこくじ》の伽藍《がらん》には、旧建造物を移築したものも多くみられ、この時期いまだ幕府財政は窮乏下にあったことが指摘されている〔今枝：一九七〇a、早島：二〇一〇〕。義持が生まれた至徳三年は、ちょうど室町幕府の「京都支配」が進展していく②の時期と重なり、父義満が財政再建や大名統制に奮闘するさなかだった。動乱で崩れた社会秩序が再構築されていくのを目にしながら、義持は多感な少年時代を過ごすことになる。

第一章　青春の日々――一〇代前後

応永11年（1404）義持19歳の花押

1　育ちゆく幼少のころ

嫡子ではない？

至徳三年（一三八六）二月一二日、足利将軍家に一人の赤ん坊が産声をあげた。

この前年に足利義満は側室藤原慶子《ふじわらのりこ》の懐妊にあたり、出産行事をしきる御産奉行《ごさんぶぎょう》に近習の下条《しもじょう》を任命し、産所に同じく近習の楢葉《ならは》の邸宅を選んで万全の準備を整えていた。一一月二二日には安産祈願のため北野社に参詣して、神前でみずからの腰刀を将軍家御師《おし》の禅厳《ぜんげん》に与え、さらに年明け正月二五日に剣を、二月一一日には神馬《しんめ》を奉納して入念に祈禱を指示した。将軍家御師とは将軍と師檀関係を結び、祈禱勤仕のほか参籠時の宿所提供などに奉仕した有力社僧のことをいう。義満は二月一二日の早朝、その禅厳の子息禅尋《ぜんじん》を産所に呼び寄せ、「今度の出産には北野明神の加護のみ頼み、他社への祈願を取りやめたから、このことを心得て丹誠こめて祈禱せよ」と熱心に言い含

北野社
（『洛中洛外図屏風』米沢市上杉博物館蔵）

めた。当世の誉《ほま》れと禅厳らが祈禱に全力を尽くしていたところ、その日の午刻《うまのこく》（一二時ごろ）男子が生まれた。管領斯波義将《しばよしゆき》以下の諸大名は、こぞって剣・鎧・馬などを進上し若公の誕生を祝った。北野社の効験《こうけん》と喜んだ義満は、神輿の造替と廻廊・中門の修理をただちに命じた（『神輿中門廻廊等造替記録』）。

この若公こそ、のちの四代将軍足利義持である。義持は歴代将軍のなかでも敬神の念がとりわけ強く、ことに北野信仰については狂信的でさえあったといわれる〔桜井：二〇〇五〕。従来このような強烈な思い入れの原因については言及されてこなかったが、右で述べた出生の経緯が背景にあるように思われる。義持は一三歳のとき義満に連れられ北野社に参籠しているが、こうしたおりに自身と北野社とのゆかりを、父から聞かされていたのであろう（『迎陽記』応永五年八月二二日条）。義持のアイデンティティに、守護神たる北野明神は欠かせない存在だったのである。ちなみに義持が通い続けることになる北野社院家《いんげ》の松梅院《しょうばいいん》は、義満の信任を得た禅厳により確立された〔三枝：二〇〇七〕。したがって義持と松梅院との浅からぬ因縁も、その生誕時にさかのぼる。

もっとも義持は生まれた当初から、足利家の嫡子として認識されていたかどうかは、検討の余地を残している。これ以前、永徳元年（一三八一）正月と至徳二年三月に出生した男児二人は、義持にとって異母兄にあたり、加賀局《かがのつぼね》を母とした。二人の兄は庶子で、義持は嫡子とされるのが通説である。しかし、義満に女房として仕えた加賀局と義持の生母である慶子とは、おのおの実相院と三宝院の坊官を父とし、ともに出自は高くなかった。上臈女房の慶子は、下臈女房の加賀局よりも格上の身分にあったが、慶子が上臈に引き上げられたのは、結果的に将軍職が義持に譲られたことにともなう優遇措置とされる〔小川剛生：二〇一二〕。実のところ、義持の幼名も定かではない。これは出生時の義持が足利家の嫡男として公武社会で周知されておらず、注目度が低かったことが影響しているのではあるまいか。義満は当時二九歳、正室の日野業子が三五〜三六歳で、両者の間には永和三年（一三七七）正月一二日に夭逝した女児のほかに子はいなかったが、いまだ正室懐妊の可能性も皆無ではなかった。翌永和四年一二月二六日には義満出生の佳例にならい、側近伊勢貞継《いせさだつぐ》の邸宅が業子の産所に宛てられており、嫡男誕生に対する周囲の期待を看取できる（『後愚昧記』）。

伊勢氏が足利家の家政を担う政所執事を世襲して主君の子息を傅育《ふいく》する慣習は、義満が幼少のころ貞継のもとで養育されたことを先蹤《せんしょう》とする。ただし、誕生後一か月未満で伊勢邸での養育を確認できるのは、応仁・文明の乱前では七代義勝《よしかつ》・九代義尚《よしひさ》と、いずれも日野一門の裏松重子《うらまつしげこ》・富子《とみこ》といった正室を母とする嫡男に限られる（『御産所日記』、『蔭凉軒日録』寛正六年一一月二〇日条）。のちに義持と正室裏松栄子《よしこ》との間に生まれる五代義量《よしかず》も、誕生五日目の祝に当時政所執事だった伊勢貞行《さだゆき》が奉仕しており、出生直後から伊勢氏の関与がみられる（『教言卿記《のりときききょうき》』応永一四年七月二八日条）。これに対して義持と伊勢氏との関わりは、武家の男児が初めて射た鳥獣を調理して祝う矢開《やびらき》の奉行を、貞行が勤仕した明徳四年（一三九三）一一月二日を初見としており、義持が八歳になるまでは明らかではない（『室町元服拝賀記』）。

義満の長男はこの前年八月二六日に青蓮院に入室させられ、明徳四年一〇月二八日に出家して尊満《そんまん》の法名を授かり、宝幢若君《ほうどうわかぎみ》と称した二男は義持の生まれた翌嘉慶元年（一三八七）正月一四日すでに夭逝していた。継嗣としての義持の地位は、兄たちが後継候補から脱落した明徳四年の時点で、八歳にしてやっと固まったといえる。伊勢貞行が応永元年（一三九四）義持の将軍襲職後に「大父」と称されたとか、応永三年の義持読書始《とくしょはじめ》を「養君」なので奉行したといった記録は、いずれも明徳四年以後に確認できるのである（『建内記』嘉吉元年五月二五日条、『伊勢系図』）。継嗣に定められるまでは、生母慶子のもとで養育されていたのだろう。業子を義持の准母とする注記が、『尊卑分脈』『足利系図』などの系譜や、『武家昇晋年譜』といった略伝にあることから、義持は父の正室と擬制的な母子関係を結んだうえで、嫡男として迎え入れられたのだと考えられる。

指名された理由

ここで問題となるのは、父義満が生後八年目にして義持を嫡男に取り立てた理由である。義満は、応永元年（一三九四）一二月に征夷大将軍職を義持に譲って太政大臣に昇進するも、翌年六月にはこれを辞して出家をとげた。この出家について従来は、律令官制の束縛から自由となり天皇の相対化を試みたものと説明されるのが一般的だったが、近年では義満が父義詮の享年である三八歳に達したことに動機を求める説が出されている（桜井：二〇〇二）。義満の出家は政治情勢をにらんだ思いつきでなく、三八歳となる時点で前もって予定されていたセレモニーだったことになる。

このように考えると、明徳四年（一三九三）嫡子の決定→応永元年（一三九四）将軍職の譲渡→応永二年（一三九五）三八歳で出家というように、出家に向けての準備が一年ごとに着々と整えられていったことに気づく。後継指名のタイムリミット直前となる明徳三年の段階で、その候補となる義満の男子は、一二歳の尊満と七歳の義持しかいなかった。ちなみに義満から寵愛されることになる義嗣《よしつぐ》は、春日局を母として応永元年に生まれたので、この段階で候補者となりえなかった。尊満と義持それぞれの母たちの間に大きな身分差が認められないにもかかわらず、父義満はいかなる基準で、長男の尊満を仏門に入れて俗世の望みを断たせ、三男の義持を後継者に指名したのか。その理由の一つに考えられるのが、尊満の生母である加賀局が義満に仕えるまでの前歴である。もともと加賀局は公家の中《なか》山親雅《やまちかまさ》に嫁して応安四年（一三七一）に満親《みつちか》を儲《もう》けていたが、箏《そう》の名手であったため管弦に召されて義満の目にとまり、康暦二年（一三八〇）義満のもとに迎えられ、その翌年に尊満を産んだのである〔小川剛生：二〇一二〕。このような事情から、尊満の実父は義満であるとの確信が、継嗣の決定時に揺らいだ可能性がある。

このことを暗示するのが、応永三五年（一四二八）義持の死にのぞみ兄弟から後継者を選出することになったさい、当時僧籍にあった青蓮院義円《ぎえん》、大覚寺義昭《ぎしょう》、相国寺永隆《えいりゅう》、梶井義承《かじいぎしょう》のみが候補にあげられ、香厳院《きょうげんいん》に入っていた尊満は意図的に除外されたという事実である。伝奏として公武の枢要に関わった廷臣万里小路時房《までのこうじときふさ》の日記『建内記』同年正月一八日条には、義持の了解のもと諸大名の合議により四人の候補から鬮《くじ》で選出することになった経緯に続けて、「香厳院主（尊満）□といえども、□あるなり」と記されている。欠損で判読しにくいものの、「尊満も候補に入れるべきだが、子細あって除かれた」という意味に解され、やはり血縁に疑惑がもたれたとされている〔今谷：二〇〇三〕。尊満は家督候補として不適格であると、義満だけでなく諸大名からも認識されていたことがわかる。

　このように義満は三男義持の器量を見込んで継嗣としたわけでなく、予定されている出家のタイミングに合わせて、消去法で残った義持を選んだにすぎなかった。もし二男の宝幢若君が存命していたならば、事態は変わっていたかもしれない。

「偉大」なる父

　義持の幼少期、父義満は有力大名の勢力削減、南北朝の合一、幕府財政の再建といった大事業に没頭していた。義持生誕の翌嘉慶元年（一三八七）一二月、美濃・尾張・伊勢の守護で、康暦の政変を仕掛けた大名の一人土岐頼康《ときよりやす》が没した。この政変で煮え湯を飲まされた義満は、頼康の養嗣子康行《やすゆき》に家督相続を認める一方、その弟満貞《みつさだ》に尾張守護を分与して一族の内紛を煽り、明徳元年（一三九〇）閏三月に軍事行動をおこした康行を追討した。土岐康行の乱後、義満は頼康の弟頼世《よりよ》に美濃守護を安堵したが、伊勢守護に仁木満長《にきみつなが》を任命し、やがて尾張守護も満貞から奪い、土岐氏の勢力を削減した。四国の細川頼之が京都に戻され、養嗣子の弟頼元《よりもと》が斯波義将に代わり管領に起用されたのは、翌年五月のことである。

　次なる義満の標的は、一族で石見を除く山陰七か国と、美作・備後・和泉・紀伊の守護職を有し、日本六六か国のうち一一か国を占めて「六分一衆《ろくぶんのいちしゅう》」の異名をもつ山名《やまな》氏だった。康応元年（一三八九）五月に物領家の山名時義《ときよし》が没すると、子息時熙《ときひろ》・氏之《うじゆき》の討伐をその甥満幸《みつゆき》・氏清《うじきよ》に命じながら途中で赦免、一族間にクサビを打って今度は満幸・氏清を挙兵に追い込み、明徳二年一二月に京都内野《うちの》の激戦で殲滅した。この明徳の乱で和泉・紀伊は大内義弘《おおうちよしひろ》、出雲・隠岐は京極高詮《きょうごくたかあきら》、丹後は一色満範《いっしきみつのり》、美作は赤松義則《あかまつよしのり》、丹波は細川頼元、備後は細川頼長《よりなが》と同基之《もとゆき》に半国ずつ分与され、山名一族の守護任国は時熙の但馬、氏之の伯耆、氏家《うじいえ》の因幡の三か国に削られた。康暦の政変で躍進した土岐・山名両氏の粛清は、過度に強大化した斯波派大名を抑えることで、政界の勢力均衡をはかるものであったと評価されている〔桜井：二〇〇一〕。

　翌明徳三年閏一〇月、ついに南北朝合体の和議をまとめた義満は、南朝の後亀山天皇を吉野から京都嵯峨《さが》の大覚寺に迎え、六〇年におよぶ南北朝の内乱に終止符を打った。義満が南朝との和睦を急いだのは、明徳の乱で山名氏清らが南朝と結んだことも影響していた。すでに南朝は軍事的に無力であったが、大義名分としての利用価値は依然としてあることを、義満に思い知らせたのである。南朝を放置するリスクを悟った義満は、Ⅰ三種の神器授受は南朝から北朝への譲位の儀式によること、Ⅱ今後は南朝と北朝の皇胤が交互に即位する両統迭立《りょうとうてつりつ》とすること、Ⅲ王家領のうち諸国の国衙領は南朝皇統の相伝とすること、という寛大な講和条件を提示して南朝との講和を実現したのである。

　三つの和約条項のうちⅠは二年後の応永元年（一三九四）、形式的に太上天皇の尊号を後亀山に贈ることで表面上の体面が保たれた。同四年には紀伊・若狭の国衙領支配に関する後亀山の院宣が出されており、Ⅲも部分的に一応の配慮がなされた〔臼井：一九六〇〕。また北朝の後小松天皇に皇太子が立てられなかったのは、かつて議論された皇位簒奪をもくろむ義満の野心というよりも、むしろⅡに気がねした義満が、南朝皇胤に対して優柔不断な態度をとり続けた結果と、現在では考えられている〔森茂暁：一九九七〕。義満は履行困難な和約条項を、その場しのぎの対応で「うやむや」にして、なんとか南北朝の合一にこぎつけたわけだが、曖昧にされた問題はそのまま先送りされることになった。

南北朝合一から一年後の明徳四年、義満は再び管領に任じた斯波義将の補佐のもと、土倉酒屋役を創出した。延暦寺の配下にある土倉・酒屋への課税は「商業課税権の奪取」と評価され、序章で述べた①治安警察（応安三年）と②行政・裁判（至徳三年）、それに今回の③商業課税（明徳四年）の順に、幕府が朝廷や延暦寺の権限を吸収して「京都市政権」を確立したと理解されてきた。だが康暦の政変後、義満は融和的な延暦寺政策を展開し、有力な門跡《もんぜき》門徒を山門使節《さんもんしせつ》に登用して寺領の遵行・検断・裁判を担わせ、山門勢力との関係改善に努めていた〔下坂：一九七五〕。義持の生まれた至徳年間（一三八四〜八七）には、祭礼復興などを通じてさらに懐柔を進め、当時の幕府と延暦寺の関係は良好であった。義満が抵抗なく土倉・酒屋に課税できたのは、南北朝合一を達成した翌年の時機を見はからい、懐柔策の効果で山門勢力の了解を事前にとりつけたことによるとの説が、近年有力視されている〔早島：二〇一〇〕。この結果、京都の土倉・酒屋から年間六〇〇〇貫文（一貫文＝一〇万円として約六億）が、土倉方一衆《どそうかたいちしゅう》という土倉の代表者団体によって集められ、幕府財政を統括する政所に納められることになった。

これは義持が八歳になり、義満の後継者に定められた年にあたる。観応の擾乱以来、窮乏状態にあった室町幕府の財政は、義持の少年期にようやく再建のめどがついたのである。

帝王学の修養

明けて応永元年（一三九四）一二月一七日、義満は征夷大将軍の職を辞した。これにあわせ同日の夕方、九歳にして元服の儀にのぞんだ義持は、酉半刻《とりのはんこく》（夜七時ごろ）、朝廷から正五位下・左近衛中将に叙され将軍宣下をうけた。これに続いて参議裏松重光《うらまつしげみつ》の理髪と父義満の加冠によって、童子の髪型を改めて冠をかぶり、成人男性としての装いを整えた（『兼宣公記』）。重光は義満の家司で、准母業子の甥でもある。文章博士東坊城秀長《ひがしぼうじょうひでなが》の勘申で、縁起のよい文字の候補から「持」が選ばれ、「義持」の諱《いみな》（実名）を授けられたのは、このときのことである（『武家昇晋年譜』）。

従来あまり注目されていないが、義持は将軍宣下後に加冠をとげており、童姿《わらわすがた》で叙任されたことになる。これは貞治六年（一三六七）一二月、当時九歳だった義満が元服前の童姿で叙爵《じょしゃく》し、従五位下・左馬頭《さまのかみ》に叙任された先例を意識したものと思われるが、義持は童姿のまま通常の叙爵を飛び越えて、正五位下・左中将・将軍宣下をこうむる破格の待遇をうけたのである。義満幼少時の例にならって朝廷側では当初、義持を従五位下・左馬頭に任じるつもりで勅使を室町第に遣わしたのだが、勅使から受け取った補任状《ぶにんじょう》を見て義満が立腹したため、摂関家の特別待遇で正五位下・左中将に叙任するという経緯があったとされる（『春の夜の夢』）。実のところ摂関家の子弟でも、初任官は少将が通例であるところ、謀殺された将軍源実朝（一一九二〜一二一九）が右少将から右中将に昇進した官歴を凶例として、いきなり中将の任官となったという（『武家昇晋年譜』）。おそらく義満から朝廷側に、さらなる難癖と注文がついたのだろう。

義満が現在の足利家の家格に満足せず、その向上に執心していた様子がわかるが、自身も一週間後の一二月二五日に太政大臣に昇進し、翌年六月この職を辞して出家したのちは、法皇に擬してふるまうようになった。これらの行動は公家社会に進出した足利家の家格が当時まだ流動的で、準拠すべき先例も不確定なまま揺れ動いていたことを示している。その意味で義満から義持への権力継承は、足利家の先例が現在進行で形成されていく試行錯誤の過程でもあった。なお、『足利家官位記』という歴代室町将軍の略伝には、義満の任太政大臣と同日に義持が参内始を行ったとあるが、他の史料で参内の形跡を確認できず疑義がだされている（石原：二〇一二a）。もっとも昇殿の勅許自体は、将軍宣下と同時に行われたようである（『兼宣公記』一二月一七日条校訂注、『春の夜の夢』）。

将軍となった義持には家嫡にふさわしい帝王学が、父によってほどこされた。はじめて漢籍の読み方を伝授される読書始は、義持一一歳のとき応永三年一〇月一六日に行われた（『建内記』嘉吉元年五月二五日条）。義持はこの年の四月二〇日に正四位下、九月一二日には参議に任ぜられ公卿の列に加わっており、これを節目に読書始が挙行されたようである（金子：二〇〇二）。このとき義持は、侍読を勤めた明経道《みょうぎょうどう》の碩学《せきがく》清原良賢《よしかた》から、儒学の根本経典である経書《けいしょ》の一つ『孝経』を授けられた。経書の解釈研究を経学《けいがく》といい、明経道はこの学問分野を専門としたが、当時は中国の歴史・文学である紀伝の書を最初に学ぶのが慣例となっていた。よって今回の読書始にさいしても、紀伝道の東坊城秀長が侍読に適任と自他ともに認めていたのだが、義満はこれを却下して清原良賢を義持の侍読に指名したのだった（『荒暦』）。康暦二年（一三八〇）良賢は義満の読書始でも『論語』を講釈し、その実力を義満に評価され、永徳元年（一三八一）室町殿家司に加えられていた。こうした義満の信頼が、嫡子の教育係としての起用につながった〔落合：一九八八〕。

ただし儒学を尊ぶ義満の嗜好自体は、禅林の儒僧として名高い義堂周信《ぎどうしゅうしん》の果たした役割が大きい。義堂は初代尊氏が帰依した夢窓疎石《むそうそせき》晩年の弟子で、義満の懇請により康暦二年三月に鎌倉から京都に移住した。義満の読書始は同年の六月であり、義堂の上洛が直接の引き金になったとの見方もある。義満は義堂の着京後、室町第に儒者や公卿を召して文談を定期的に開催しはじめ、義堂にも禅宗の教義とともに『孟子』『大学』『中庸』など経書の解釈について質疑した。儒学を体系化した最先端の宋学は、漢文に親しむ禅僧を介して中国から日本に受容されており、義堂に感化された義満は禅宗的教養をつむのと同時に、その勧めに従い宋学の論議を熱心に聴講して理解を深めた〔和島：一九七七〕。そんな父に準備された教育環境は、義持の思想形成に多大な影響を与えた。義持の思想に特徴的な禅宗・宋学の素養は、幼少期に受けた禅儒一体の教育が基礎になったといえる。

禅宗への帰依

義持と禅宗との儀礼的な関係は、読書始から三年後の応永六年（一三九九）六月二三日、相国寺鹿苑院《ろくおんいん》において院主の絶海中津《ぜっかいちゅうしん》から受衣《じゅえ》し、「道詮《どうせん》」の法名を授けられたことに始まる（『臥雲日件録抜尤』康正二年八月一八日条）。受衣とは入門伝法のしるしとして、師僧から法衣を受けて着る儀式のことである。今回の受衣も読書始と同じく、父義満の意向によるものだった。義持の禅の師に選ばれた絶海は、義堂と双璧をなす夢窓晩年の弟子で、五山禅院の統轄役たる

絶海中津木像
（京都・慈済院蔵）

僧録をも兼ねて鹿苑僧録の慣例をひらくなど、義満から絶大な信頼を寄せられていた。このころには鹿苑僧録たる絶海が、五山禅院の住持任免や寺領訴訟などの案件を、義満に披露して決裁を仰ぐようになっていた〔今枝：一九七〇b〕。

義満自身も貞治六年（一三六七）一〇歳で夢窓の高弟春屋妙葩《しゅんおくみょうは》から受衣したが、将軍に就任して五年後の応安五年（一三七二）一五歳のとき改めて夢窓の墓前で受衣して、「道有《どうゆう》」の法名を与えられていた（のち「道義」と改名）。二度目の受衣は、将軍としての伝法儀礼であった〔小川剛生：二〇一二〕。義持受衣の予定はこれにならい、将軍襲職六年目の一四歳になるタイミングに組まれたのだろう。この応永六年の四月ごろ義満は、現在の金閣寺を含む洛北の広大な敷地に二年前から造営を続けていた北山第《きたやまてい》へと移住し、これにともない室町第を義持に譲り渡した。義持の通過儀礼を行うのに、ちょうど良い節目だったわけである。しかし、この直後の五月八日に義持は生母の慶子を享年四二歳で亡くし、一一月八日まで喪に服していた（『武家昇晋年譜』）。受衣した六月二三日が、そのさなかだった点は注目される。

慶子は応永元年に義持の弟義教《よしのり》を、さらに同四年には妹聖仙《せいせん》を産んだが、逝去のさい義持が「御《お》里《さと》」に向かったとあるから、応永五年に患った時点で実家に帰され、義満の寵愛を失ったとみられる

（『迎陽記』応永六年五月八日・一〇日条）。義満は慶子の臨終にさいしても、四十九日の中陰《ちゅういん》仏事にも姿をみせず、盛大な酒宴を催して飲んだくれ、悲しむ態度を示さなかった。父義満に対する義持の冷めた目の根源を、こうしたところにみる意見もある〔桜井：二〇〇二〕。薄情な父と対照的に義持は、足利家の菩提寺である等持寺《とうじじ》に籠居《ろうきょ》して生母の喪に服した。実は義持が受衣した六月二三日は、中陰仏事を終え参籠していた等持寺から室町第に戻った、まさにその日にあたる（『迎陽記』五月一一日、六月二五日条）。

よって受衣はその途次か帰第後、すぐ相国寺鹿苑院に参詣して行われたことになる。物心づく八歳のころまで慶子のもとで養育されたであろう義持は、彼女を敬愛する思いが強かった。慶子の月忌《がっき》には毎年欠かさず等持寺におもむいて仏事を行い、その真摯な姿は「毎度慇懃《いんぎん》の御沙汰、至孝《しこう》の御懇志」と讃えられるほどだった（『満済准后日記』応永二三年五月七日条）。義持は足利家歴代のなかでも、禅宗に対して形式上の理解だけにとどまらず、純粋な信仰心をもっていたことで知られる〔玉村：一九八二〕。それは慈母との死別直後、帰依した禅宗が傷心のよりどころになった、少年期の体験が関係しているのではなかろうか。

2 見習い征夷大将軍

近臣団の形成

義満が北山第に移住した結果、かつて足利家の家長を指した「室町殿」称号は、父から室町第をゆだねられた義持に引き継がれ、義満の新たな称号となった「北山殿」の下位に位置づけられた〔桃崎：二〇〇九〕。最高権力者たる「北山殿」義満と、名目的将軍にすぎない「室町殿」義持との併存状態にあわせて、組織・人員の編成替えが行われた。京都から九州探題の今川貞世に送られた事書《ことがき》には、義持の将軍宣下にともない、応永二年に義満に直接奉公する「国《くに》地頭御家人《じとうごけにん》」のうちから一〇〇余人が選抜され、義持に仕える小番衆《こばんしゅう》として配属替えされたとある（「禰寝文書」）。観応の擾乱後、御家人は将軍との主従関係を基本とする鎌倉期以来のありようを形骸化させ、守護に従属する「一般国人」と、幕府に直結する「直属国人」との二分化が進行していた。明徳の乱で活躍した御馬廻《おうままわり》三〇〇〇騎に代表される幕府直轄軍は義満の指揮下にあったが、新将軍義持の世話をするための親衛隊が分遣されることになったのである〔森幸夫：一九九三〕。

義持に配属された「国地頭御家人」一〇〇余人のうち、豊後の戸次《へつぎ》、日向の伊東、薩摩の渋谷、大隅の禰寝《ねじめ》など三〇余人が九州地方から選抜されたが、遠方のため、在国しながら義持に奉公することが命じられた。このほかの約七〇人が、どういった勢力なのかは明らかではない。ただし義満生前の応永一四（一四〇七）年に、義持が安芸国仏通寺《ぶっつうじ》の禅僧愚中周及《ぐちゅうしゅうきゅう》に法語を求めたさい、その使者となったのは同国沼田荘《ぬたのしょう》に本領を有する小早川則平《こばやかわのりひら》であったことから（『大通禅師語録』）、安芸国人の沼田小早川氏は義持に分属した小番衆に含まれる可能性が高い。則平は同年七月一九日に右大将拝賀の式典で、左列の帯刀《たてわき》として義持に供奉しており、右列の美濃国人遠山右馬助《とおやまうまのすけ》も選抜された義持の親衛隊と推測できる（「小早川家文書」二―六九）。義満の死後、則平が九州探題を補佐する特殊な使節に任用され、九州統治に関わる重責を担うようになるのも、継嗣時代からの義持と則平との厚い信頼関係を背景にしてのことだろう（一一一頁）。

また応永一〇年（一四〇三）三月二八日、石清水八幡宮に初めて参詣した義持に衛府侍として随行した、伊勢貞種《いせさだたね》、同盛綱《もりつな》、同平三《へいぞう》、曾我満康《そがみつやす》、市重明《いちしげあき》、斎藤満時《さいとうみつとき》、熊谷直将《くまがいなおまさ》、松田満朝《まつだみつとも》、真下満広《ましたみつひろ》、長《ちょう》次郎も義持付きの小番衆だろう。曾我は同一四年一〇月一〇日、義持の参内時にも単独で供をしている（『八幡社参記』、『教言卿記』）。のちに彼らの多くは、奉《ほう》公衆《こうしゅう》の構成員に昇格する。奉公衆とは既述の御馬廻三〇〇〇騎を母体として、応永初年ごろ総勢三〇〇人ほどが一番隊から五番隊に編制され成立した、幕府直属軍の中核をなす精鋭の親衛隊のことである（森幸夫：一九九三）。内乱の終息とともに奉公衆も大名と同じく京都に常駐するようになり、四番隊に属した沼田小早川氏も在京する当主と、在国して所領を管理する子弟との間で一

鹿苑寺金閣（旧北山第内）
（『洛中洛外図屏風』米沢市上杉博物館蔵）

族分業を行っていた〔呉座：二〇一〇〕。先述した九州遠国の三〇余人はこうした一族分業が地理的に困難であったため、幕府に直結しつつも在国しながらの奉公を命じられたのである。

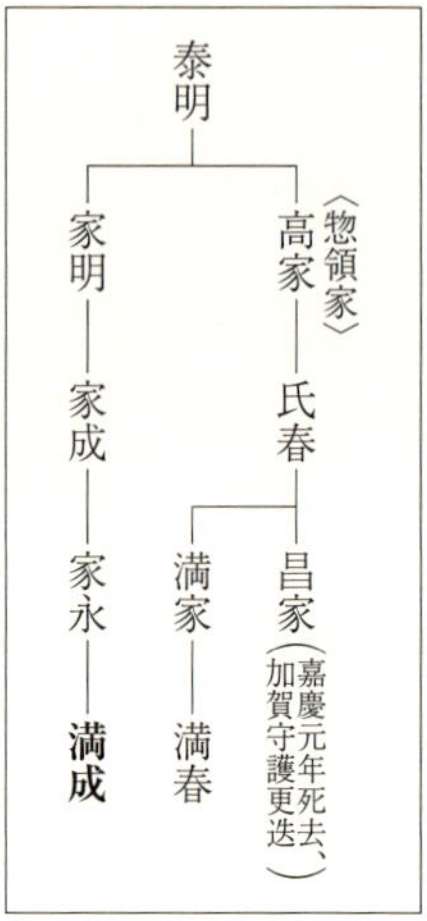

富樫氏略系図

側近の分遣

こうして形成された義持近臣団の筆頭は、足利家嫡男の養育責任者たる政所執事の伊勢貞行だった。前述のとおり義持は応永六年五月一一日に等持寺で生母の喪に服したが、その場には伊勢貞行以下の近習が伺候《しこう》していた。義満側近の貞行が義持近臣団を監督する立場にあったわけだが、その下で同時期に義持専属の側近として登場するのが富樫満成《とがしみつなり》である。毎年八月一日に物品を人に贈る八朔《はっさく》という贈答儀礼で、応永八年八月九日に義持が東坊城秀長に馬を返礼したさい、満成はその奉行を勤めたのを初見として、しだいに重用されていくことになる（『迎陽記』）。

富樫氏は兼帯していた加賀守護職を、嘉慶元年（一三八七）斯波義将の弟義種《よしたね》に更迭されて以後ふるわなかった。その庶流にすぎない満成が義持の側近に抜擢されたのは、家司として義満に仕えた裏松重光の後援によるものらしい。重光邸で催された梅会や年始会に、満成は公家に交じって参列したが、そのほか武家の参加者で名前の見える本庄や松波は、日野一門の裏松被官に出自をもつ室町殿近習か公家侍だった（『教言卿記』応永一四年二月一三日、応永一六年二月一日条）。よって満成もその一員で、外戚裏松家の縁故で義満の目にとまり、義持に仕えたものらしい〔室山：二〇〇二〕。このころ重光の姉康子が義満の寵愛をうけ北山第で同居し、重光は伝奏を兼ねて、義満の有力家司に台頭する。義持の側近には義満後宮につながる伊勢党や裏松家の関係者が送り込まれたのである。

足利家に仕える公家の家司・家礼も、義満から義持のもとに分遣された。応永九年（一四〇二）正月七日、義満家司の権中納言広橋兼宣《ひろはしかねのぶ》の差配で、北山第（義満）申次には山科教興《やましなのりおき》が、室町第（義持）申次には広橋定光《さだみつ》が定められ、家司組織も室町第を包摂する形で義満の指揮下におかれていた（『家永』一九九五）。広橋定光のほか義持に分属した家司・家礼のメンバーは武家近習と同じく断片的にしか伝わらないが、忌中の義持が等持寺に参籠したさい、伊勢貞行らとともに近侍した山科教冬《のりふゆ》はその一人である。教冬は教興の兄で、公家向きの用件を義持に取り次いだり（応永一二年六月二三日）、義持の北山第訪問（応永一三年一〇月八日）や寺院参詣（応永一四年五月八日・七月一四日）に従ったりしていることが、『教言卿記』で確認できる。応永一二年五月一四日に教冬の邸宅が焼亡すると、七月一〇日に義満から室町第付近の北小路に新たな邸宅を支給されたのは、義持に奉公していることを理由とした恩典だった。もう一人、同記で確認できるのは高倉永藤《たかくらながふじ》で、義持の意向を伝達する使者として、しばしば諸家に派遣されている（応永一三年閏六月二〇日、応永一四年八月四日条）。

以上のように義満の生前から義持に仕えた近臣はその信頼を得て、義持親政の開始後に政権の中枢で重要な役割を担う者が少なくなかった。その意味で、継嗣時代に義持の周囲に結集した若将軍付きの近臣団は、来るべき義持政権の人材基盤になったといえる。

将来の功臣

義満が北山第に移住したのと同じ応永六年（一三九九）の一〇月、周防・長門・石見・豊前に加え、明徳の乱で和泉・紀伊の守護職をも獲得した大内義弘が、和泉の港湾都市堺に籠城して反乱をおこした。この四年前に義満は、九州平定で強大化した探題今川貞世を危険視して、召還後わずか駿河・遠江の半国守護へと左遷、ついで大内義弘にも上洛を命じたのだが、不信感を募らせていた義弘は関東の鎌倉公方足利満兼《みつかね》と密約し、義満が使僧として遣わした絶海中津の説得をふりきって反旗を翻したのである。この応永の乱が勃発した当初、義持はいまだ生母慶子の喪に服しており、義満みずから京都東寺に陣を布いた一一月八日、ようやく忌み明けした（『東院毎日雑々記』、『武家昇晋年譜』）。室町第にとどまり、戦況を見守っていたのだろう。幕府軍の猛攻で一二月に義弘は戦死したが、満兼はこれを諫止した関東管領上杉憲定《うえすぎのりさだ》の奔走もあり不問とされた。乱後の戦功褒賞を最後に大幅な守護職の改替は行われなくなり、特定の大名家による守護国世襲の条件が整えられることになった。

一方この乱において、のちに義持の腹心となる二人の若き勇将が、歴史の表舞台に登場した。一人は、畠山基国《もとくに》の嫡男満家《みついえ》である。父の基国は河内・越中・能登守護を兼ね、南朝勢力の掃討や明徳の乱で声望を高め、北山第の造営が一段落する応永五年六月二〇日、斯波義将に代わり畠山氏ではじめて四七歳にして管領に抜擢された。細川氏では前年五月に頼元が逝去し、その跡を継いだ満元は二一歳とまだ若く、第一の宿老となった四九歳の斯波義将を抑える役割を、基国は期待されたとみられる。これ以降、管領職は斯波・細川二氏交代から、畠山氏を加えた三氏から選任される慣行となる。基国

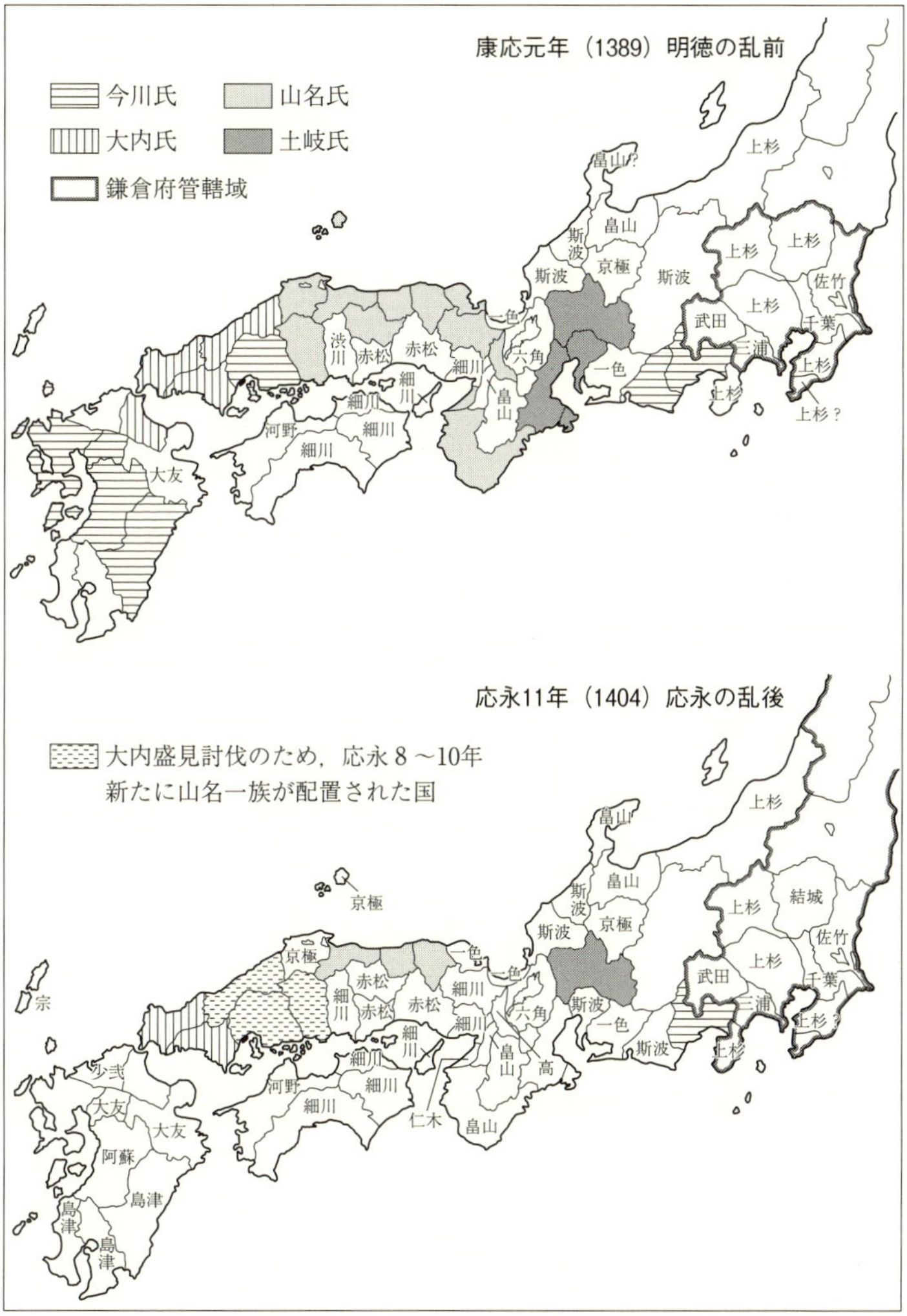

守護交替地図（明徳の乱前と応永の乱後）

の嫡男である満家は当時二八歳の勇猛な人物で、応永の乱ではみずから手勢を率いて突撃し、大内義弘を討つ勲功をあげた（『応永記』）。ところが剛直な性格が災いし、この乱以前に義満の意に背いて疎まれてしまっており、応永一三年正月に父が亡くなると家督は弟の満慶《みつのり》に与えられ、義満の晩年期に不遇をかこつことになる〔小川信：一九八〇〕。

いま一人は、大内義弘の弟盛見《もりみ》である。当時二三歳であった盛見は堺におもむく義弘から留守を託され、応永の乱にさいしては周防・長門の国もとを固めていた。義弘の戦死後、義満は盛見の守る防長両国を平定するため、降伏した義弘末弟の大内弘茂《ひろしげ》を応永七年七月に下向させたが、翌年一二月の合戦で弘茂は盛見によって逆に討たれてしまう。義満は応永八年に山名時熙を備後守護に、同九年に山名氏利を石見守護に、同一〇年に山名満氏を安芸守護に任じて盛見討伐を画策したが、盛見はその圧力に屈することなく、翌年ついに実力で防長支配と大内家督を義満に追認させた〔岸田：一九八四〕。だがその後も盛見は義満に対する警戒心を緩めることなく、義満の生前には決して分国を離れて上洛しようとはしなかった。盛見もまた、晩年の義満に追従しない気骨ある人物であった。

応永の乱で奇しくも敵と味方に分かれて奮戦し、乱後ともに最高権力者の義満に疎まれた反主流の畠山満家と大内盛見であったが、のちに自分たちが義持政権を支える功臣の双璧になろうとは、彼らを登用する義持当人も含めて、この時点では知るよしもなかった。

「慈」の花押

応永七年（一四〇〇）一五歳になった義持は、正月五日に従二位に叙せられ、同月一一日から管領畠山基国や評定衆問注所長康《もんちゅうじょながやす》・波多野通郷《はたのみちさと》らが参加する評定始《ひょうじょうはじめ》に出座しはじめ、一二月一九日には御判始《ごはんはじめ》を行った（『公卿補任』、『御評定着座次第』）。御判始とは、サインにあたる花押《かおう》をはじめて記す儀式のことである。従二位昇進を契機に、評定始と御判始がセットで催行されたのだろう。御判始では神領保護などに関わる慶賀の吉書《きっしょ》に加判するのが慣わしだが、当時の幕政は義満署判の文書により処理されていた。義持に譲られた室町第の評定始は格式高いが当時すでに儀礼化しており、これ以後も政務は北山第の義満による御前沙汰《ごぜんざた》と呼ばれる親裁で処理されたのである〔伊藤喜良：一九七三〕。

このため今回の御判始で用いられた花押の詳細は明らかではなく、義持の先例を踏襲して通過儀礼を行った九代将軍義尚《よしひさ》（同じく当時一五歳）が父義政《よしまさ》の花押を代用して、文明一一年（一四七九）に御判始を行ったことから、義持の場合も義満の花押をそのまま使って吉書に署判したと推測されている〔上島：二〇〇四〕。たしかに義持が花押をすえた幕府文書は、応永一五年の義満没後にしか確認できない。しかし従来注目されてこなかったが、義満生前の応永一一年四月二四日、義持が描いた白衣観音図には彼の花押が記されている（一五頁・三六頁）。これにより義持は、公的な文書への加判は許されなかったものの、義満の生前すでに自身の花押を考案していたことが判明する。前述した義尚の御判始では、佳例とした義持の花押が将軍就任時には公文書で見あたらなかったため、父義政の花押を代用することで先例踏襲のつじつまを合わせたものと考えられる。

父の義満は応安五年（一三七二）、武家で用いられた武家様《ぶけよう》の花押で御判始を行ったが、公家社会進出後の永徳元年（一三八一）、内大臣に昇進したのを機に、公家様《くげよう》の花押を使いだした。これ以降の歴代足利将軍は、武家様と公家様の二種類の花押をもつのが一般的となる。しかし義持は異例にも武家様花押を使わず、もっぱら公家様花押のみを用いた。これは御判始の時点で、義持が従二位・権中納言に叙せられ、公卿に列していたからだと考えられている〔小林：二〇〇二〕。実際に応永一一年の絵画にすえられた義持の花押は、すでに公家様であることが確認でき、義満の死後いきなり公家様花押を作成したのではなく、御判始から一貫してこれをもち続けたことが裏づけられる。花押の形は特定の文字を図案化したものだが、「勝定院殿（義持）御判は慈の字なり」と権大外記《ごんのだいげき》の中原康富《なかはらやすとみ》が記録している（『康富記』文安六年四月二日条）。このことから義持は、為政者にふさわしい徳目として、「慈（いつくしみ）」の文字をみずからの花押に選んだとされる〔佐藤進一：一九八八〕。これに対して、足利将軍の公

足利義持筆 白衣観音図
（京都・長得院蔵，京都国立博物館提供）

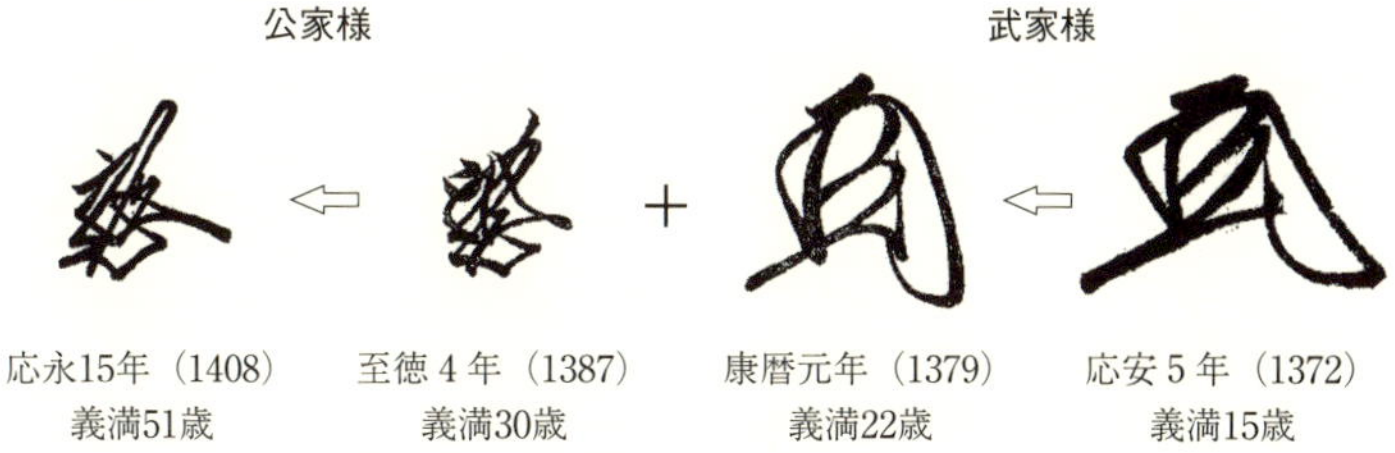

足利義満の花押
（『大日本史料』７編10冊より，東京大学史料編纂所提供）

家様花押は生前にあらかじめ決められた院殿《いんでん》号の一字、たとえば義満なら「鹿苑院殿《ろくおんいんでん》」の「鹿」字に似せて作られたことから、義持の花押も、彼の院殿号である「勝定院殿《しょうじょういんでん》」の「勝」字を図案化したものだろうとする異論もある〔上島：二〇〇四〕。

これら両説の妥当性を考えるうえで、「勝定院殿」の院殿号は義持の死後に禅僧たちの相談で決められた追号であったとの指摘が参考になる〔細川：一九九八〕。この事実から義持の生前にさかのぼり「勝」字が採用されるとは考えられず、やはり同時代人の証言どおり義持の花押は「慈」字を図案化したものと考えてよいのではないか。ただし「足利将軍の公家様花押＝院殿号の一字」原則の指摘も重要で、簡単に無視できない。これらの諸説を整合的に判断すれば、義持は自分の院殿号を「慈〇院殿」と名づけるつもりで、あらかじめ「慈」の文字をもとに公家様花押を作成したが、それを果たせないまま急死してしまい、義持本人の意に反して「勝定院殿」の院殿号が贈られたのだと推測される。

「仁政」への思い

このように「慈」の文字をもとにした義持の花押が、応永一一年（一四〇四）の白衣観音図で確認できるとなると、義持は為政者としての徳目を義満の在世中から意識していたことになる。義持はみずから筆をとったこの画像に「国康のため書く」と付記しており、国家安康という為政者意識の高まりを読み取ることができる。

ここで注意したいのは、こうした義持の為政者としての自覚が、白衣観音をモチーフにあらわれている点である。白衣観音は禅宗絵画において好んで描かれた尊像で、白衣は煩悩にまみれた俗世にあることを象徴する。したがって、その図像は礼拝の対象というよりも、修行によって到達する悟り後の理想の姿であるという〔東京国立博物館編：一九八九〕。白衣観音の上部に書かれた義持の画賛「従聞思修、入三摩地、潮吼海門、月生空際」の前半は、禅の基本経典『楞厳経《りょうごんきょう》』の一節が引用されている。これは「聞いて、考えて、実践することで、雑念に惑《まど》わされず正しく物事を判断できる境地に入れる」と解釈される〔教学研究委員会編：二〇一三〕。義持はこの句を座右《ざゆう》の銘のように気に入っていたようで、たびたび白衣観音図を描いては、決まってこれを画賛とした。白衣観音のテーマを理解する、義持の博識さがうかがえる。

義持の観音信仰は、足利家歴代のなかでも、とりわけ篤かったことが指摘されている〔大田：二〇一四〕。こうした特有の要素も、継嗣時代にさかのぼり確認できるのである。義持の為政者としての個性や、素人《しろうと》離れした水墨画の趣味は、既述した禅儒一体の教育によって培われたといえる。このころにも清原良賢が室町第に出仕して、読書始から引き続き、経書の講読を中心に義持の教育にあたっていた〔落合：一九八八〕。同時期の応永一〇年に絶海中津が義持に『信心銘《しんじんめい》』を講釈したさい、この教義の核となる、人間本来の仏心を信じる性善説にもとづく「仁義」を説明するのに、よりどころにあげたのは、経書の『孟子』であった（『勝定国師年譜』）。禅僧が「治道の要《かなめ》」として儒学（宋学）を推奨したのは、このように禅宗理解に資する方便にすぎなかったが、それは結果的に禅儒を不即不離の関係にした（和島：一九七七）。「仁政」を志す義持の政治思想が形成されるうえで、こうした禅宗・儒学の動向がおよぼした影響は大きいといわねばならない。

絶海は応永一二年四月に亡くなるが、これにつぐ義持の帰依僧が夢窓の孫弟子にあたる空谷明応《くうこくみょうおう》である。応永七年から同一〇年まで天龍寺雲居庵に居住した空谷は、その間に訪ねてきた義持の問いに中国臨済宗の開祖義玄《ぎげん》（？～八六七）の語録をもって答え、満足した義持の求めに応じて、「顕山《けんざん》」の道号を授けた（『特賜仏日常光国師空谷和尚行実』）。このとき義持は近侍の者を顧みて、「これは『華《け》厳経《ごんきょう》』の錦冠章にある句だ」と語り、「顕山」の典拠を即座に指摘できるほどの教養を弱冠一五～一八歳で身につけていた（玉村：一九八一）。空谷は「顕山」の意味について、「高く聳《そび》え生気豊かな山が『仁』を育む」と解説しており、ここからも義持の「仁政」意識の芽生えが見て取れる（榎原：二〇〇六）。

空谷に対する義持の帰依は、絶海と同様に夢窓派一辺倒だった父義満の影響だろうが、空谷も応永一四年正月に寂すると義持独自の趣向が明確になりはじめる。

空谷明応木像
（京都・慈済院蔵）

同年に義持が法語を求めた既述の愚中周及は、夢窓派と袂《たもと》を分かち、京都と距離をおいて安芸仏通寺に隠棲した禅僧であった。義持は政界と癒着した華美な夢窓派よりも、こうした隠遁的で清貧な禅僧にあこがれ、気に入った在野の禅僧を執拗に追いまわして教えを乞うことも珍しくなかった〔玉村：一九八一〕。内向的で質素をよしとする義持のメンタリティーの根幹は、以上のように一〇代後半には出そろう。生母との死別で禅宗を心の支えにした少年は、父が準備してくれた第一級の恵まれた環境で、真摯に学び思索にふける日々を過ごした結果、皮肉にも外向的で派手好みの父とは似つかない青年へと成長したのであった。

北山第の陰影

義満は応永一一年（一四〇四）五月一六日、明の永楽帝より遣わされた使節を北山第に迎え、誥命《こうめい》という辞令と金印を授かり「日本国王」に冊封《さくほう》された。明を建国した朱元璋《しゅげんしょう》（洪武帝《こうぶてい》）は、私貿易に寛容だった元の勢力を北方へと駆逐し、皇帝に服属した証として冊封を受けた国王に限り、進貢名目の公貿易を許した。これは明が貿易を管理する海禁《かいきん》と表裏の関係にあり、朝鮮や中国の沿海を荒しまわっていた倭寇《わこう》を禁遏《きんあつ》する政策の一環でもあった。試行錯誤を経て応永八年に遣使した義満の国書は、明側が求める属国の書式ではなかったが、洪武帝の跡を継いだ嫡孫朱允炆《しゅいんぶん》（建文帝《けんぶんてい》）は、挙兵した叔父の燕王朱棣《えんおうしゅてい》と内戦中のため（靖難《せいなん》の変）、遠交近攻策で翌年とりあえず使節を日本に送り、これを迎え再び遣使した義満は、その間に帝位を簒奪《さんだつ》した朱棣、すなわち永楽帝に素知らぬ顔で朝貢し、正式に冊封されたのである〔檀上：二〇一二〕。

かつて義満の「日本国王」冊封は、明を後ろ盾に天皇権威を相対化しうる超越的地位を築くものとされたが、国内向けに「日本国王」号が宣伝された形跡は認められていない。また義満が応永九年に建文帝の使節を北山第に迎えた接見儀礼では、義満昵近《じっきん》の廷臣・顕密僧のみが参列し、義満は明側の規定にのっとらず明使を下手《しもて》に寝殿に昇り着座するなど、尊大な姿勢でのぞんだ。こうした冊封への消極姿勢や接見儀礼の閉鎖性からは、明皇帝の権威を周囲に誇示して天皇権威の超克をめざすよりも、むしろ朝廷に遠慮して朝貢貿易に対する国内の批判をかわす狙いがあったと指摘されている〔橋本：二〇一〇〕。名目的な将軍にすぎない義持は、外交案件に関与できる立場になかったが、冊封直前の応永一一年四月二四日に国家安康のため三六頁の白衣観音図を描いた動機は、あるいは冊封に対する不安にあったのかもしれない。永楽帝の冊封使を乗せた唐船が兵庫に着岸したとの知らせは、同月一九日には京都に届いており、義持の耳にも達していたと考えられる（『兼宣公記』）。

対明通交における義満の関心は貿易利潤にあり、明皇帝への臣従を意味する「日本国王」号は通交名義上しかたなく必要とされたと、現在では考えられている〔橋本：二〇〇七・二〇〇八〕。そこまでして義満がこれに拘泥《こうでい》したのは、大規模造営を続行させるという国内事情があった。応永一一年ごろから北山第の拡張工事が再開され、昨年雷火で焼失した相国寺大塔の移建や、北御所寝殿などの殿舎造営が続けられていた。そのための材木・人夫は播磨国の荘園を中心に徴発され、守護の赤松義則《あかまつよしのり》が献身的に義満に奉仕した。もともと守護役は観応の擾乱で恒常化した軍役を起源とするものだが、地頭御家人役をも包摂して応永初年には国家的性格が付与され平時の「公事」として定着し、当初これらが北山第の造営費用にあてられていた〔山家：一九九九、伊藤俊一：二〇一〇a〕。

しかし守護に依拠したこうした財源にも限界があり、対明通交で得られる貿易利潤が事業継続のため渇望されたのである。遣明船がもたらした利潤は、たとえば応永一四年だけでも二〇万貫と破格の額であり、これが北山第などの大規模造営に投下され、義満の権力を荘厳《そうごん》した。それでも義満の放漫な消費は補塡しきれず、荘園・公領を問わず一国単位で賦課する段銭までもが造営事業に投入されていった。もともと即位式・内裏造営などの費用にあてる朝廷の臨時財源だった段銭は、この時期に御家人役でまかなうべき費用にまで転用されはじめ、公武の共有財源として再定位されるところとなった〔早島：二〇一〇、吉田：二〇一四〕。

造営事業に加えて、晩年の義満は大がかりな仏事を頻繁に催した。北山第では、義満周辺の身体護持を目的とする廻《めぐり》祈禱《きとう》と呼ばれる修法が、顕密寺院の門跡らにより毎月のように行われた。大法とされたこの修法の費用は二〇〇貫文におよんだが、義満は対明貿易の莫大な利益を背景に北山第で祈禱三昧の日々を過ごしていた。豪奢な宗教生活を支えた費用も、やはり貿易利潤に加えて諸国の荘園に転嫁された。応永六年三月一一日、義満は興福寺金堂供養にのぞむにあたり、諸僧の参列費用を捻出するため東寺領荘園に段銭を課した。その一つ若狭国太良荘《たらのしょう》の百姓らは、昨年に守護一色満範《いっしきみつのり》から二度も段銭が賦課されたうえ、毎月二〜三人の人夫を徴発され現地は困窮していると、段銭の免除を愁訴した。同じく山城国拝師荘《はいしのしょう》の百姓も段銭負担に抵抗したが、幕府は嘆願を一蹴して賦課を強行した〔「東寺百合文書」い函・ハ函〕。大規模な造営や仏事は義満の絶大な権力を可視化させる効果があったが、地域社会に過重な負担を強いていたのである〔早島：二〇一四〕。

応永八年には炎上した内裏再建のため諸国に造内裏段銭が課され（『東寺廿一口供僧方評定引付』四月二七日条）、応永一三年にも放火された室町第修理のため山城に段銭が賦課された（『教言卿記』七月二三日条）。さらに畿内近国では応永一二年と一三年に洪水が襲い、応永一四年には一転して旱魃となり、飢饉の前兆があらわれはじめていた（伊藤俊一：二〇一四）。付け火が応永一二年八月に北山第南御所、翌年五月と一二月に室町第・裏松重光邸と相次いだのは、権力者に対する民衆の鬱憤が背景にあるのかもしれない（『教言卿記』）。一般に義満の治世は室町幕府の最盛期とされるが、その末期には燦然《さんぜん》と輝く北山第の陰で、疲弊の気配が都鄙に広がりつつあったことを、義持執政の前提として確認しておきたい。

3　望まれる後継者像

正室の輿入れ

応永一三年（一四〇六）八月一七日、義持は右近衛大将に任官した。同時期に開始された室町第の修理は前述の放火が直接のきっかけだったようだが、この前年に義持が犬追物《いぬおうもの》を室町第で開催したさい、築地塀《ついじべい》の破れから見物できるほど室町第を囲う壁は所々で崩落しており、火災以前から破損が目立っていた（『教言卿記』一一月一四日条）。義満は自身が住まう北山第の作事には熱心だったが、義持に譲渡した室町第のメンテナンスは放置していたのである。これまで無関心だった義満が態度を一変させて修繕を急がせたのは、翌年に予定される義持の右大将拝賀に間に合わせるためであったと考えられる。

右大将は鎌倉幕府の創始者　源頼朝《みなもとのよりとも》が就任した名誉ある官職で、足利家では永和四年（一三七八）義満が二一歳で初めて任じられ、頼朝の例を意識しつつ、康暦元年（一三七九）叙任を天皇に謝する拝賀を行った。義持は応永八年三月に一六歳で権大納言、翌年一一月には内裏造営の功で従一位となり、すでに近衛大将を兼ねる資格を有していたが、義満の例にならい任右大将は二一歳になる応永一三年を待ち挙行された。朝廷では義持を格上の左大将に任じる用意があったにもかかわらず、義満の意向で右大将に定まった〔高橋典幸：二〇〇五〕。足利家の家格向上のため、義持の官位昇進に執着した義満だが、右大将については自身の先例を忠実に模倣させたのである。義持の急激な昇進が権大納言で一時とどまったのは、右大将任官時に権大納言だった義満の先例に合わせる必要からだろう。以下で述べるように、これらは右大将任官に関わる一連の行事が、公武関係を象徴するものとして重視されたことによる。

義満の先例といえば、任右大将直前の永和元～二年（一三七五～七六）ごろ、義満と日野業子との婚儀が宮廷の筆頭女官だった日野宣子の斡旋で実現したことは序章でふれた。この先例にならい、義持の正室に日野一門の裏松栄子《よしこ》が迎えられたのは、右大将任官を意識して応永一一～一二年（一四〇四～〇五）ごろのことと考えられる。両者の間に応永一四年七月二四日、嫡子義量《よしかず》が生まれていることも、この推測を裏づける。栄子は業子の姪《めい》であるとともに、義満の寵愛を受けていた康子の二一歳下の異母妹で、義量を出産した当時一八歳だった。栄子の輿入れは義満に近侍する姉康子や兄重光のはからいで、業子の賛同も得て決められたものと思われる。朝廷後宮でもこれより以前に、康子・栄子姉妹のいとこである日野西資子《ひのにしすけこ》が後小松天皇に嫁して、応永八年三月に第一皇子躬仁《みひと》（のちの称光天皇）を産んでおり、外戚の日野一門を媒介に天皇家と足利家はミウチ関係を構築していた。

足利家と宮廷との結びつきを強める目的で挙行された義満と業子の婚儀により、実務に堪能な中級貴族にすぎなかった日野一門（裏松・日野西・烏丸・広橋）は、縁戚関係を通じて義満に近侍して繁栄

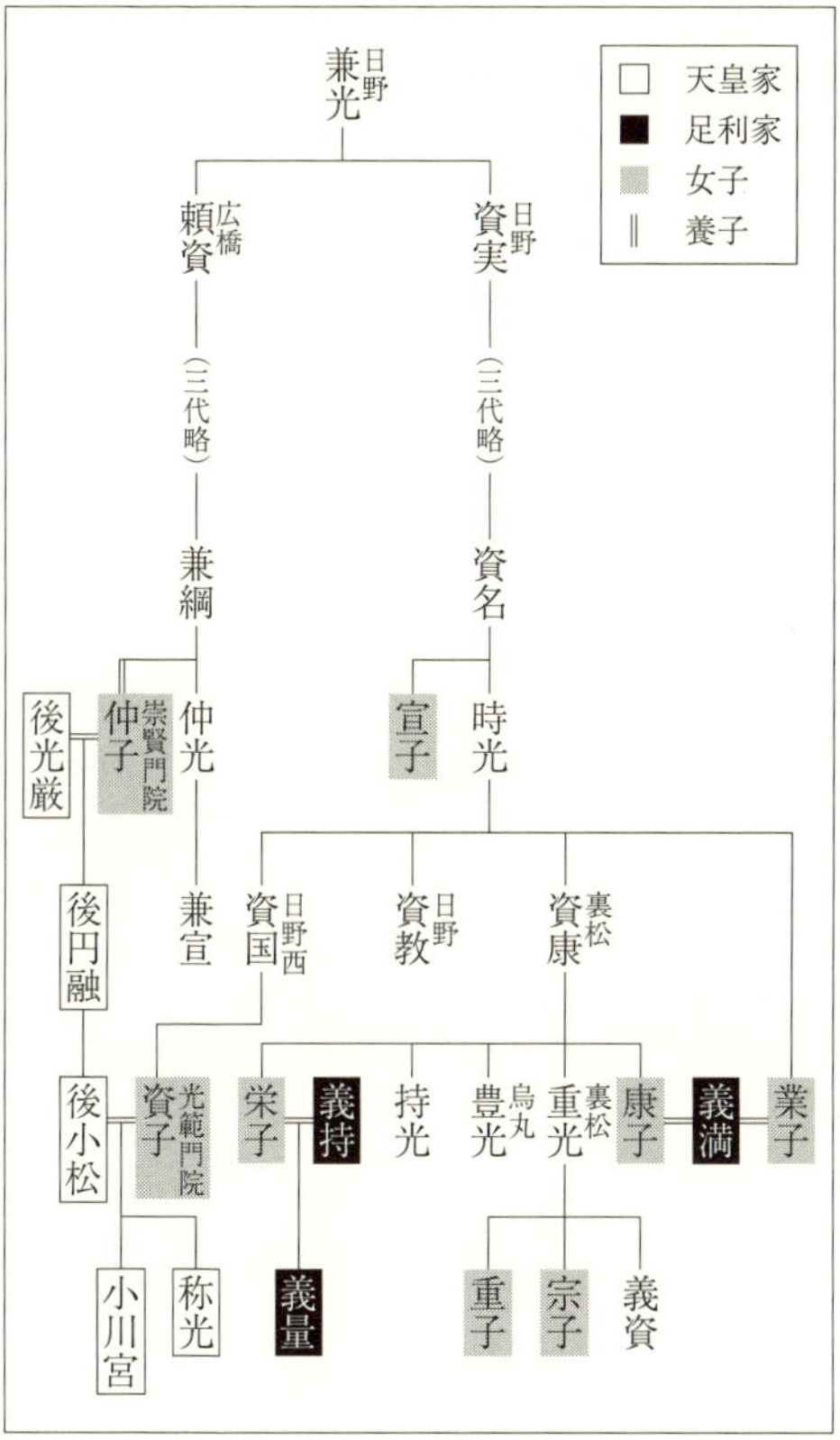

日野一門略系図

を謳歌するとともに、廷臣たちの要望を義満に取り次ぐ仲介役として公武を結ぶ架け橋となった。義満の先例になぞらえて栄子が義持の正室に選ばれた結果、こうした足利・日野両家の閨閥《けいばつ》関係は佳例と位置づけられ、次世代にも継続されることが内外に明示されたのである。

応永の右大将拝賀

右大将拝賀に向けて、練習も開始された。応永一四年（一四〇七）七月四日・一〇日・一六日に、義持は室町第で父の家礼《けらい》裏松重光・烏丸豊光・広橋兼宣・山科教興から拝賀の舞踏を習礼し、最終日には夜陰に紛れ密々に内裏で本番の予行練習を念入りに行った。有職故実《ゆうそくこじつ》に通じる洞院《とういん》家の実信《さねのぶ》が全体指導を、関白一条経嗣《いちじょうつねつぐ》が最終確認をするためか、それぞれ四日・一〇日と一六日の習礼に参加している（『教言卿記』）。義満の拝賀時には二条良基《よしもと》が指南役であったにもかかわらず、良基の孫で当時二条家の当主だった満基《みつもと》の姿が見えないのは、彼がまだ二五歳の若輩であったことが関係しよう。ちなみに義持の舞踏習礼に参加した洞院実信の父公定《きんさだ》は、かつて義満の右大将拝賀の指南役に内定したにもかかわらず、二条良基の横車で強引に押しのけられた因縁をもつ〔小川剛生：二〇一二〕。

康暦の右大将拝賀は、内乱で荒廃した朝儀の復興を熱望する良基の指南により、義満が宮廷の作法や雰囲気になじみ、公家社会に誘《いざな》われる契機となった。今回の拝賀でも義満は、個別具体的な指導は家礼らに任せつつ、後継者として義持を宮廷に馴致《じゅんち》させる狙いがあった。義満は二条良基の薫陶《くんとう》よろしく、康暦元年（一三七九）と永徳元年（一三八一）に白馬節会《あおうま》を見学して作法を習礼し、翌年の元日節会で内弁を勤めて以後、一九度も朝廷儀礼の内弁勤仕を重ね、公卿としての足利家の資質を公家社会に認知させた。内弁とは節会の式進行を統轄する筆頭公卿の所役であり、故実・作法に習熟することを必要とした。義持も応永一三年正月一六日の踏歌節会や、翌々年正月七日の白馬節会を内裏にて見学したが、これは父義満の指示によるものであった〔松永：二〇一三〕。義満を宮廷に引き寄せた二条良基の役割を、今度は義満自身が息子に果たしたといえる。公武にまたがる権力を構築した義満は、みずからの後継者にふさわしい公家社会の一員としての優雅な技量を、素朴な義持にも身に付けさせようと心を砕いていたことがわかる。

応永一四年七月一九日、義持の右大将拝賀が盛大に挙行された。任官翌年のタイミングも、義満の先例に準拠したものだった。この康暦元年の拝賀行列は室町第を出発して内裏に向かったから、これを踏襲するため、室町第の修理が急ピッチで進められたのである。義満拝賀時の管領が斯波義将だったのを踏まえると、管領職が畠山基国から義将の嫡子義重《よししげ》に交代した応永一二年七月二五日には、こうした予定が意識されていた可能性が高い。義満の右大将任官時に管領職にあった細川氏の登用は、康暦の政変を凶例として省略されたのだろう。

康暦の拝賀行列には、義満の関心を得て朝儀を復興させたい二条良基の思惑も重なり、頼朝の拝賀時には見られなかった公卿二一人・殿上人《てんじょうびと》三六人が随行したが、武家の拝賀に廷臣がこれだけ大人数で扈従《こしょう》するのは前代未聞であった。こうした事態は序章でみたように義満に奉仕する廷臣の家礼化を促して、足利家の公家社会参入を本格化させることにつながった。それを義持に踏襲させるということは、足利家と廷臣の政治的関係が義満一代限りの特例で終わるものではなく、将来にわたり再生産されるというアピールの意味をもった。義持の拝賀行列では、康暦期のそれを上回る公卿二三人・殿上人四七人が催され、義満は室町第正門に面した一条通南側の桟敷《さじき》に座り、内裏に向かう息子の晴れ姿を見届けた（『勝定院殿大将御拝賀記』）。足利家が公武にまたがり君臨する制度的枠組みは、構築されたばかりで前例のないものだったが、義満と同じく多数の廷臣と武家直臣を従えた義持の拝賀行列を注視した見物人は、これが次世代にも引き継がれることを実感したのだった。

世子としての地歩

義持が正式に内裏に参上したのは、この右大将拝賀が初見とされる。三か月後あらためて参内した義持は、生涯をかけ支えることになる九歳年上の後小松天皇に面謁した（『教言卿記』一〇月一〇日条）。後小松と親しく対面することを目的としたこの参内こそ、事実上の参内始としての意味をもった〔石原：二〇一二a〕。義満の側近裏松重光が義持に付き添い、義満自身も駆けつけ上機嫌で酒宴に加わったことから、後小松と義持の顔合わせも義満の口利きで設定されたのだろう。翌応永一五年（一四〇八）正月二六日には、義持の直衣始《のうしはじめ》が行われた（『教言卿記』正月一〇日条）。朝廷の正装は束帯《そくたい》（口絵一頁）であり、さきの後小松との面会時における義持の服装も束帯に准じた衣冠《いかん》だった。これでは日々の出仕に不便なため、重臣には日常服の直衣（口絵二頁）での参内が勅許された。この御礼に直衣姿ではじめて参内する儀式を直衣始といい、義持の扈従に公卿六人・殿上人三人が選ばれた。義満の直衣始も右大将拝賀から半年後の康暦二年（一三八〇）正月一九日のことで（『後深心院関白記』）、やはり父の先例を再現する形で義持はこれを行った。

以上のように義満は実権を手放さなかったのは確かだが、義持に後継者としてのキャリアを着々と積ませていたのであり、諸人の間でも義持の存在感は徐々に増していった。たとえば応永一二年一二月二六日、権中納言町資藤《まちすけふじ》は子息藤光《ふじみつ》の元服で、義持に烏帽子親《えぼしおや》を請うている。また翌年正月一三日には、内蔵頭《くらのかみ》山科教興が義持の偏諱《へんき》「持」字を申し請い、甥教良《のりよし》を「持教《もちのり》」と改名させている（『教言卿記』）。元服時に加冠する烏帽子親や、名前の一字である偏諱の拝領は、ともに頼みとする有力者に依頼するのが慣わしであった。まだ義満が健在なのに、義持の加冠・偏諱が望まれたのは、このころ周囲が彼を正統な後嗣と認知し、穏便な代替わりを見越していたからだろう。したがって一般に説かれている義持に対する義満の冷遇・排斥は、少なくともこの時点には確認できないのである。

もっとも両者の衝突が、皆無なわけではない。応永一三年三月、義満に譴責《けんせき》された義持は、夜陰こっそり裏松重光の邸宅におもむき、とりなしを頼むという出来事があった。詳細は不明ながら、何かの事情で義持が側近の山科教冬に癇癪《かんしゃく》をおこし、それを義満から叱責されたのが原因らしい。しかし重光がうまく仲介してくれたようで、義持が教冬を赦免して引見するという、義持のプライドを保つ形で収束がはかられた。ただ義持はこの一件を根にもち、邸宅を造作しようとした教冬に対して、「不興をこうむりながら、室町第の近隣で作事をするとは、けしからん」と中止させている（『教言卿記』三月二八日、六月一三日、閏六月二〇日条）。のちの権力者としての片鱗をのぞかせているが、これで再び父から叱責されることもなく、義持の弁明は受け入れられたようである。前述の右大将拝賀は翌年のことであり、義満がこの譴責事件をきっかけに義持を遠ざけるようになったとは考えられない。

表舞台の異母弟

ここで問題となるのは、晩年の義満が義持を疎《うと》んじて、偏愛する義嗣《よしつぐ》を後継者にしようとした、という通説の可否である。評定衆摂津《つ》能秀《よしひで》の娘春日局《かすがのつぼね》を母とする義嗣は、義持にとって八歳年少の異母弟で、同母弟の義教と同じ応永元年（一三九四）に産まれた。これは義持が将軍職に就任した年にあたり、義満は継嗣候補外の義嗣と義教を、それぞれ梶井門跡と青蓮院門跡に入室させた。ところが応永一五年（一四〇八）一五歳になった義嗣は平安時代末期の関白藤原忠実（一〇七八〜一一六二）の佳例により、二月二七日に父に連れられ元服前に参内する童殿《わらわてん》上《じょう》の栄誉にあずかった。東坊城秀長の選進で、「義嗣」と名乗るのはこのときである。三月四日には叙爵して、従五位下に叙された（『教言卿記』）。その一方で義教は同日に出家させられ「義円《ぎえん》」の法名を授かり、政界デビューを飾った義嗣と明暗を分けることになった（『諸門跡伝』）。そして三月八日から二〇日間にわたり、義満は北山第に後小松天皇を迎えて義嗣を同席させながら、義持には参加を許さず洛中の警固を命じたのである（『北山殿行幸記』）。

後小松と対面した義満は天皇・上皇に用いる繧繝縁《うんげんべり》に座し、みずからの法服を入れる三衣筥《さんえばこ》の役を花頂僧正定助《じょうじょ》に勤めさせ、義嗣は童姿のまま後小松から天盃《てんぱい》を受けた。これらを根拠に、義満は北山第行幸を天皇が父の法皇に拝謁する朝覲《ちょうきん》行幸にみたて、義嗣を次期天皇にもくろんだとする王権簒奪論が提起され、大きな反響をよんだ〔今谷：一九九〇〕。しかし北山第行幸では、繧繝縁に座した義満が破格の法皇待遇を受けたのは確かなものの、母屋《おもや》で待つ上皇（法皇）に天皇が拝舞する朝覲の体裁ではなく、逆に義満父子が四足門《よつあしもん》まで後小松を出迎えて拝謁した。また童子の義嗣が天盃を賜ったのも、童姿は貞治六年（一三六七）元服前の義満が叙爵した先例が、また天盃は永徳元年（一三八一）義満が室町第に行幸した後円融天皇から授かった先例が、それぞれ踏襲された結果にすぎなかった〔石原：二〇一二b〕。童姿での叙爵という点では、一二三頁で述べたように義持も同様である。

義満は行幸中に予定される舞御覧で、公卿としての優れた資質が足利家にあることを宣伝する狙いがあり、これに向けて義嗣に笙《しょう》の猛特訓をつませていた。義満自身も笙を得意として宮廷活動に利用しており、公家社会に参入した康暦元年（一三七九）笙始を行い、内大臣に任じられた永徳元年に最秘曲「陵王荒序」を伝授されるほど上達し、今回の北山第行幸での舞御覧でも義嗣とともに笙の腕前を披露した。ところが義持は公的な場で笙を演奏しようとせず、十分な技量をもっていなかったらしい。応永九年八月五日に笙始を行ったとする『足利家官位記』の記録を、疑問視する研究もある〔石原：二〇一二a〕。義持に舞御覧の先例を踏襲させるのは技術的に困難とみた義満は、義嗣に笙の才能があることを見抜き、これを伸ばして活かすことを思い立ったのだろう。義嗣の舞御覧出仕が決まったのは応永一五年正月二〇日で、山科教興の子賀安丸《かやすまる》が祖父教言にこれを語っている。賀安丸は昨年八月二一日に侍童として梶井門主の義嗣に仕え、北山第行幸二日目に義嗣の偏諱を受けて「嗣教《つぐのり》」と名乗り、主人と苦楽をともにすることになる（『教言卿記』）。

したがって前述二月の童殿上は、正月に内定した舞御覧の出仕を前提に行われたことがわかる。応永一三年ごろから義満は、公家としての素養を義持に修練させていたが、人前で披露できるほど上達しなかった。これらのことを踏まえると、舞御覧での笙所作を重視する義満が、北山第行幸に義持を臨席させなかったのはむしろ当然であろう。天皇・廷臣いならぶ前で、中途半端な腕前で演奏すれば失笑を買い、かといって義満・義嗣そろい出演するなか義持のみ漫然《まんぜん》と見物するのも不自然で、公卿としての足利家の資質を認知させるどころか、逆に恥をさらす結果になりかねない。この時期、義持に公家的才能が不足していると判断した義満が、これを補うため白羽の矢を立てたのが義嗣であったといえる。

そもそも今回の北山第行幸は、永徳元年三月に催された後円融天皇の室町第行幸を先例に企画された。室町第行幸で行われた舞御覧で義満は笙を所作しており、北山第行幸の舞御覧はこの自身の先例を意識したものだった（『北山殿行幸記』、『さかゆく花』）。室町第行幸は義満の右大将拝賀後に実施されたので、これを先例とするなら、右大将拝賀をとげた義持が後小松天皇を室町第に迎えるのが、最も適当なはずである。これまで義満の先例が忠実に再現されてきたにもかかわらず、今回に限って北山第に会場が変更されたのは、室町第では義持がホストとして参加せざるを得なくなるからではないか。義満が北山第行幸に義持を参加させなかった理由は表向き、「将軍右大将殿《(義持)》をば、おほやけ《(公)》の御かため、ちかきまもり《(近)(守)》にと、都にをき《(置)》申されたる」と周囲に説明された（『北山殿行幸記』）。義持の面目を保たせるため、朝廷を守護する将軍・右大将の勤めが欠席理由として強調されたのである。

継嗣問題の内実

とはいえ北山第行幸の様子を、義持が気にしなかったわけではない。二年前の応永一三年二月二八日、義持は山科家に秘蔵される名笙「絲巻《いとまき》」を、豊原定秋《とよはらさだあき》を介して借り受けた。豊原氏は天皇家・足利家に笙を伝授する地下官人で、前述した義嗣の特訓でも指南を勤めていた。定秋を通じて「絲巻」を借りた義持は、このころ行幸イベントを見すえて笙の修練に励んでいた可能性が高い。義持は五月四日に一旦「絲巻」を返したが、九月一〇日に「百日楽」の雅楽会を室町第で催して再び借り受け、一〇月二八日にはみずから笙の演奏を試みている。義持の努力にもかかわらず笙の技能は熟達しなかったようだが、北山第行幸を目前にひかえた応永一五年二月二

舞御覧図（『年中行事絵巻』国立国会図書館蔵）

四日、義嗣の猛特訓が行われるさなか、義持は豊原氏秋《うじあき》を介して三たび「絲巻」を山科家から借上した。そのさいに義持は、「来月の舞童以前に必ず返す」と山科家に伝えており、北山第行幸の舞御覧を強烈に意識していた（『教言卿記』）。義持は北山第行幸の舞御覧直前まで練習して、自身も笙の演奏に加わろうと試みたが、結局それほど上達しなかったため断念せざるを得なかったのではなかろうか。

これに対して義嗣は父の期待にこたえ、三月一四日に催された舞御覧での笙演奏を見事にやりとげ、義満の評価を決定的に高める結果を出した。義嗣は笙だけでなく、一七日の蹴鞠《けまり》会にも備えてこれまで稽古《けいこ》に励み、当日には関白以下廷臣いならぶなか、童姿で後小松や義満らに交じり鞠の技量を披露した（『教言卿記』二月一七日・二一日、三月一七日条）。義持に欠ける公卿としての秀でた才能を、義嗣は父から受け継いでいたのである。北山第行幸中の三月九日を境

に義嗣は、これまでの「梶井殿」あらため「新御所」と称され、これに対して義持は「京御所」の呼称が用いられるようになる。「新御所」が北山第に連なるイメージを抱かせる一方、「京御所」は洛外の北山第から距離をおく呼称であり、「義満・義嗣父子の北山第の世界からの疎外感」を指摘する見解もある〔桃崎：二〇〇九〕。

義嗣は笙の修練で北山第に滞在中、義満と同居する裏松康子のもとに身を寄せており、このころ彼女の養子となって擬制的な親子関係を結び、梶井門跡から北山第に移住したとみられる（『教言卿記』二月二八日条、『公卿補任』応永一五年条）。これより以前の応永一二年七月一一日、義持の准母であった業子が亡くなり、康子が義満正室の地位を継承していた。逝去前日に業子を見舞うため義満が室町第におもむいていることから、彼女は北山第でなく室町第の義持と同居していたことがわかる（『兼宣公記』）。義持にとって業子の逝去は、心強い後ろ盾を失うことでもあった。一方、義満の正室におさまった康子は、応永一三年一二月に後小松生母の三条厳子《いつこ》が病没すると、義満の権勢を背景に後小松の准母となって北山院の院号宣下を下された、いまをときめく寵姫《ちようき》で、義嗣はその庇護を受けることになったのである。「北山第の世界からの疎外感」は、こうした人的つながりの変化も影響していた。

行幸イベントで華々しい成果をあげた義嗣は、行幸中の二四日に正五位下・左馬頭に、また行幸後その賞として三月二八日に従四位下、翌日に左中将に任じられ、さらに四月二五日には摂関家の二条満基が加冠役となり内裏において元服をとげた（『教言卿記』）。崇光上皇の孫貞成《さだふさ》が記した『椿葉記《ちんようき》』には、「親王御元服の准拠なるようにて」とあることから、義満は上皇（法皇）として義嗣を東宮（次期天皇）になぞらえ元服させたとみなし、前述の王権簒奪論の根拠の一つとなってきた。ところが、本来の東宮元服では、上皇は院御所で東宮の表敬訪問を待つのが原則だったにもかかわらず、義満は上皇の規範を外れてその場に臨席していた。また元服前に左馬頭に任官したこと自体、将来の即位を約束される東宮はもちろん、それ以外の親王一般からも逸脱しており、義嗣元服のあり方は摂関家の故実・先例と最も近似していることが、近年指摘された〔石原：二〇一二c〕。

この説は新たに最近紹介された、一条経嗣の日記『荒暦』逸文に、後小松天皇がこの元服式に出御して、東宮元服ではないものの、やはり親王元服にならってとり行われ、後小松の猶子として義嗣の呼称は「若宮」と改められたとあることが明らかになり、一部修正が必要になっている〔森幸夫：二〇一四〕。ただし、ここでも親王元服とはいいながら、その前提としての親王宣下をともなわず、元服と同日に義嗣が人臣として従三位・参議に叙任された事実などから、周到に完備された儀礼ではなく、義満は直前まで摂関家の元服にならう予定だった可能性が指摘されている。これによると義満は自身や義嗣に対する法皇・親王待遇を望みながらも、同時に摂関家に準ずる方向性も模索していたことになり、双方の間でいまだ一貫した将来展望を固めていなかったようである。したがって、親王にならった義嗣の元服も、遠大な王権簒奪計画にそった準備とみるよりも、これに批判的な近年の研究動向を踏まえ理解する必要がある。

父義満の急死

義満が誰はばからず法皇のようにふるまうようになるのは、明徳四年（一三九三）後円融上皇の没後だが、これは内乱以来の皇位継承問題をいまだ引きずる朝廷内で、後小松天皇の周辺が崇光上皇による院政・皇位奪還を阻止すべく、義満を強力な庇護者に仕立て上げようと、法皇待遇を積極的に容認した結果でもあった〔家永：二〇一三〕。また義満が「太上天皇」の尊号にこだわりだすのは、明との使節往来が頻繁となる応永一二年ごろであることから、王権簒奪論に引きつけるよりも、むしろ国内の批判が強い明属国の証《あかし》たる「日本国王」号に代わる通交名義として切望し、陪臣の朝貢を許さない明側の目をごまかそうとするものだったとの見解も出されている。もっとも実際の尊号宣下となると人臣では前人未到であり、義満の執拗な要求を廷臣らは彼とその家族に対する破格の待遇でなだめすかして、拒みとおした。義満の正室康子に対する国母待遇は、その一環であったとされる〔小川剛生：二〇一二〕。よって義嗣が後小松の猶子となり親王待遇で元服したのも、義満の尊号要求をはぐらかすための、にわか仕立ての方便と考えると整合的に理解できる。

さらに義嗣の元服が内裏で行われた理由については、足利家の継嗣は家長の本宅で元服儀礼を行うのが代々の慣例であり、義満は北山第で義嗣の元服をとり行うのをあえて避け、これに代わる格式高い儀場として内裏を選んだという、継嗣問題の内実を考えるうえで重要な指摘もなされている〔石原：二〇一二c〕。かつて室町第において、義満みずから加冠にあたった義持の元服儀礼こそが、家督継承予定者のみに許された正統なあり方だったのである。このように考えると、義持に代えて義嗣を後継者にすえようと義満が企図したという、従来の通説には再考の余地もある。実際これまで述べてきたように、義満から義持への権力継承準備は着々と進められており、この段階での後継者変更はあまりに唐突な感がある。

義嗣が起用された経緯を踏まえると、義持の苦手とする足利家の公卿としての側面を、この分野の才能に秀でた義嗣に代行させるのが、当初の構想だったように思えるが、継嗣自体の変更まで義満が想定したのか判然としない。「御兄《（義持）》をもおしのけぬべく、世にはとかく申あひ」と、当時のことを貞成は随想している（『椿葉記』）。義嗣が兄義持を押しのけ義満の跡を継ぐかもしれないという情報は、あくまで義嗣の急激な台頭を目にした世間の憶測にすぎなかった。ただし「継嗣問題」の風説が人々の間に広まり物議を醸《かも》していたのは確かであり、父の傍《かたわ》らにあり伊勢神宮参詣や大名邸御成に随伴する義嗣の様子を耳にして、北山第との距離感を深めていた義持が、疑心暗鬼にかられてもおかしくない状況にあった（『教言卿記』四月一〇日・二一日条）。

だが義嗣の処遇について、義満本人の口から語られることはなかった。義嗣元服からわずか三日後の四月二八日に義満は流行り病の咳気《がいき》をこじらせ、諸寺社の祈禱も虚しく五月四日には危篤におちいって生死の境をさまよい、六日ついに五一歳の生涯を閉じたのである。

第二章　親政の開始――二〇代前半

応永15年（1408）義持23歳の花押

1　義持政権の始動

尊号宣下の辞退

義満の遺体は一夜明けた応永一五年（一四〇八）五月七日の早朝、北山第から洛北の等持院に移され、一〇日になり茶毘《だび》にふされた（『教言卿記』）。同日の葬儀では、五山の諸長老はじめ衆僧三〇〇〇人が参仕し、義満の妻妾、家礼《けらい》の公卿、管領以下諸大名が参列するなか、義持は亡父を納める龕《がん》（棺桶）の左方前に義嗣とならんで座した（『慈照院殿諒闇総簿』）。翌日収骨した義持と義嗣は、四十九日の中陰仏事を終える六月二五日まで、裏松重光・管領斯波義重とともに等持院に同宿して参籠した（『教言卿記』、『鹿苑院殿薨葬記』）。義満の突然の死にともなう事後処理は、この間にあわただしく一挙に進められた。

「継嗣問題」の風説が世間を騒がすなか、これに関して何も言い残さず義満が頓死したことで、義持の家督相続は大名の承認を得るという不測の事態となった。伏見宮貞成は、「跡継ぎは義嗣であろうかと取り沙汰されたが、斯波義将《しばよしゆき》が押しはからい、嫡子たる将軍義持が相続された」と、このときの事情をのちに回想している（『椿葉記』）。義嗣のもとには義持のごとき近臣団と呼べるような組織は形成されておらず、これまでに築かれた義持の地位を全否定して義嗣を擁立するのは現実的に難しかった。ただし中陰仏事の諷誦文《ふじゅもん》（追悼文）で義嗣が「御病中、昼夜玉座の（義満）側《かたわら》に昵近《じっきん》」（『迎陽記』迎陽文集）と公言したように、瀕死の義満に付き添ったのは北山第で同居していた彼であり、室町第にいた義持は山科教冬を遣わして見舞うことぐらいしかできなかった（『教言卿記』五月一日条）。「義満の意中の後継者は、義嗣だったのではないか」という世間の疑念は、宿老筆頭の義将にキングメーカーとなる絶好の機会を提供したのである。

　義持にここぞとばかりに恩を売りつけた斯波義将は、義満急死の事後処理をとおして新政権の主導権をまたたく間に掌握していった。五月六日、故義満に朝廷が「太上天皇」の尊号を追贈しようと幕府側に打診したのを、「昔よりこんな例はない」と申しとどめて義持に辞退させたのも義将であった（『東寺執行日記』）。「太上天皇」の尊号宣下については、前章で述べたように、義満が生前に望んで果たせなかった悲願だったが、義将は足利一門きっての名門を自負する斯波家の当主らしく、家格秩序に厳格な保守的な思考の持ち主で、皇族と人臣との区別を軽視した義満の尊号要求に批判的であった〔小川剛生：二〇一二〕。宋学思想に傾倒していた義持も、君臣関係を超克する尊号宣下に消極的だったと思われるが、この重大事が義持ではなく義将の発議で決せられたのは、彼の発言力の大きさを印象づける。尊号辞退をとおして義将は、朝廷側にも義満没後における自身の存在感をぬかりなく顕示したのである。

義嗣の処遇

義満が急逝してから一か月後の応永一五年（一四〇八）六月七日、義持は室町第から亡き父の栄華の象徴である北山第に入ることになり、ポスト義満の座をめぐり物議のあった義嗣を、その生母春日局の里邸に移らせる段取りとなった。これにより、義満の正統な後継者として義持は内外に明示され、父を継いで「北山殿」と呼ばれるようになる。注意すべきは、これが義満の中陰仏事のさなか、いまだ義持・義嗣の等持院籠居中に決められた点である。五月二八日に山科教言が焼香のため等持院を訪れると、義持・義嗣の座前に斯波義将が伺候していたこと、また六月二六日に中陰仏事を終えた義持が北山第に入る以前に、いったん義嗣とともに斯波邸に逗留《とうりゅう》していることから、両者の居所を移転して嫡庶・長幼の序を糺《ただ》す重要案件も、義将の主導で決定されたと考えられる（『教言卿記』）。

さきに紹介した義嗣の諷誦文には、「周公は兄であり、康叔《こうしゅく》は弟である。兄弟の協力により文武の道は失墜せず、彼らが封ぜられた魯《ろ》国と衛《えい》国の政治はともに繁栄した。かの聖賢の前例に従い、我が国を安んじるのが、故父に対する何よりの孝行となろう」という一節が含まれていた。これは中陰仏事の最終日にあたる六月二五日の法要で読み上げられ、中国の周王朝を開いた武王の子周公と康叔の故事にならい、兄の義持を敬い協力を惜しまないと、一堂会する場で表明されたことを意味している。義嗣は自身のおかれている危うい立場を機敏に悟り、義持に対抗するつもりなど毛頭ないと、みずから進んで恭順の意を示したのである。

義持も自分の正統性を傷つけかねない「継嗣問題」の風評を払拭すべく、鷹揚な態度で義嗣に接して、双方わだかまりのないことを周囲にアピールするよう心がけた。生母の里邸に移った義嗣の周辺は、義満の生前とはうって変って人気《ひとけ》が少なく、これを気づかった義持は、七月一三日に山科教高《のりたか》を義嗣に奉公させるべく遣わした。教高は以前から仕えていた同族の嗣教と力を合わせて義嗣に尽くし、このたち彼らと運命をともにすることになる。また義持は義嗣と連れだって一二月二六日に参内をとげ、翌応永一六年六月二五日に兵庫を巡遊し、一一月一九日に石清水八幡宮に、一二月一一日には北野社に同宿・参籠している（『教言卿記』）。さらに義満の存命中すでに従三位・参議であった義嗣は、義持に推挙されて応永一六年七月に権中納言、一七年正月に正三位、一八年一一月になると従二位・権大納言に昇り、一九年三月四日には加賀国内の御料所も与えられた（『公卿補任』、『山科家礼記』）。義嗣は冷遇どころか、「身分相応の豊かな暮らしぶりで、官位の昇進も順調だった」と称されるほど、兄から優遇されていたのである（『看聞日記』応永二三年一一月二日条）。

兄弟仲睦まじく努めるのは、義持の信奉する宋学の教えにそった行動ともいえるが、これだけ厚遇しながらも、義嗣に政界で活躍する機会を与えなかった。義嗣の政治活動は、「継嗣問題」の話題を蒸し返す恐れがあると、敬遠されたのだろう。このころ裏松康子は、笙の新楽不沙汰を嘆く故義満の夢を見て、義嗣に修練を怠らないよう勧めている（『教言卿記』応永一六年二月一日条）。義満没後も義嗣は准母の康子と親しかったことがわかるのと同時に、以前に比べて笙の腕前をなまらせていたことがうかがえる。義嗣邸では蹴鞠《けまり》・貝合《かいあわせ》・和歌・楊弓《ようきゅう》の会などが催され、義嗣は武家というより公家としての生活を送っていたが、こうした素質が公的な晴れ舞台で活かされることはなかった（『教言卿記』応永一六年二月四日・八日・一一日、三月九日、閏三月一六日条）。次章で述べるように義持は、義嗣の力を借りなくても済むように、公家的才能を要する義満期の朝儀への関わり方を改めるのである。

遺影の賛文　六月二五日の中陰仏事のフィナーレでは、会場の等持院に一幅の肖像画が掛けられていた（『教言卿記』七月二日条）。現在鹿苑寺に伝わる、土佐行広《とさゆきひろ》筆「足利義満像」である（六四頁）。義持みずから賛をつけたこの肖像画には、巧妙な隠喩が秘められていた。この賛の文章は、宋代の禅僧大慧宗杲《だいえそうこう》（一〇八九〜一一六三）が、北宋の皇帝徽宗《きそう》（一〇八二〜一一三五）の三回忌に行った説法の冒頭を引用したものである。明代に政界と結び勢力を伸ばした大慧の門派は、隠遁的な禅に親しむ義持の好みではなかった。それがあえて大慧の法語を画賛に選んだ理由としては、対明通交を渇望する義満が中国政界とのコネを求め、大慧派に接近したことを踏まえたものと推測されている。漢文を使いこなす禅僧は、外交文書の作成や、使節・通事として対外交渉を担う存在でもあった〔上田：二〇一二〕。

この義持の賛からは、禅宗の教義よりも実益を重視した義満の個性が垣間みえるわけだが、さらに踏み込んで、義満を徽宗になぞらえた可能性も指摘されている。徽宗は美術品を蒐集《しゅうしゅう》し自身も絵筆をとった「風流天子」として、また一方で北宋を滅亡へと導いた「亡国の暗君」として知られる皇帝である。唐物《からもの》のコレクターであった義満と徽宗は、芸術の愛好家という点でたしかに相通じるものが

身従無相中受生
猶如幻出諸形象
幻人心識本来無
罪福皆空無所住
応永竜集戊子季夏（一五年六月）下澣
道詮（義持）薫毫九拝書
『道詮』『顕山之章』（白文朱方印）

身は無相中《むそうちゅう》より生を受け
猶《な》お幻出《げんしゅつ》せる諸形象の如し
幻人の心識は本来無
罪福は皆《みな》空にして住《とど》まる所無《な》し

足利義満像（京都・鹿苑寺蔵）

あった。だが義持の真意は、国を衰亡させた「暗君」としての徽宗のイメージも父に重ね合わせ、皮肉を込めつつ批判することにあったという〔髙岸：二〇〇七〕。あえて好みではない大慧の説法を選び、そのなかでも徽宗三回忌の法語を引用した義持の賛には、義満時代の終焉が暗示されていたのである。

八月一六日には、北山第の敷地内にある青蓮院で義満百日忌の法要が行われたが、義持は布施をできるだけ省略した（『東寺執行日記』）。

義満の死を悼《いた》むべき法会の簡素化は、父に対する憎悪のあらわれと従来解釈されてきた〔田中義成：一九二三〕。ただし義満に対する義持の反発は、個人的な感情レベルだけでは理解できない側面がある。百日忌法要のため用意された義持の願文には、法要が営まれた北山第を指して「此《この》堂は大王（義満）の故居、小弟（義持）の住院」とあり、義満に対して敬意が示されていた（『迎陽記』迎陽文集）。仏事規模の縮小については今回の法会に限らず、義持初政期の一般的傾向であり、義満と異なる宗教政策の方向性として現在では捉えられている（大田：二〇〇九a）。すなわち応永一五年六月二六日、一一月二日、一二月二〇日に北山第で行われた修法は、前章で述べた北山第大法に相当するにもかかわらず、いずれも結願日の作法は略され、着座公卿や布施も省かれる場合があった（『教言卿記』）。さらに応永二二年ごろになると、恒例祈禱の規模も大法から准大法に格下げされ、回数も毎月開催から四季開催に減らされた。五山派禅院でも義持の指示を受け、諸行事における費用の節約を命じた規定が、応永一八年一二月一日に設けられている（『当寺規範』）。

義持は「倹約御好」と評されるほど、浪費を嫌う性格で知られていた（『建内記』文安四年一一月七日条）。夢窓疎石を顕彰する碑銘の造立計画が持ち上がったさい、はじめ乗り気だった義持は莫大な費用が必要だとわかると、民の煩いになるとの理由で中止しており、諸国にかかる負担をなるべく抑えようという意識をもっていた（『臥雲日件録抜尤』文安五年三月八日条）。こうした姿勢は、相国寺大塔や北山第などの巨大建築物を次々と造営し、仏事などのイベントを盛大に繰り返して、その費用を躊躇なく諸国に賦課した父義満と好対照をなす。大規模な投資を好む義満の積極・拡大路線が、倹約を好む義持の眼に放漫と映ったとしても不思議ではない。「亡国の暗君」徽宗を義満に重ねた義持は、奔放な父の政治にこの「風流天子」を想起させるような危うさを感じとっていたのかもしれない。義満晩年から延々と継続されていた大規模造営事業は、義持によって終止符が打たれた。

くすぶる火種

中陰仏事を終えた義持は、応永一五年（一四〇八）六月二六日に北山第に入ったが、その治世は前途多難であった。喪中の義持は積極的な執政を控えざるを得ず、みずから花押をすえる幕府文書を八月まで発給できなかったが、七月それを見透かすかのように大和国で箸尾為妙《はしおためたえ》と筒井順覚《つついじゅんかく》の合戦が勃発した。筒井は興福寺配下の官符衆徒《かんぷしゅと》、箸尾は春日社に属す国民だが、衆徒・国民は大和国の在地領主として勢力を競い、これまでにも応永一一年に箸尾が筒井郷を焼き払うなど、慢性的に私闘を続けていた。鎌倉時代以来、大和は興福寺が守護の役割を兼ねており、その別当に選任された一乗院門跡と大乗院門跡が実質的に治めてきたが、このころになると私闘を繰り返す衆徒・国民を十分に統制できなくなっていた。筒井と箸尾の紛争を鎮めるため義満は生前、応永一三年に幕府軍を大和に派遣し、降伏した箸尾為妙の所領を没収して春日社に寄進した。応永一五年に再燃した箸尾による筒井攻撃は、義満の死に乗じて失地回復をはかったものであった〔永島：一九九四〕。

紛争の激化に手を焼いた興福寺の要請にこたえ、幕府は奉行人の飯尾貞之《いのおさだゆき》を上使として大和に遣わし、筒井退治の「御教書」（義持の命をうけた管領斯波義重の奉書か）を下した。幕府の支援対象が筒井から箸尾に逆転したわけで、ここでも義満の裁定をくつがえそうとする、新政権の方針を垣間みることができる。ところが、幕府上使とほぼ同時に下向してきた赤松勢一二〇騎ばかりは、あろうことか鎮圧すべき筒井側を援助しはじめた（『東院毎日雑々記』七月二九日・三〇日条）。幕命違反ともいえる赤松一族の行動については、当時幕府の実権を掌握していた斯波義将に対する抵抗とみる意見もある〔伊藤喜良：一九七三〕。幕閣の諸大名が決して一枚岩でなかったのは確かだが、赤松勢は個人的な利害で動いていたようである。すなわち『教言卿記』同年七月二八日条によると今回の赤松勢出陣は、大和国民らの攻撃にさらされた御賀丸《おんがまる》の内者《ないしゃ》を救援するための「私事」であったという。

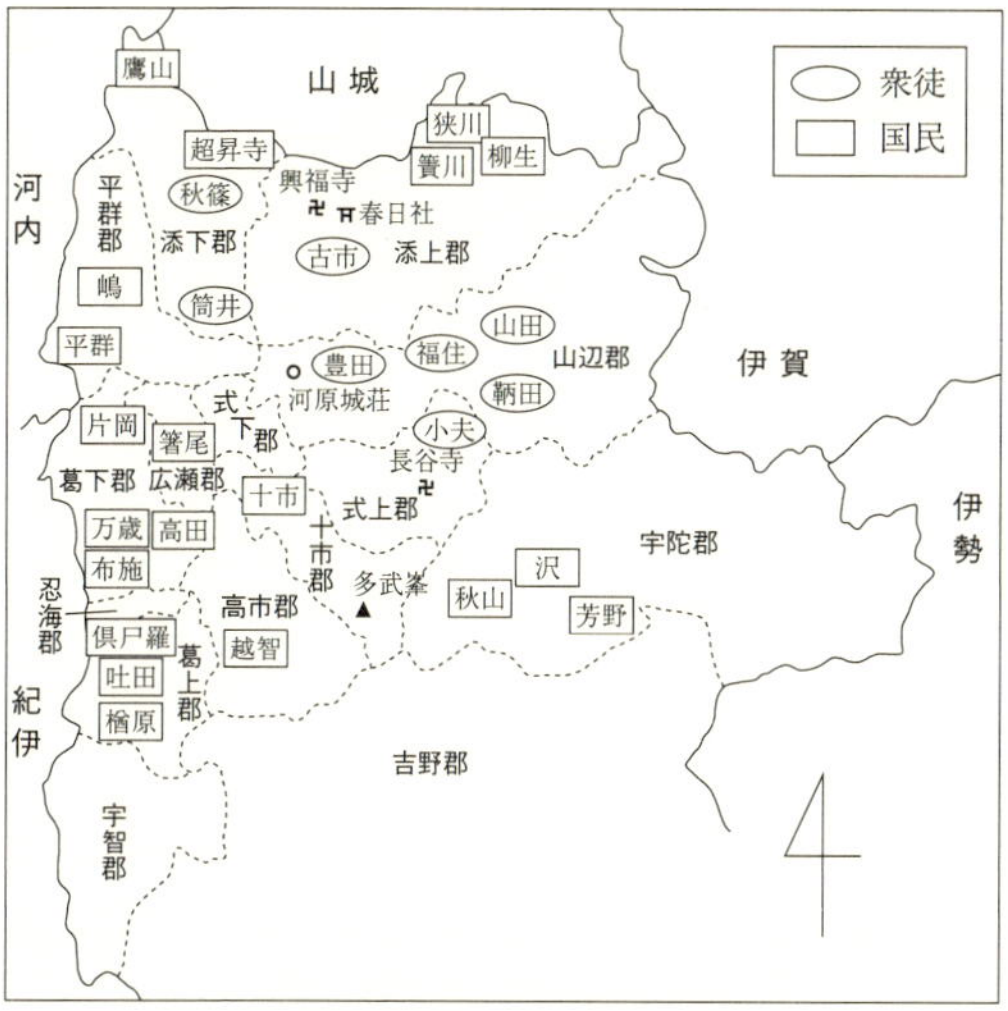

大和国衆徒・国民の分布図

御賀丸は大和国民奥《おく》大和入道の舎弟で、義満の晩年に愛された寵童であった。義満の権威を背景に出身国大和での勢力拡大をはかり、応永一一年五月に東寺領の河原城荘《かわらじょう》を一五〇貫文で強引に買い取り、さらに翌年六月には宇陀郡以下の興福寺領を次々と押領するなど、傍若無人のふるまいをしていた。これらの荘園に派遣された御賀丸の代官も、主人と同様に権威をふりかざし、現地で恨みを買っていた。応永一三年には幕府軍を率いて大和に下向し、前述の箸尾退治でも一翼を担っていた〔永島：一九三八・一九九四〕。

今回、大和国民らが争乱のさなか御賀丸の内者を攻撃したのは、その後ろ盾であった義満の死を好機とみて、これまでに溜まった鬱憤を爆発させたからだろう。しかし後述するように、のちに御賀丸が河原城荘の権益を失ったとき、播磨・備前・美作守護の赤松義則が支援の手をさしのべており、義満に献身的に仕えた義則と御賀丸は親しい関係にあったようである。もっともこうした情誼的な理由ばかりでなく、赤松氏は宇陀郡と地理的につながる南伊勢に権益を有していたらしく、協力関係にある御賀丸の宇陀郡支配がくつがえることは、義則にとって実利的にも好ましいことではなかった〔本郷：一九八七〕。赤松勢が興福寺衆徒の筒井に合力して大和国民の箸尾と対峙したのは、「敵の敵は味方」の理屈で、大和国民による御賀丸攻撃を牽制する狙いがあったものと考えられる。

義満の死から一〇〇日を経ず、喪中で義持の執政が制約されるなか、義満晩年の施策に対する不満や、私的縁故を優先させる大名の態度が、早くも顕在化したのである。大和の騒動は筒井側が兵を収めたため一時停戦となったが、これまで義満によって抑えられていた類似の紛争が、その死をきっかけに各地でもちあがる恐れもあった。義持は父の喪が明けるのを待って、早急にこうした問題に対処できる態勢づくりを行う必要に迫られていた。

遺臣たちの浮沈

応永一五年（一四〇八）八月一三日、ようやく喪の明けた義持は、石清水八幡宮に山城国今福郷を寄進した〔「石清水文書」六―一六〇〕。このときの寄進状が、義持発給文書の初見である。前章で述べたように、形式的な御判始《ごはんはじめ》は八年前にすんでいたが、今回の寄進状は実質的な御判始の慶賀に出される吉書《きっしょ》としての意味をもった〔上島：二〇〇四〕。公的な文書

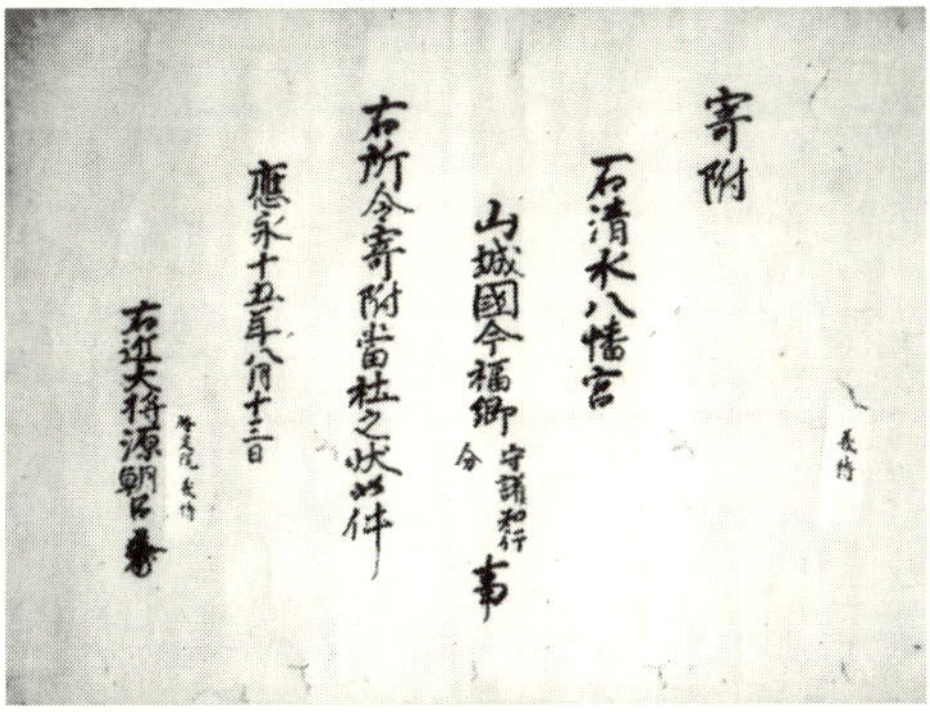
寄附
石清水八幡宮
山城國今福郷
事
右所令寄附当社之状如件
應永十五年八月十三日
右近大将源朝臣（花押）

足利義持寄進状（菊大路家文書，石清水八幡宮蔵）

にはじめて記された義持の花押は、継嗣時代のものと比べて形が整いつつあるものの、義満の生前に使用していた公家様のものとの断絶性は認められない。義持は父の死をきっかけに、別の花押を使用することはなかった。公家風を好んだ義満に反発した義持のことだから、武家のスタイルへの回帰をめざして武家様花押を用いそうなものだが、そんなことは考えていなかった。この点は後述するように、義満時代に築かれた権力構造の枠組み自体が、否定されたわけではなかったことを示している。

ただし花押に「慈（いつくしみ）」の意味を込めた義持は、代始めにあたり従来の政治を改める徳政を強く意識していた。徳政とは本来「仁政」を意味するが、これをスローガンに掲げた義持は執政開始の応永一五年から同一七年ごろ、新たな治世の施政方針として「仁政」の言葉を近侍の者たちに何度も唱えさせ、さらに師の空谷明応《くうこくみょうおう》から授けられた道号「顕山」の「高く豊かな山が仁を育む」という字説にこだわり、その意義を改めて懇意の禅僧に問うていた（榎原：二〇〇六）。「仁政」と連呼する義持周辺の様子からは、父の専権下で胸に秘めてきた理想を実現する時節到来と、高揚する義持の気持ちがうかがえよう。前項であげた仏事の規模縮小も、出費を抑える「仁政」の一環として考えられる。

義満時代に幕を引いた当年二三歳になる青年将軍は、このように意気込んで親政にのぞもうとしていた。円滑な親裁のため義持は同年一〇月八日に、「公家関係のことは裏松重光が、武家関係のことは伊勢貞行が、それぞれ担当せよ」と指示し、公家と武家の取次ルートを定めた（『教言卿記』）。重光と貞行は、義満のもとでも訴訟を取り次ぐ申次《もうしつぎ》を担当していたが、あらためて両者に任務の継続が命じられたのは、義持との親密な関係が前提となる。重光は伝奏を兼任する義満期以来の有力家司であるとともに、義持の正室栄子《よしこ》の兄でもあり、一方の貞行は足利家嫡子の養育係として、義持幼少のころから奉仕してきた側近の筆頭であった。

その一方で奥御賀丸や畠山満慶《みつのり》など、前代に重用された義満寵臣の更迭も同時に進められた。御賀丸は既述のとおり、大和国内の諸荘園に対する押領だけでなく、応永一四年には和泉守護に任じられるなど権勢を誇っていた。しかし、後ろ盾であった義満が死ぬと、義持は応永一五年八月一九日に和泉守護を細川一族の頼長と基之に分与するとともに、河原城荘も東寺の訴えを受け同年一〇月五日に還付して、御賀丸を没落へと追い込んだ。いま一人の畠山満慶は応永一三年に父基国が没すると、義満に退けられていた兄の満家を差しおいて家督の座につき、河内・紀伊・越中・能登四か国の守護職を継承した人物である。こちらも義満の死去にともない、義持は応永一五年九月までに満家を新たな家督として河内・紀伊・越中の守護職を継がせ、満慶には能登の守護職を残してなだめ、兄に協力させた。義満死去直後の更迭劇は、義満晩年の恣意的な守護人事に批判的な斯波義将の主導で行われたと推測されている〔今谷：一九七八a、弓倉：一九九〇〕。

義持擁立に功績のあった義将の実力は諸大名中で群を抜き、義持初政の政策決定にも多大な影響力を行使したことから、応永一五年の守護更迭も義将の了承を得て断行されたと考えるのが妥当だろう。ただし和泉守護と河内・紀伊・越中・能登守護に代わり登用されたのが、斯波に次ぐ細川・畠山であった点には注意を要する。廃嫡の危機を救われた畠山満家は、こののち恩義ある義持のため粉骨砕身し、畠山の軍事力は将軍家の藩屏《はんぺい》として幕府を支えることになる。和泉守護についても細川庶流の二人制とすることで、嫡流の細川京兆家による港湾都市堺の一括支配を避けながら、細川同族連合に管理をゆだねて、斯波への権力集中を牽制する狙いがあった〔桜井：二〇〇一、古野：二〇〇八〕。

嗣立の功臣である斯波義将に、義持は遠慮しつつも煙たい存在と感じていたようである。このことは義将死後の斯波氏に対する義持の冷遇ぶりをみても推測できるのだが、義満の恣意的登用をくつがえす点で義将の意向にあわせながら、細川・畠山両氏に恩を売る応永一五年の守護人事には、早くも斯波氏を牽制する予兆があらわれていたといえる。したがって、かかる更迭人事の政治的背景を、側近重用の専制が後退し、管領・諸大名の合議制が明確化するといったような、二項対立で捉えるのは正確ではない。申次も守護も義持との親疎を基準に留任・更迭が行われ、親裁の基盤が整えられていったのである。

2　理想と現実の相克

闕所処分手続きの改革

それでは義持のめざした徳政とは、具体的にいかなるものだったのか。中世における徳政の本質は、社会を「本来のあるべき状態」に戻す復古にあり、為政者の代始めや天変地異などの災厄を契機に行われるものとされる。そのさい、仏神事・寺社本所領の復興と公正な裁判の励行が、具体的な施策の二本柱であった〔笠松：一九七六〕。応永一五年から同一八年（一四〇八～一一）にかけて、知行回復を求める寺社側の訴状や、寺社本所領に対する幕府の安堵・還補が多く確認できることから、この期間に義持は代始め徳政を実施したと指摘されている〔榎原：二〇〇六〕。中世には没収地である闕所《けっしょ》に対して、旧知行者が徳政思想を背景に所有権を主張する「本主権」の慣行が根強く残っていた。義持の代始め徳政にさいしても、これを当て込んだ闕所給与の要望が幕府に多く寄せられ、応永一五年一一月に「諸国闕所事」と題して発布された室町幕府追加法一五二条は、こうした事態への対応と考えられている〔伊藤喜良：二〇〇八〕。法令の内容を明確にするため、少し長いが全文の意訳を次に掲げておく。

諸国闕所のこと。これまで諸人の望むがままに与えてきたけれども、その後、対象の所領について、自分こそが本来の領主であると主張したり、あるいはすでに自分に新給されることが決定している土地であると抗議したりして、証文を所持し異議を唱える者が非常に多い。こうした事情で、矛盾した裁断がなされるのは、理不尽なことである。したがって今後（闕所の付与を望む者は）、対象の所領が闕所か否かの確認や土地の収穫量を守護に尋ねて、幕府に報告せよ。幕府としては、その報告を踏まえたうえで、闕所の給与について判断を下す。もしも報告期限の二〇日を過ぎたならば、異議を申し立てた訴人が係争地として示した所領について、（その主張を認め）下文を与えることとする。

これまで室町幕府の闕所給与は、闕否の認定が不確かなままでも、申請者の希望にまかせて行われ、あとで当該所領に対して複数の人間が領有権を主張するトラブルが多発していたことが読み取れる。

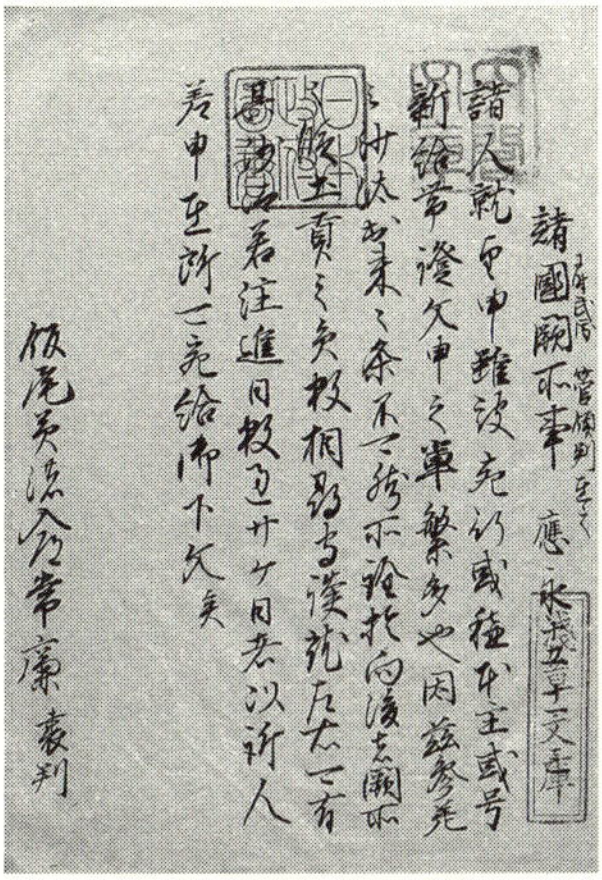

諸国闕所事
（『式条々外御成敗之事並寺社御教書事』国立公文書館蔵）

こうした事態を未然に防ぐため、申請者に当該闕所の状態について守護に確認をとらせることを義務づけた点に、この法令の主眼があった。この法令が義持の継嗣直後に出されたことから、ここで問題とされた従前の闕所給与とは義満期の方法と考えるのが妥当だろう。義満期の闕所給与でも、闕否の確認が一応なされていたものの、守護に尋ねることは義務化していなかった。

もちろん闕所処分を行うのは守護だが、そこが闕所なのか否かの照会は、近隣の領主にとられていたのである。しかし闕否確認を依頼された領主は、その事情を必ずしも精確に把握していなかった。ここから曖昧な情報にもとづいて闕所給与がなされたため、さきの法令にあるような混乱が生じたのだろう。守護の闕所処分は南北朝期に達成されていたが、その照会先も守護に一本化された点に、追加法一五二条の意義が認められる〔吉田：二〇一六〕。

この法令のもう一つの主眼は、義満期の裁許方法を是正することであった。序章で述べたように観応の擾乱後、一方当事者の請求のみにもとづき裁許が下される「特別訴訟手続」は、義満期にも継承されていた。代替わりにあたり多くの訴人が幕府に押し寄せるなか、その対応をとおして義持は従来の裁許手続きの不備を痛感することになった。右の法令が出される直前の応永一五年一〇月ごろ、代始め徳政の機運をとらえ、摂津高山荘の一円支配をもくろむ勝尾寺に、十分な吟味を経ないまま拙速に義持の安堵が出され、浄土寺の異議で相論となり撤回される事態がおきていた〔大田：二〇一四〕。このような徳政スタート時の反省が、親政まもない義持に本法令の発布を促したのだと考えられる。

大名勢力の干渉

闕所の照会先を守護に一元化することは、都鄙をつなぐパイプ役としての守護の役割増大を意味するが、これを中央から地方への権力移譲という意味での「地方分権」とみるのは正確ではない。なぜなら、奥州・関東・九州といった遠国を除く畿内近国の守護職は、足利一門を中心とする在京大名に兼任されていたからである。彼らの中核メンバーは大名衆議を構成して室町殿の諮問に答え（一五六頁）、守護任国外の遠国勢力との連絡を申次として取り次ぐ者もいた（一七二頁）。これらは任国統治にあたる守護の職務内容ではなく、中央政治に関わる彼らの地位は公武社会で「大名《たいめい》」と認識されていた。大名は政変や追討戦の機会を捉え、自身が守護ではない国々にも大規模所領を集積し、奉公衆などの武家直臣と同じく不入特権を獲得しており、守護としてだけでは把握できない側面を有する。在京して幕政に参与する大名が地域を統轄する守護を兼ねることで、室町期の都鄙間構造における京都の求心力が維持されたといえる〔吉田：二〇〇七〕。

守護の権力拡大をまねく方策を、なぜ幕府がとったのか不可解に思われるかもしれないが、在京大名に業務を委託することによって室町殿の負担を軽減できる点で、それなりの合理性があった。ただしこの方針が円滑に機能するには、守護となる諸大名を、室町殿の忠実な下僕として服従させることが前提となる。親政まもない義持がまず直面したのは、したたかな先代以来の諸大名をいかに統制するかという問題であった。義持は代始め徳政を強く意識して、寺社側の期待に積極的に応じたものの、諸大名の抵抗にあった形跡が認められるのである。

御賀丸の手から東寺に河原城荘を返付した応永一五年一〇月五日の義持安堵状は、代始め徳政として出されたものの、その一〇日後には「御賀丸を河原城荘の代官職に任命しろ」と、彼と親しい赤松義則が東寺に求めてきた。交渉時に御賀丸はおもてに出ず、赤松氏奉行人の垣屋《かきや》と依藤《よりふじ》が窓口になるなど、義則は大和の争乱時と同様に御賀丸を積極的に援助した（『東寺廿一口供僧方評定引付』一〇月九日〜一七日条）。義則の干渉により東寺は、御賀丸が強引に買い取った河原城荘の売券返却を条件に、しぶしぶこれを承諾したが、その後も年貢未進が続いたため、応永一八年ついに代官職の改易を決意した。そのさい東寺が事前に、赤松側の了解をとりつけた点に注意したい（「東寺百合文書」チ函七二）。御賀丸は東寺の代官職改替を不当として幕府に訴えたが、義則から支援を打ち切られ、孤立無援のなか敗訴し、河原城荘からの撤退を余儀なくされた。義則がこの件から手を引いたのは、義満なきあと落ち目の御賀丸を、これ以上支援したところで益なしと判断したからだろうが、このような在京大名の挙動によって、代始め徳政の実効性は左右されていたのである。

勧修寺《かじゅうじ》門跡が加賀国郡家《ぐんけ》荘内の売却地返還を求めた訴訟も、代始め徳政の事例だが同様のことを確認できる。応永一八年一〇月二七日、幕府は勧修寺門跡の訴えを受けて、加賀守護の斯波満種に違乱の取締りを命じた（「勧修寺文書」）。しかし前年七月二〇日に満種が守護代の二宮氏泰に、今後は同地への干渉を中止するよう指示しており、そもそも違乱の主体は現地の守護勢力であった（「石川県立歴史博物館所蔵文書」）。干渉がおさまらなかったため、勧修寺門跡が幕府に訴えて出されたのが応永一八年の裁許なわけだが、その一方で勧修寺側は、この直前の一〇月一四日に満種の承諾をとりつけようと別途交渉を試みている（『応永十八年頒暦断簡』）。赤松の場合と同じく、守護である斯波の了解を得なければ、義持の裁許がいくら出されても効果がないと見越しての判断だろう。

また東寺が山城国上久世荘公文職をめぐり、応永一九年六月に寒川元光の競望《けいもう》棄却と寺領支配の回復を求めた申状も、代始め徳政に便乗した例とされる。しかし実は応永一七年一二月二四日、すでに同荘公文職は東寺に安堵されていた（「東寺百合文書」ミ函・マ函）。これに寒川が抗議したため、東寺から幕府に提出されたのが応永一九年の申状だったのである。だが応永二一年七月二六日には、東寺側が勝訴した応永一七年の裁決はくつがえり、寒川に公文職が安堵されてしまう。このときの管領は細川満元で、寒川は讃岐出身の細川被官であったことを勘案すると、これも利権を固守しようとする在京大名の抵抗として、代始め徳政が阻害された事例とみてよいだろう。実際に前年の一二月二四日、細川満元は東寺に寒川を公文職に任命するよう圧力をかけていた（『東寺鎮守八幡宮供僧評定引付』）。

さらに国人の違乱により南北朝期から不知行が続く、山科家領の飛驒国江名子・松橋両郷の回復は、義満の存命中にも果たされないまま、義持の代になって応永一五年一二月二六日ようやく安堵されており、これも代始め徳政の一つに数えることができる（『教言卿記』）。ところが翌年二月になって山科教言が家人を飛驒に派遣したところ、これらの所領は斯波義将が姉小路《あねがこうじ》尹綱《ただつな》に預けて支配させていることが判明した。旧南朝方で飛驒国司だった姉小路氏は、このころ時流を読んで幕府の最有力者たる斯波義将に接近し、飛驒における権益の確保をはかっていたのである。これに驚いた教言は裏松重光に使者を遣わして対策を協議したが、幕府きっての権臣がバックにいては泣き寝入りするほかなく、義持の安堵状はまたも「絵に描いた餅」となってしまう（『教言卿記』二月一二日条）。

以上のように、親政開始直後に出された義持の安堵や返付は、たびたび諸大名の干渉にあい、有名無実化していた。「仁政」を施政方針に掲げ徳政を強調する義持に、諸大名の多くは外面《そとづら》では頭を下げながらも、内心では経験の浅いこの若者をみくびっていたようである。義満の剛腕から解放されたのは一人義持だけでなく、諸大名も同様であったといえようか。

斯波義将の大望

とりわけ、南北朝の内乱を戦い抜いた海千山千の斯波義将は、和歌を好み古典を解する風雅な面とともに、山科家に出された義持の安堵を黙殺したように老獪な面もあわせもつ、一筋縄ではいかない智将であった。義持継嗣時の応永一五年（一四〇八）には子の斯波義重が管領の地位にあったが、翌年六月七日ごろ義将は四度目となる管領再任を果たし（『教言卿記』）、八月一〇日には孫の義淳《よしあつ》に管領職を譲る行動にでた（『執事補任次第』）。

父・子・孫の三代にわたる管領相承は室町時代を通じても例がなく、あたかも斯波氏が管領職を世襲するかのような異常事態となる。しかも新管領となった義淳は、わずか一三歳の少年であった。このため、管領の発給文書には父義重が代わりに花押をすえる、異例づくしの変則的な政務処理がなされた。三九歳という働き盛りの義重を差しおいて、未熟な義淳の管領就任が強行されたのは、義将の計画的策謀と推測されている。実は義将が管領の前身である執事に初めて就いたのも、貞治元年（一三六二）一三歳のときであり、父の斯波高経《たかつね》がこれを後見したことがあった。義将の念頭には、この先蹤《せんしょう》があったふしがある〔秋元：一九六八、岡澤：二〇一四〕。

足利一門きっての家格を誇る高経は、二代将軍義詮《よしあきら》から執事就任を懇請されたさい、これを家僕の就く卑職と敬遠して執務能力のない幼い我が子に譲り、後見という名目でその職務を代行した。高経は将軍家と肩を並べようとする斯波家のプライドを保ちつつ、事実上の執事として強権をふるったが、反感を募らせた諸大名のクーデタで貞治五年あえなく没落し、失意のまま翌年この世を去った〔佐藤進一：一九六五〕。義将は擁立で恩を売った義持の経験不足や、細川・畠山両家の当主が若年なのを幸いに、亡父が夢みた斯波首班の政権を、今こそ樹立しようとの野心を秘めていたのではないか。応永一六年当時、細川満元が三二歳、畠山満家が三八歳という中堅の年齢ながら、動乱世代の義将を抑え込むのは容易ではなかった。

実際に管領が斯波氏によって歴任された期間、幕府の外交・内政を実質的に掌握していたのは、斯波家の家長たる義将であった。応永一六年六月から八月の短期間わざわざ義将が管領に在任したのは、この間に行われた対外交渉を主導するうえで公的な肩書を必要としたからだろう〔臼井：一九五四〕。義持は応永一五年に使者を明に送り父義満の訃報《ふほう》を告げ、翌年七月五日この使者にともなわれ来日した明使周全《しゅうぜん》を北山第で接見して、永楽帝より「日本国王」に封じられ倭寇禁圧の命を受けた。発足当初の義持政権が義満の外交方針を継承したのは、中国文化に親しむ五山僧と緊密に交流していた斯波義将が、日明通交に積極的であったことによる。この間の応永一六年六月一八日に、義将は「日本国管領」の名義で朝鮮に対して義満の死去と義持の継嗣を通告したが、その外交文書には冊封受諾を前提に明の年号「永楽七年」を用いていた〔高橋公明：一九八五〕。

義将の意向は、内政にも反映された。応永一五年六月、神泉苑《しんせんえん》掃除と築垣《ついがき》修理が行われた。平安時代以来これらは干天が続くと祈雨のため朝廷から命じられ、築垣修理は治国観念の象徴として意義づけられていたが、今回この費用を負担し作業を進めさせたのは義将だった。翌年正月、太元帥法の本尊修復も義将の監督下で行われ、幕府から費用が拠出された。太元帥法とは年頭の護国修法のことであり、会場の太政官庁跡は神泉苑とともに「四箇所霊場」の一つに数えられ、洛中における特別な空間と認識されていた〔大田：二〇〇九ａ〕。王城鎮護に関わる施設の復興は、王朝文化の古典に親しむ義将に牽引されていた。

応永一五年一一月には斯波義将の沙汰で、伏見荘が崇光上皇の皇子である栄仁《よしひと》親王に還付された〔『椿葉記』〕。伏見荘を含む長講堂領は皇位を継ぐはずだった崇光流の経済基盤だったが、応永五年の崇光没後に義満の裁定で後小松天皇に移されていた〔家永：二〇一三〕。かつて栄仁が後小松の父後円融と皇位を争ったことは序章で述べたが、このとき幕閣でもどちらを押すか意見が割れていた。幼少だった義満を後見する管領細川頼之が後円融の即位を進めたのに対して、栄仁を支持する諸大名も少なくなかった〔山田徹：二〇一二〕。頼之と激しく対立した斯波義将も、栄仁支持派であったとみられる。義将が栄仁に示した好意は、こうした過去の経緯を踏まえてのものだろう。次章で述べるように、後小松と共同歩調をとる義持の立場からすると、今回の伏見荘還付に積極的な動機があったとは思われない。王家領を左右できるほど、義将の発言力は強くなっていたのである。

さらに同一六年一二月、山科家が関銭徴収にあたる内蔵《くら》寮《りょう》率分《りつぶん》関《せき》の存続を幕府に訴えたさい、事実上これを決定したのも義将だった。義持は右の嘆願を奉行人から披露され、「管領〔斯波義淳〕と談合せよ」と指示を出した。しかし一三歳の少年に政治的判断を下せるはずもなく、山科家は義淳の祖父義将に愁訴して事態の打開をはかった〔『教言卿記』一二月八日・一三日条〕。これは貞治二年（一三六三）に訴人の申状が、当時一四歳であった執事の義将ではなく、父高経のもとに届けられた事例を想起させる〔『後愚昧記』七月二〇日条〕。奉行人が義持と管領の居所を行き来し、個々に決裁や指示を仰ぐ方式は、序章で述べた義満期以来の「個別伺」を踏襲したものだが、注目すべきは、公職を離れた義将が管領職にある孫を後見して政務に関与した点である。管領のポストを親族でたらい回しにしながら、その在任にかかわらず斯波家の家長が幕政を領導する計画を、義将は抱いていた可能性が高い。少なくとも義持初期の親政が、実質的に義将の影響下で行われたことは確かである。

三条坊門第の造営

応永一六年（一四〇九）六月二四日、義持は三条坊門の地に新第造営の事始《ことはじめ》を行った。三条坊門第はもともと斯波高経が政権を領導した義詮期の将軍御所であり、今回の再建も経営役の管領斯波義淳を後見する義将が実際には差配し、父高経の全盛期をビジョンに献策したものと考えられている〔臼井：一九五四〕。もっともこの献策を受け入れた義持は、義満のイメージが色濃く残る北山第を捨て、みずからの治世を象徴する新第の造営に着手することで、結果的に義将の思惑を超えて独自の執政環境を整えていった。

応永一六年二月一〇日には、「京御所（室町第）の小御所ならびに台屋、北山殿（義持）壊し渡さる」と、室町第の建物一部を解体し再利用する部材の運搬が開始されており、このころすでに新第造営の準備は進められていた（『教言卿記』）。このとき北山第が破却されたように理解されることもあるが、右史料の「北山殿」は建物ではなく、文章の主語として義持を指すと解釈した方が妥当だろう〔川上：一九六七〕。このとき北山第には、義満後室の裏松康子が住んでいた。義嗣のように康子と緊密な関係を築けなかった義持だが、仲睦まじい正室栄子の姉でもある彼女の住まいを、問答無用に壊すような手荒なことはしなかった。その後も義持は義嗣・康子と兵庫を巡遊したり、年頭参賀のため康子の北山第に足を運んだりするなどの配慮を示している（『教言卿記』応永一六年六月二五日条、『看聞日記』応永二三年正月一〇日条）。北山第は応永二六年一一月の康子死去のおり、第四章で述べるある事件をきっかけに解体されることになる。

さて、三条坊門第は七月一八日に立柱、八月三日に上棟が行われ、義持が祖父義詮の先例にのっとり移住の儀を行ったのは一〇月二六日のことであった（『在盛卿記』、『和漢合符』）。場所は義詮の御所跡で、北は三条坊門通、南は姉小路通、西は万里小路《までのこうじ》通、東は富小路通に囲まれた区画一町（約一二〇メートル四方）を敷地とした。義満の室町第は倍の二町、北山第は諸説あるが、東は北野天満宮の西端を流れる紙屋川、南は一条通といったように現在の金閣寺周辺を含んだ一大区画であった〔細川：二〇一〇〕。これらと比較すると、義持の三条坊門第は小ぶりな感は否めない。規模だけでなく工期についても、北山第が応永四年から同五年と応永一一年から同一四年の二次にわたり修築・建築が繰り返されたのに対して、倹約好きの義持は既述のとおり室町第の建物を三条坊門第の資材としてリサイクルして出費を抑え、事始からわずか四か月ほどで移住している。

義満時代の御所に比べ区画縮小・工期短縮からは、先述した仏事規模の抑制とともに、「倹約御好」と評された義持の浪費カットの志向がうかがえる。もっとも、御所それ自体の規模・区画こそ北山第や室町第におよばないながらも、三条坊門第を中核に下京一帯は新たな都心として生まれ変わり、政庁街としての様相を呈するようになる。「当将軍家義持、北山より三条万里小路の本御所に御移りこれあり。同御一族たち、大名様も皆々御移りこれあり」と記されるように、北山の地に居住していた足利一族・諸大名らも三条坊門第の近くに移住し、都心の機能は北山からこの新第を中核とした下京に移ることになったのである（『若狭国守護職次第』）。上京の室町第とともに下京の三条坊門第は、京都における室町幕府の二つの拠点として、それぞれ「上御所」「下御所」と並び称されることになる。

3　都心機能の移転

新第と大名・直臣

本節では都市史研究の成果も参照しながら、義持政権の都心構想をおさえておこう（田坂：一九九八、細川：一九九八）。まず三条坊門第の北側に位置する押小路通に面して、義嗣が応永一六年（一四〇九）一一月六日に屋敷を上棟し、一二月八日には移住してきた。三条坊門第に隣接して義嗣邸が設けられたのも、義嗣に対する義持の厚遇ぶりを示すものであった。その一方で義嗣邸上棟の翌日、義持のもう一人の異母弟が仁和寺で得度させられ、「法尊《ほうそん》」の法名を授かった（『教言卿記』）。仁和寺は原則的に皇族が入室する門跡寺院なのだが、右の処置は法尊の待遇に配慮しつつも、後継者争いの芽を摘む思惑があったとみられる。こうしたことを考えると、義嗣への不自然なほどの厚遇ぶりが、単純に好意のみからなされたと判断するのは早計だろう。前述した義嗣の官位昇進や経済的恩恵、また三条坊門第至近の宅地付与は、徳政を標榜する義持の「仁徳」を目に見える形にして、内外に宣伝することを意図したものと考えられる。

諸大名をはじめとする幕府要人も、続々と下京に移住してきた。一一月六日に幕閣の宿老斯波義将は、北山居住のころから所有していた勘解由小路の邸宅に移居した（『教言卿記』）。他の管領家をみると、畠山満家は三条坊門第からやや北の春日富小路に被官宅があることから、この辺りに邸宅を構えたとみられる（『薩戒記』応永三三年二月三日条）。また細川満元とその庶流の同満久は、三条坊門第の南に近接する三条富小路および六角富小路に邸宅を設けた。義満が室町第に移住する以前、この付近は細川頼之の屋敷地だったので、その跡地周辺が細川一族に宛てられたのだろう。このほか赤松義則邸が二条油小路に、京極高光邸が四条京極に、土岐頼益邸が押小路堀川南東にあった（『兼宣公記』応永二一年七月一五日条、『師郷記』正長元年六月七日条、『土岐家聞書』）。

諸大名があわただしく下京に移住していた応永一六年冬、周防・長門守護の大内盛見《おおうちもりみ》が義持の継嗣を祝うため上洛した。義満から追討を受けた盛見は、その存命中ついに国元を離れることはなかったが、代替わりを機に重い腰を上げたのである。おそらく新築の三条坊門第で盛見を引見した義持は、義満相手に一歩も引かなかった三三歳になる壮年の勇将に興味を覚えたらしく、熱心に帰国を引きとめ在京を要請した。盛見は夢窓派と距離をおく破庵《はあん》派や松源《しょうげん》派の禅僧に帰依しており、これは義持の禅の嗜好に合致していた。義持と盛見は好みもよく似ていたのであり、この共通性が両者の接近を容易にした〔上田：二〇一一〕。義持の懇望に心動かされた盛見は、義持晩年の応永三二年七月まで京都に滞在することになる。西国の雄である大内氏当主の一五年にわたる在京は、室町時代を通しても稀なことであり、義持政権の安定化に寄与した。六条通に面し建てられた盛見の京屋敷には、しばしば義持の御成《おなり》があり、邸内の飛泉亭に義持自筆の扁額が掲げられるほど、両者は親睦を深めていった。

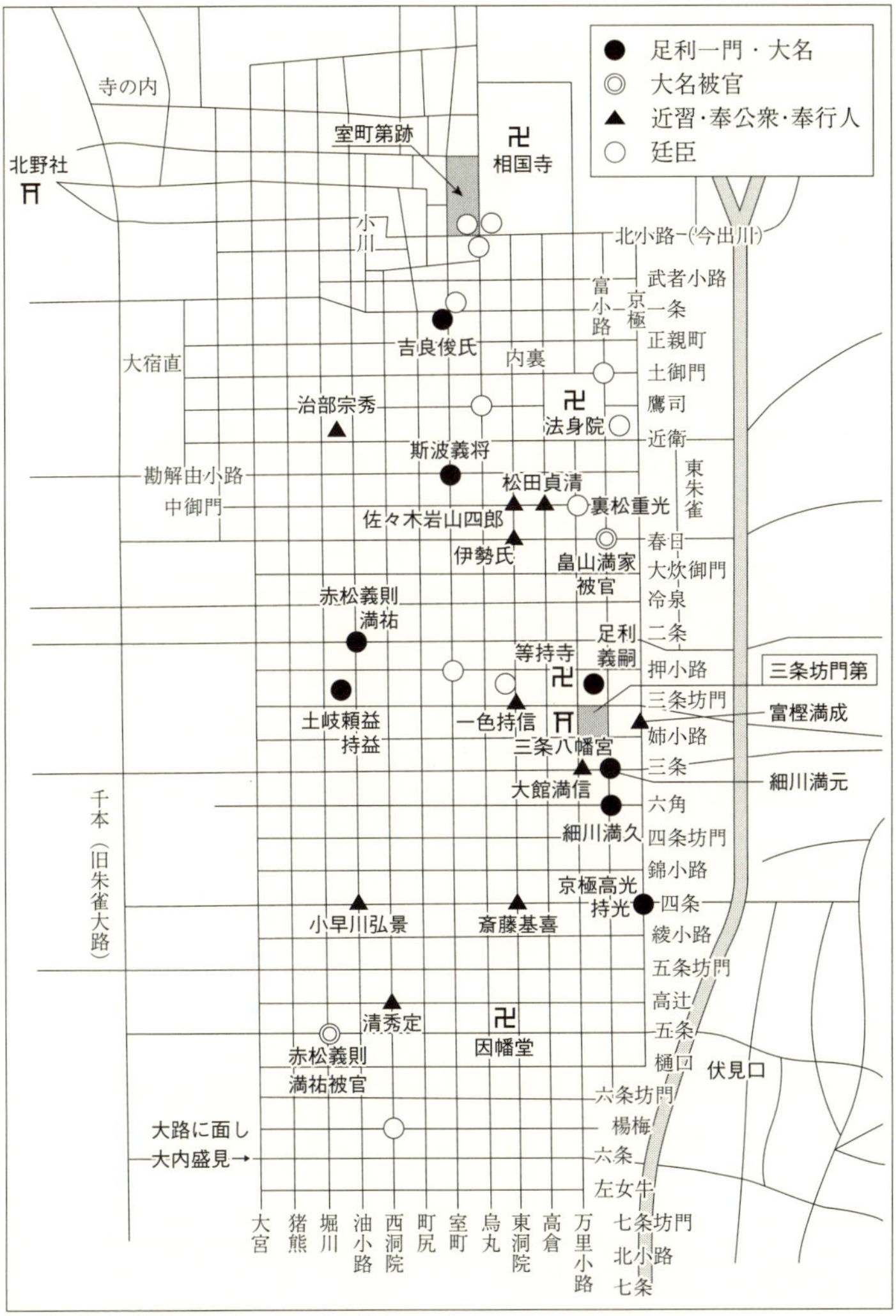

義持期の京都概略図（〔田坂：1998〕をもとに，〔細川：1998〕〔森茂暁：2004〕〔須田：2013〕の内容も踏まえ作成）

これ以後、大内盛見の軍事力は畠山氏と並び、在京大名や東国の鎌倉府に対する抑えの役割を担うことになる〔須田：二〇一三、桜井：二〇〇一〕。

義持側近の近習、官僚層である奉行人、直轄軍の中核たる奉公衆も、三条坊門第の周辺に居宅を移した。腹心富樫満成の邸宅は、義持の寵臣にふさわしく、三条坊門第の東隣に位置していた。そのほかの近習も三条坊門第の周囲に宅地が与えられ、御所南の三条万里小路に大館満信が、東の三条坊門東洞院には一色持信が邸宅を構えた（同応永三三年一〇月七日、『康富記』正長二年八月二一日、『建内記』永享二年二月二二日条）。御所の北方エリア、春日東洞院には政所執事にして側近筆頭の伊勢氏の邸宅があり、北に面する中御門東洞院には奉公衆の佐々木岩山四郎が、その東の中御門高倉には奉行人の松田貞清の居宅が所在した（『花営三代記』応永二八年正月一四日、同三一年正月四日、『満済准后日記』正長元年一〇月一五日条）。これに対して御所の南方エリアには、奉公衆の竹原小早川弘景が四条油小路に、奉行人の斎藤基喜が四条東洞院に、同じく奉行人の清秀定が高辻西洞院に、それぞれ居宅を設けた（「小早川家文書」一―七八、『康富記』応永二四年九月二九日、正長二年八月二一日条）。これらのように武家の邸宅は、三条坊門第を中心に配置されていた。

新第と公家・寺社

公家では伝奏と家司を兼ねた裏松重光が、義嗣と同じく応永一六年一二月八日に北山から伊勢邸近くの中御門万里小路へと移住しており、伊勢氏と連携して義持を支えた裏松家の位置づけをよく反映している（『教言卿記』、『不知記』）。ただし公家の大半は、後小松天皇が住む土御門内裏の周辺に居宅を構えた点から、北山第界隈で公家に宅地を与えた義満と異なり、義持は進んで公家の邸宅を三条坊門第の近隣に誘致しなかったことがわかる。これとの関連で注目されるのは、三条坊門第に転居して一度も室町第に居住しなかった義持が、応永一七年二月以降「北山殿」から再び「室町殿」と呼ばれはじめた点である。「室町殿」称号の復活には、法皇に准じた「北山殿」とは異なる権力者であることを周知する狙いがあった。すなわち義満に対して行われていた廷臣総出の供奉が応永一九年にとどめられ（一二三頁）、三条坊門第に祗候する家司の数も応永二七年には制限されるようになり（一二四頁）、義持は天皇家との君臣秩序を再確認しつつ、義満期の公武関係に修正を加えたことが指摘されている〔桃崎：二〇〇九〕。こうした方向性は、廷臣と幕臣の居住区が内裏と三条坊門第の周囲にそれぞれ分かれ、その中間に伝奏・家司として両者を結ぶ裏松邸が位置する洛中の空間構造にもあらわれている。

満済像
（模本，東京大学史料編纂所蔵）

　内裏の南東に位置する法身院は、初代尊氏に尽くした賢俊《けんしゅん》以来、公武と深い関係にある醍醐寺三宝院の別院で、当時門主だった満済《まんさい》の洛中における活動拠点だった。義満の猶子《ゆうし》でもあった満済は、応永一五年八月に義持から武家護持僧に任じられ、三一歳の若さで護持僧らの統括役に抜擢されていた〔森茂暁：二〇〇四〕。義満も執政当初には臈次《ろうじ》と呼ばれる僧侶の年功に関係なく、若臈の三宝院光助《こうじょ》に武家護持僧を監督させたが、北山第移住後

等持寺（左）と三条八幡宮（右）
（『洛中洛外図屏風』米沢市上杉博物館蔵）

の晩年になると一臈の長老聖護院道意にこれをゆだねた。義持は三宝院を重んじる方針に、再び改めたのである。義持は応永一七年に武家護持僧の年頭参賀を正月八日と制定したが、これも北山第移住前に義満が定めた制度の準拠であった〔大田：二〇〇九ａ〕。「室町殿」だったころの義満の政策に回帰させる傾向は、「北山殿」称号の放棄と「室町殿」称号の復活に関連して、義持の批判対象が「北山殿」時代の義満であったことを示している。

北山第とその周辺に集中していた祭祀機能もまた、三条坊門第の新造にともない下京に移転された。三条坊門第の西に隣接する三条八幡宮は、観応の擾乱で命を落とした直義を鎮魂するため義詮の時代に創建され、三条坊門第を護持する役割が課せられた。義満の室町第移住後さびれていたが、再び三条坊門第を本拠とした義持は、社殿の造営・築地の修理・社領の寄進などを行って手厚く保護し、満済を別当に任命して将軍御所の鎮守にふさわしい威儀を整えさせた〔細川：一九九八〕。三条坊門第の北西に隣接する等持寺では、応永一七年から足利家の先代を供養する法華八講が復活した。この追善仏事が行われた空間は、主催者が先代から家督を正統に継承したことを、対外的にアピールする場でもあった。法華八講の会場は、もともと尊氏以来の足利家菩提寺である等持寺だったのだが、明徳元年（一三九〇）義満によって上京の相国寺八講堂に変更され、さらに応永七年には北山へと移されていた。それが今回、約二〇年ぶりに下京の等持寺に戻ってきたのである〔大田：二〇〇二〕。

それでは、義満が創建した足利家のもう一つの菩提寺、相国寺はどうなったのか。義満生前の応永一〇年六月三日夜、寝所で眠っていた広橋兼宣は、義満の権力を象徴する相国寺大塔が落雷で炎上したとの報告を受け、あわてて室町第に出仕したところ、すでに義持の姿はなく相国寺に駆けつけたあとだった。義満が二日後ようやく相国寺を訪れたのに比べると、いかに義持が相国寺のことを気にかけていたのかがわかる（『兼宣公記』）。義満が応永八年に相国寺を五山の第一に昇格し、天龍寺は第二位に降格したのを、義持は応永一七年に相国寺を第二に、天龍寺を第一に戻したが、これも単純な義満否定ではなく、「室町殿」義満時代への回帰をめざした例と、現在では考えられている〔大田：二〇〇九a〕。

その後、北山第に移築された大塔が応永二三年に再び焼失すると、義持はこれを相国寺に戻して再建する計画を立てており、五山の中枢たる相国寺を重視する方針に変わりはなかった。これ以後も一貫して相国寺には、足利歴代将軍の塔所が営まれるとともに、禅林行政の統括にあたる鹿苑院がおかれ続けることになる。その一方、北山から八講堂が移転された等持寺は、足利家の家督相承を観念的に示す菩提寺として位置づけられた。このように三条坊門第の造営にともない、法華八講を行う等持寺と、歴代塔所・鹿苑院がおかれた相国寺と、二つの菩提寺が役割を分担しながら併存することになった〔細川：一九九八〕。

新第内部の趣向

次に三条坊門第の内部構造に立ち入り、義持の趣向を考えてみたい。三条坊門第は西の万里小路を正面として、西面南側に四足門《よつあしもん》、西面北側に唐門《からもん》、東面に上土門《あげつちもん》があり、正面四足門から入ると訪問客の控室である殿上《てんじょう》と、牛車をとめる車宿《くるまやどり》・供《とも》の者が詰める随身所《ずいじんどころ》が左右に向かい合い設けられていた。直進して奥の中門をくぐると公的な儀礼を行う寝殿《しんでん》があり、その西に貴賓の控室として公卿座《くぎょうざ》が接続していた。また、東面上土門・西面唐門の近くに所在した東小御所と北対屋《たいのや》は、当初それぞれ義持の側室徳大寺俊子《とくだいじとしこ》と嫡子義量《よしかず》の居所にあてられていた〔川上：一九六七〕。かつてこの地に御所を構えた祖父義詮を慕い、義持は新第を造営したという（『建内記』嘉吉元年一〇月二三日条）。ただし寝殿・随身所・車宿など公卿の邸宅施設の存在から、この新第が義詮の三条坊門第の単純な復元ではなく、義満の室町第を先例に踏まえたものであった点は注意を要する。公家様式の儀礼に対応できる新三条坊門第の構成からは、義持が父の北山第時代に比べ公家社会と一定の距離を保ちつつも、公家様花押の使用や「室町殿」称号の復活でもうかがえるように、公武密着の政治構造を根底から否定するつもりなどなかったことを示している。

公式行事が行われた寝殿を中心とする敷地の西側に対し、園池を囲うように会所《かいしょ》・観音殿・持仏堂・泉殿が設けられた東側は、義持の嗜好が反映された私的空間であった。この近辺に附属した厩《うまや》も単なる馬の飼育場ではなく、義持の身近に仕える近習者や遁世者の祗候所となっていた。「嘉会」と名づけられた会所は、貴人の私的訪問時に用いられた対面・接待の座敷で、和漢の高級調度品で飾られていた〔橋本：二〇〇七・二〇〇八〕。ひときわ目立つ観音殿は、鹿苑寺金閣や慈照寺銀閣ばりの二層建築で、観音像が安置されていた上層を「勝音閣」、仏菩薩像が安置されていた下層を「覚苑殿」と称した。持仏堂の書斎は「安仁斎」、泉殿は「養源」、庭園築山《つきやま》の亭は「悠然」、池は「蘸月池《さんげつち》」、そこにかかる橋は「湖橋」と呼ばれた。坐禅修練のための禅室は「探玄」、その門は「要関」と名づけられた。

これらの建物や園池の名前は、禅宗の理念にもとづく「十境《じっきょう》」の発想でつけられた。義持は応永一七年（一四一〇）、お気に入りの禅僧に「十境」を讃える漢詩を献呈させるほど、ここに愛着を抱いていた。このような禅宗的環境の設定と、これに関する漢詩の作成は、中国の士大夫《したいふ》趣味が移入されたものだという。三条坊門第敷地の東側を占めたプライベート空間には、義持と親しい禅僧や細川満元・畠山満家・山名時熙《ときひろ》・大内盛見・赤松義則ら諸大名をまねいて、高踏的な論談や詩文の会が催され、中国宮廷貴族社会のごとき文化サロンが形成された〔玉村：一九八二〕。応永二一年に製作された神護寺蔵「足利義持像」（口絵二頁）の異例ともいえる頬ひげは、中世絵画で中国人・朝鮮人の身体的特徴として強

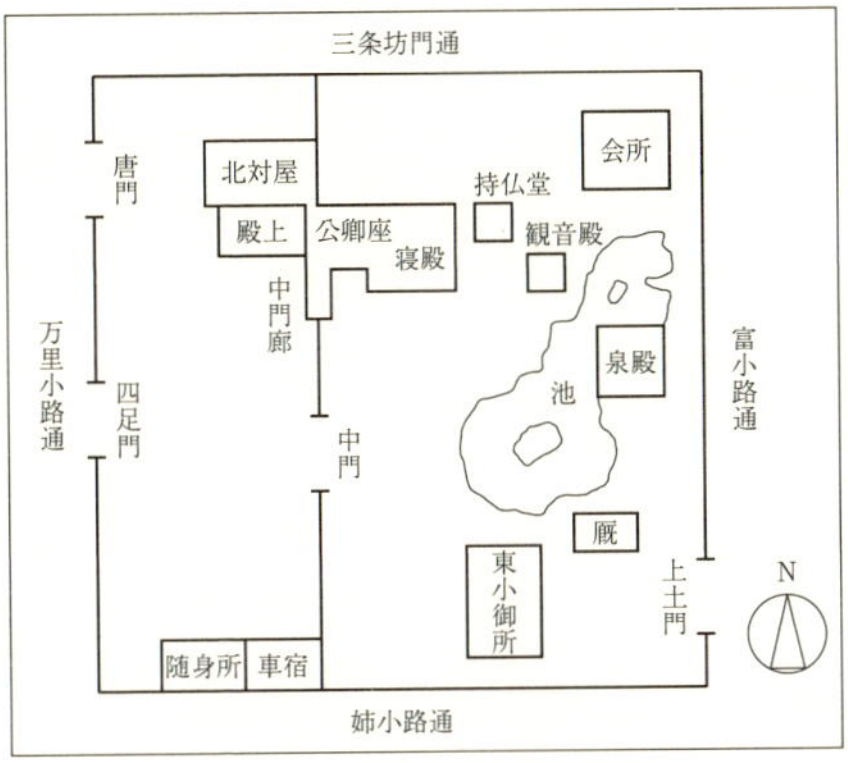

足利義持の三条坊門第略図

西半分は『普広院殿拝賀記』（『建内記』永享2年7月25日条）によったが，東半分は構成概念をとらえるため〔川上：1967〕の内容を踏まえて推定配置した。

調される頬ひげの描写との共通性が指摘されている〔黒田：一九八八〕。いつごろ義持が異国情緒を醸《かも》し出す頬ひげを蓄えだしたのか定かではないが、応永一九年製作の慈済院蔵「足利義持像」〔口絵一頁〕には豊かな頬ひげが描かれていることから、三条坊門第移住の前後には中国趣味を示す個性的な風貌になっていたと考えられる。

　このように義満好みの派手さは影をひそめたものの、三条坊門第には義持独特の「いぶし銀」的な世界観が込められていた。こうした義持の嗜好性は、父義満が世阿弥の能楽を鍾愛《しょうあい》したのに対して、増阿弥《ぞうあみ》の田楽を贔屓にしたことにもあらわれる。義持は応永一九年四月に東山常在光院《ひがしやまじょうざいこういん》で勧進田楽を見物して彼のファンになったらしく、世阿弥をして「冷えに冷えたり」と称賛せしめたその渋い芸風が、禅に傾倒する義持の好みに合っていた。ただし世阿弥を冷遇したわけではなく、早い事例では応永一七年六月に薩摩から上洛した島津元久の新邸で彼の能を観賞し、応永二三年九月の南都下向中には宿所に呼び寄せ演能させるなど、御用役者として賞翫《しょうがん》した。義満よりも厳しかったのは内面を重んじる義持の鑑賞眼であり、これを強く意識した世阿弥も禅に触発されて芸を磨き、義持治世下に多くの芸論を書き残した〔表：一九九九、今泉：二〇〇九〕。義持は心性を深く掘り下げた、より高次元の能を世阿弥に求めたのである。

「瓢鮎図」と「布袋図」

　前述の「十境」命名が象徴するとおり、当時の中国趣味は大陸直輸入の禅宗を媒介に体現されていた。義持の禅・中国古典への傾倒を示す記事として、次のようなエピソードが紹介されている〔玉村：一九八一、芳澤：二〇一二〕。

三条坊門第の完成まもない応永一七年、希世霊彦《きせいれいげん》という禅僧が八歳の童子だったころ、後小松上皇の座前で漢詩を即興したところ、陪席していた義持は突然この少年の足袋《たび》の紐を結びなおしてやった。この奇妙な行動には、前漢の能吏張釈之《ちょうせきし》が学者王生《おうせい》の靴紐を結んだという古代中国の故事を踏まえ、希世の才の大きさを示す意味があった（『禿尾長柄帚』第六）。またあるとき等持寺の法華八講後、義持は閑談していた天台宗の僧がかける短い袈裟を指して、「こんな衣は我が宗にないぞ」と述べ、何宗のことかと尋ねられ「禅宗だ」と答えた。この天台僧が「諸宗を平等に擁護すべきですのに、なぜ禅宗のみ贔屓にされるのですか」と不満をもらすと、義持は「禅宗よりも優れた教えがないからだ」と平然と言ってのけたという。さらに別のとき、相国寺方丈で観音懺法《せんぽう》を聴聞していた義持は突然席をたち、茶堂にやってきて世話役の衣鉢侍者《えはつじしゃ》を呼びつけ、住持の誠中中欵《せいちゅうちゅうかん》が読経で「懺《サン》雪《セス》罪《イ》愆《エン》増《スン》延《エン》福《フ》寿《ジュ》」の八語を言い忘れていたとして、「今度は間違えるなと伝えておけ」と、玄人はだしの注意をしている（『臥雲日件録抜尤』寛正三年六月二三日条）。このやりとりは年未詳とされているが、誠中の住持就任後より相国寺焼失前までの期間、すなわち義持の晩年にあたる応永三一年五月から同三二年七月の出来事だろう。

　これらのエピソードから義持の中国古典・禅宗信仰に対する理解は、高いレベルに達していたことがわかる。そんな彼が、このころ画僧如拙《じょせつ》をして「座右の小屏」（衝立《ついたて》または屏風）に描かせ、大岳《だいがく》周崇《しゅうすう》以下三一人の五山禅僧に賛詩を寄せさせた一枚の絵画があった。現在、妙心寺退蔵院に所蔵される、国宝「瓢鮎図《ひょうねんず》」である。瓢簞《ひょうたん》で鯰《なまず》を抑えつけようとしている男を描き評したこの詩画軸の

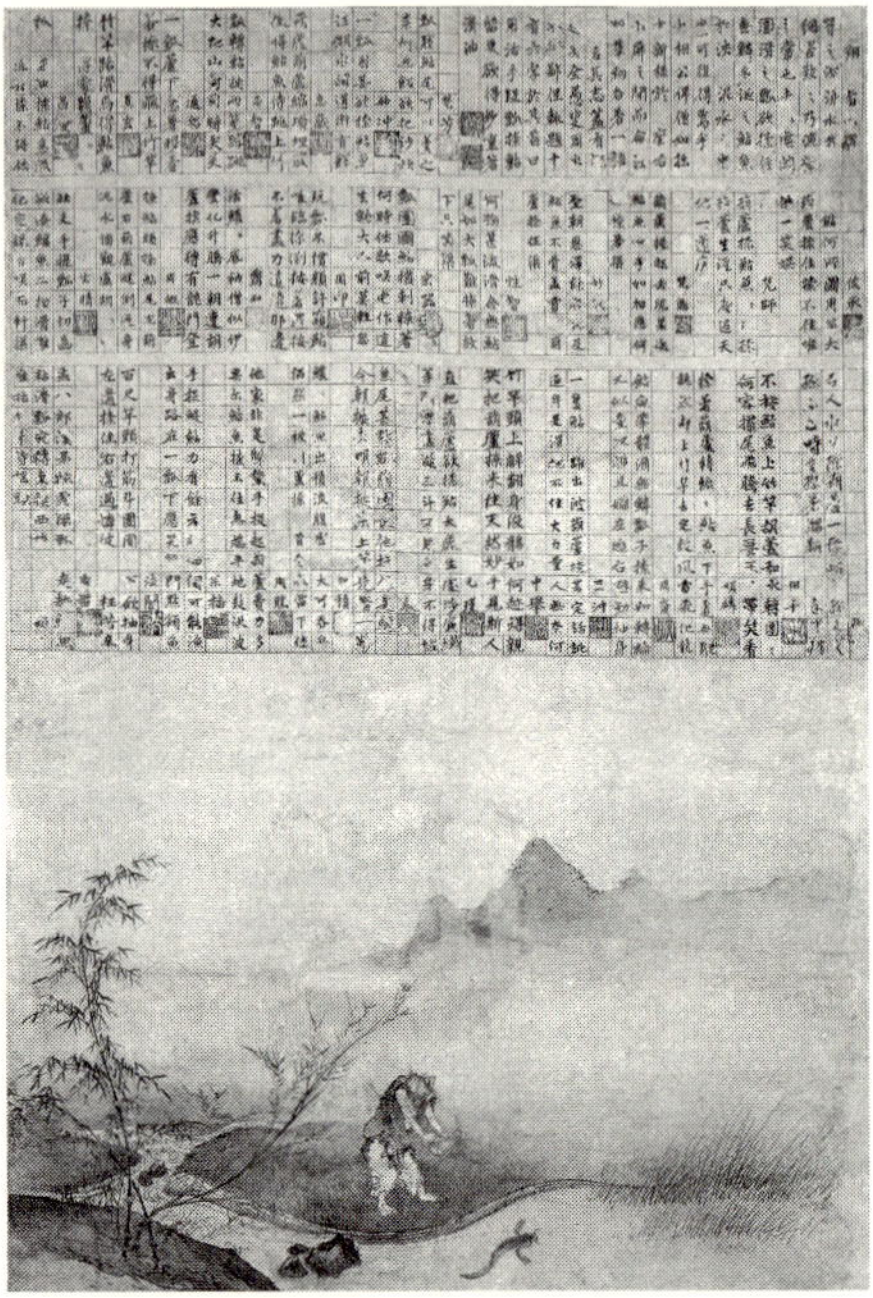

瓢鮎図（京都・退蔵院蔵）

内容は、その難解さから禅とは無縁な「言葉遊び」など従来さまざまな解釈が試みられてきたが、実は禅に関わる厳格な典拠にもとづいて製作されたことが、近年の研究によって明らかとなった。この点からも義持は二〇代半ばにして、賛詩を理解するのに必要な厖大な教養を、すでに五山の禅僧なみに蓄積していたことが明らかとなるのだが、ここで注目したいのは彼が「瓢鮎図」に求めたテーマである。これは禅の根本的な世界観である「心」について、絵画と漢詩で表現したものであるという。義持は「心（鯰）を心（瓢箪）でとらえることはできるか」と問いかけ、禅の教理にもとづいて「そんなことは不可能だと悟ったとき、その思いは達成される」との観念を、賛詩を寄せた名だたる禅僧らと共有したのである（芳澤：二〇一二）。

「瓢鮎図」の製作年代は、賛文を記した禅僧の活動時期から、応永一七年から同二二年八月の間であることが指摘されている（鳥尾：一九九五）。義持みずから筆をふるった「布袋図」（口絵三頁下）の製作も、すえられた彼の花押の形状により、応永一五年一〇月から同一七年初頭と判断されているが、同時期の「瓢鮎図」とのテーマの類似性は、三条坊門第に移住したころの義持の心境を探るうえで軽視できない。画面中央の布袋を囲むように書かれた禅の基本経典『金剛経』の一節は、「教理としての法さえ執着してはならず、まして法でないものはなおさらである」「法は平等であり、そこにいかなる差別もない」「形や音で如来を求めるのは誤った行いであり、そんなことで如来を見ることなどできない」「目に映る現象は露電《ろでん》・夢幻《むげん》・泡影《ほうえい》のごとく、はかない無常の存在として見るべきである」という意味で解釈される。これらの文は経典では別々の箇所に記載されており、義持が気に入った内容を意図的に選んで抜き書きしたものだった〔池田：一九九二〕。

二つの絵画の制作時期と重なる応永一七年に、義持は道号「顕山」の意味するところを禅僧らに説かしめ、あらためて「仁政」を強く意識していた〔榎原：二〇〇六〕。このことから、新第移居ごろに作られた二つの絵画は、義持が脱俗・厭世的な気分にあったことを示すよりも、むしろ理想を実現させるための心構えを再確認したものと考えた方が妥当である。幼年より禅宗の教義を真摯に学んできた義持にとって、「瓢鮎図」「布袋図」のテーマは宋学の思想とともに政策理念の精神的支柱であったのだろう。義持が周囲に「仁政」を唱えさせたのも応永一七年であり、このころ施政方針の周知徹底がはかられていた。

「瓢鮎図」の製作年代を推定する手がかりとなったのは、賛文を寄せた大周周奝《だいしゅうしゅうちょう》や古幢周勝《こどうしゅうしょう》ら、義満に逆らって逐電していた禅僧が、応永一七年から京都に召還されはじめたことによる。義持は好みの隠遁的な禅僧を、このころ呼び返して「瓢鮎図」の製作を命じたのだった。「布袋図」製作の年代比定の決め手となった義持花押の形状も、応永一七年一〇月ごろ特徴的な右横の張り出し部分が、口絵三頁下や五九頁の花押にある「フ」に近い鋭角から、一〇三頁の花押のような「コ」の字形へと、ゆとりを見せはじめる〔上島：二〇〇四〕。前項で述べた義持独自の対公家・寺社政策も、そのほとんどは同年以降に実施されたものだった。これらは応永一七年に、義持の状況に何らかの変化があったことをうかがわせる。実はこの年、義持の人生に大きな影響をおよぼした二人の人物が、立て続けに世を去っていたのである。

裏松人脈の拡張

応永一七年（一四一〇）五月七日、幕閣の領袖《りょうしゅう》斯波義将が亡くなった。享年六一歳。二か月後の七月五日には、政所執事の伊勢貞行が五三歳で没した。当年二五歳の義持にとって、義将は後継問題で強く推してくれた嗣立の功臣、また貞行は育ての親ともいうべき筆頭の近臣であり、彼らの意見には無視できない重みがあった。前述したように、とくに義将は斯波一門で幕政を壟断《ろうだん》する構えをみせたが、その大望は彼の死により絶たれた。訃報を受けた義持はただちに管領斯波義淳を罷免、六月九日これに代え股肱《ここう》の畠山満家を新管領に任じた（『武家年代記』）。斯波氏が再び管領となることは、義持の存命中ついになかった。義将の跡を継いだ嫡子の斯波義重は、「世のため人のため、穏便の人なり」と称賛されるほど、温厚な人柄で知られた（『看聞日記』応永二五年八月一八日条）。だが公式の政治・行事には顔を出すものの、前述の三条坊門第サロンの常連にその名を見いだせない。のちに義持が出家した日も、サロン常連の畠山・細川・山名・赤松・大内はその場に集ったが、斯波は除かれた（『満済准后日記』応永三〇年四月二五日条）。プライベート空間にまねかれなかったのは、義持にとって斯波氏が心を許せる存在ではなかったことを暗示する。

次いで七月五日の伊勢貞行の死去も、政権のパワーバランスに変化をもたらした。これを機に義持の腹心富樫満成が筆頭の側近に昇格し、義持と外部を取り次ぐ申次を勤めることになったのである。世間もこうした動きを敏感に察知したようで、東寺は義持に対する訴えの口利きを、これまでの斯波義将と伊勢貞行に代わり満成に依頼することを検討し、七月一三日いち早く銭五〇〇疋と酒樽一荷を贈物として進めている（『東寺廿一口供僧方評定引付』）。このころ満成の年齢は、働きざかりの三〇代半ばほどであったと推測されている（室山：二〇〇二）。伊勢貞行の死をきっかけに、武家方の申次は近習中心の構成へと変化し、その後も歴代の腹心に引き継がれるポストとして制度化された。

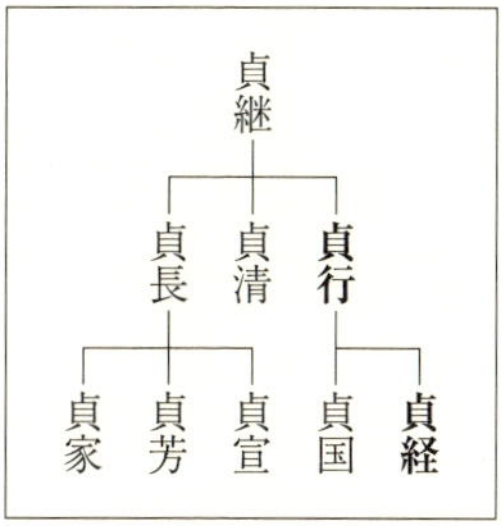

伊勢氏略系図

ただし、政所執事を継いだ貞行嫡子の伊勢貞経《さだつね》が排除されたわけでなく、足利家嫡男の養育係として伊勢氏は独自の地位を保った。すなわち貞行が死去した応永一七年に、義持の命により伊勢貞経の叔父貞清と弟貞国、それにいとこ貞宣・貞芳・貞家の五人が、四歳になった嫡子義量のもとに分属されることになった（『花営三代記』応永三一年四月二一日条）。これにともない彼らは義量だけでなく、その生母で義持正室の裏松栄子にも仕え、八《はっ》朔《さく》の贈答儀礼で奉行を勤めたり、外出時に供奉《ぐぶ》して警固などにあたったりした（『花営三代記』応永二八年正月二日・三月一六日、応永三一年七月二九日条〕。前述したとおり、公家方の申次を勤める伝奏裏松重光は栄子の兄であり、ここに外戚の裏松家と伊勢氏の関係は奥向《おくむき》を通じて一層強固に結ばれたのである〔家永：一九八八〕。

富樫満成も裏松重光と親密な関係にあり、その後援を受ける立場にあったことは前章で述べた。応永一七年当時、不惑《ふわく》を過ぎた四一歳の重光は、伝奏として制度的に公武の窓口となるだけでなく、御《み》台所《だいどころ》栄子の兄にして将来を嘱望される義量の伯父《おじ》として、幕府の表《おもて》と奥《おく》を取りしきる富樫満成・伊勢貞経にも影響力をおよぼす立場となった。裏松人脈に連なるのは、新管領の畠山満家も同様であった。これよりややのちの応永二四年一二月一日、元服した世子義量のもとに畠山庶家（貞清流）の持清が配属され、義量の申次として外部との交渉を独占的に取り次ぐようになることが指摘されている〔家永：一九八八〕。伊勢氏と同じく貞清流畠山氏は義量の生母栄子にも仕え、畠山持清の子国繁《くにしげ》が裏松重光の子義資《よしすけ》に召し使われるほど、裏松家と密接に関わることになる〔『看聞日記』永享六年六月一六日条〕。畠山嫡家の満家は、これら貞清流の一族と親しい関係にあった。

以上のように斯波義将の死後、政権内の要所に配置された裏松重光・畠山満家・富樫満成・伊勢貞経は、御台所の栄子を「扇の要《かなめ》」のようにして関係を築き、連携して職務を遂行することになった。花押の形状変化や「瓢鮎図」「布袋図」の製作時期と重なる応永一七年は、義持にとって自身の理想を実現すべく親政を本格化させる出発点となる年であった。

応永飛騨の乱

応永一八年（一四一一）七月二八日、義持は幕命に背いた飛騨の姉《あね》小路《がこうじ》尹綱《ただつな》を討伐すべく、飛騨・出雲・隠岐守護京極高光《きょうごくたかみつ》の軍勢を派遣した。病弱な高光に代わり出陣した弟の高数《たかかず》は、尹綱を本拠の古川郷に追い詰めて討った。このいわゆる「応永飛騨の乱」は、嵯峨に隠棲していた旧南朝の後亀山法皇が前年一一月に吉野へ出奔したことを背景に、南朝残党による反乱とみなされてきた〔森茂暁：一九九七〕。しかし前述のごとく姉小路氏は内乱後には室町幕府の要人に接近しており、尹綱と後亀山の連携を示す史料も確認できないことから、近年この乱は南朝残党の武力蜂起などではなく、さきに触れた山科家の所領問題を契機としておきた、斯波勢力の抑制・削減政策の一環として考えられている〔岡村：一九七九、大藪：二〇〇九〕。

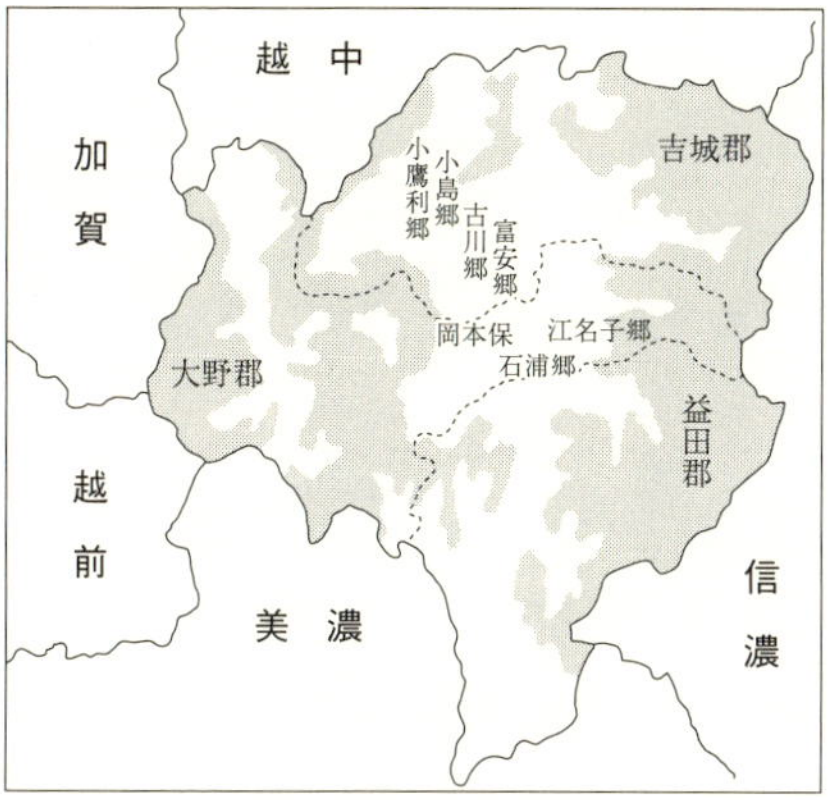

応永飛騨の乱関係図

応永一五年一二月、義持が飛騨国江名子・松橋両郷を山科家に返付せよと命じたにもかかわらず、斯波義将の庇護のもと尹綱がこれらの所領を支配し続けたことについてはすでに述べた。その後、義将が応永一七年五月に死去すると、好機とみた山科家が尹綱の「押領」を幕府に訴え、これを受け再び出された義持の返還命令に従わなかったことが原因で、尹綱は討伐の対象にされたらしい。ただし所領をめぐる訴訟は日常化しており、裁許に不服なら異議申立ての機会を与えるのが普通であったから、問答無用に攻撃に踏み切った義持の真意は、尹綱の背後にある斯波氏を威圧する点にあったとみられる。

室町殿は代始めにあたり、「仁徳」を示すための徳政だけでなく、「武威」を誇るためのセレモニーとして、武力発動を行ったことが指摘されている〔榎原：二〇一六〕。実のところ義持は今回の軍事行動を踏み台にして、斯波氏だけではなく、諸大名に対する主導権を確立しようとした形跡が認められる。義将が死去して早々の応永一七年一二月二一日、義持は近江守護の六角満高に尹綱攻撃を命じたが、出兵を拒否されてしまっていた（『南方紀伝』）。満高はかつて亀寿丸と名乗った幼少のころ、義満愛童の一人であった（『康富記』応永八年五月一三日条）。みくびった態度をとる先君の寵臣に義持は毅然と対処し、飛驒侵攻中の翌年八月二三日に近江守護職を満高から召し上げ、六角一族の青木持通に与えた（「青木文書」）。

一方で上意に従った京極高光には、出陣直後の八月四日いち早く飛驒国富安郷を預け、尹綱が立てこもる古川郷の近隣に拠点を確保させ、また鎮圧後の一〇月一四日には石浦郷地頭職・江名子郷・岡本保も預け、勲功に厚く報いた（「佐々木文書」）。兄の名代として出陣した京極高数も義持から信任され、二年後の応永二〇年に高光が死没すると、高光の嫡子で一一歳になる持光《もちみつ》を後見して、応永二八年には侍所所司と山城守護に任命された。信賞必罰を明確にすることで、大名に対する求心力を強める狙いがあったと考える。六角満高は予想外の厳罰に驚き詫びを入れたようで、同一九年一〇月一四日までに近江守護に再任されると、義持が進める近江の伊勢神宮領返還政策などにも素直に従うようになる〔吉田：二〇一二〕。

恩賞とされた石浦郷・江名子郷・岡本保が、実は係争地の山科家領だった点にも注意を要する。義持がこれらを山科家に返還せずに、幕府直轄の御料所に編入して京極高光に預けたところをみると、所領問題は出兵するための口実にすぎなかったといえる。尹綱はいわば「見せしめ」のために犠牲になったようなものだが、もともと組織的な反乱をおこしたわけではないので、攻撃対象とされたのは尹綱個人であり、姉小路一族全体に難がおよぶことはなかった。尹綱の遺児とみられる尹家《ただいえ》は、斯波義重の援助により、応永二四年正月七日の叙位で従五位上に昇進している（『兼宣公記』）。これは義重が尹綱をかばいきれず「見殺し」にした代償として、その遺児に便宜をはかったものと指摘されている〔大薮：二〇〇九〕。義将なきあとの斯波氏には、もはや義持を抑えるほどの力はなかった。

第三章　政道の刷新——二〇代後半

応永19年(1412)義持27歳の花押

1　外交方針の転換

対明断交への道

京極高数が都に凱旋したころの応永一八年（一四一一）九月九日、来日していた明使王進《おうしん》が入京かなわず兵庫から帰途についた。応永一六年七月に北山第で明使周全《しゅうぜん》に引見した義持は、謝恩使節として堅中圭密《けんちゅうけいみつ》を明に派遣したのだが、応永一八年には堅中の帰国に同行してきた王進一行の謁見を許さず、九月に兵庫から追却したのである（『如是院年代記』、『明史』）。もともと朝貢式の日明貿易には公家などから根強い批判が存在していたが、この時期に義持が態度を一変させたきっかけは、通交に積極的だった斯波義将が応永一七年五月に没したことによると推測されている〔高橋公明：一九八五〕。ここでも義将死去にともなう政策転換が想定できるわけだが、のちに義持は応永一六年の明使引見は本意ではなかったとして、次のように書簡で釈明している

（『善隣国宝記』巻中⑮）。

①隣国と友好関係を結び商人が往来し、国境を平和に保ち民衆を豊かにすることを、どうして望まないことがあろうか。②しかし自分（義持）があえて明使に接見しないのは、考えがあってのことなのだ。先君（義満）が病んださい、その原因を占わせたところ、「神々の祟り」と結果がでたため、できるかぎり心を尽くし祈禱を行わせた。③そのとき霊験あらたかな神が下した託宣には、「我が国は古来より、外国に対して臣下の礼をとったことなどない。このごろ前代までの方針を変更して、明から大統暦と金印を受けて（明の皇帝に従属する「日本国王」に封じられ）、これを突き返さなかった。このため、義満は病にかかったのだ」とあった。④よって先君は子孫に訓戒し、断交のことを厳守するよう遺言した。⑤その後（応永一六年）、堅中にともなわれ来日した明使周全に、自分は接見したくなかったのだが、いまだ右の事情を明使に伝えておらず、また先君の義満をとむらうために来日したということだったので、しかたなく誓約に違えて迎えたのだ。⑥明使の帰国にさいして、堅中がこの趣旨を伝えたはずだ。

以上が、義持の言い分である。義持に断交を決断させた主体的要因として、その対外観に占める伝統的な神国思想の影響が指摘されている〔橋本：二〇一三ａ〕。さきの義持の主張では②③の箇所から、そのことがうかがえる。ただしここで注意したいのは、神国観念を背景としながらも、国威発揚のナショナリズムを前面に打ち出した威圧的・挑発的な排外姿勢というより、むしろ「神々の怒り」によって引きおこされる災厄への畏怖が率直に表明されている点である。⑤⑥にあるように義持は、彼なりに礼節をもって自国の抱える問題（?）を明側に説明し、断交に理解を求めていた。義満が臨終まぎわ「神々の祟り」に恐懼《きょうく》して、対明断交を遺言したという④の内容は、これまで事実とは考えがたい虚構とされてきた。しかし宗教心旺盛な義持が不敬にも神々の名を騙《かた》り、わざわざ虚偽の話を捏造するのも不自然である。

第一章でみたように、対明通交にともなう冊封にさいして、貿易利潤を優先した義満も一種のうしろめたさを感じていた。また晩年の義満が、北山第で自身の健康・延命を祈る大法を繰り返し、生への執着をみせたことも既述のとおりである。そんな自己中心的な義満が、急病で生死の境をさまようなか、「神々の祟り」が頭によぎり断交を口走ったとしても、ありえない話ではない。少なくとも敬神の念が強い義持の眼には、父の発病・急死が神罰によるものと映ったのは確かだろう。実は義持自身も、父の一周忌を経ない応永一六年三月から翌月にかけ、風気《ふうき》の病で一時危篤に陥っていた（『教言卿記』）。平癒《へいゆ》祈願のため、近習三三人が義持の代参として伊勢神宮に派遣され、一命を取りとめたのはその効験とされた（『花営三代記』応永二九年九月二四日条）。同年七月の明使接見を、神慮に気兼ねし「本当はしたくなかった」という義持の言い分は、瀕死の状態を「神に救われた」と信じる彼の心情からすると、切実であったと思われる。

と引き換えにしても容易に鎮まらなかった点である。義持は応永二六年に明使呂《りょ》淵《えん》が復交を求め兵庫に来航したさい、対明貿易の開始後「神《かみ》・人《ひと》和せず。雨《う》暘《よう》序を失い、先君《（義満）》尋《つい》てまた殂《そ》落《らく》す」と述べ、天変地異を義満の落命とともに「神々の怒り」のあらわれとして断交の理由にあげた（『善隣国宝記』巻中⑭）。実際に義満の晩年から気候変動が続き、応永一二年と一三年に京都を洪水が襲い、応永一四年と一五年には逆に干《かん》魃《ばつ》がおき、応永一八年から二〇年にかけては一転してまた洪水となり、各地で被害をもたらした〔伊藤俊一：二〇一四〕。義持親政の開始前後から、のちに応永の大飢饉をもたらす異常気象が多発していたのである。現代の我々からすれば、自然災害の原因を神罰に求めるなど迷信にすぎないかもしれないが、宗教が根づく中世の人々にはゆるがせにできない問題であった。

連年の気候変動

前述した義持初政期の神泉苑修築も、応永一五年の干害に対する祈雨を目的としていた。王進が兵庫で足止めされていた応永一八年八月にも、京都は大洪水に見舞われ、各所で流失被害が相次いでいた（『応永十八年頒暦断簡』、『年代記』）。大洪水の報告に接した義持が、来日中の明使と神罰を連想したとしても不思議でない。同年九月に飛騨の兵乱が収まったのを見はからい、義持は明使に帰国を促したのだろう。対明断交も応永飢饉も知られていたが、前者は外交、後者は内政とみなされ、関連した問題とは理解されてこなかった。だが義持にとって対明断交は衝動的な反動政策ではなく、国内の災厄を祓《はら》う手段として、内政に関わる重要課題だったことが想定できるのである（この点は第四章3節で詳しく述べる）。

しかし明の永楽帝からすれば、朝貢の中止など言語道断であった。永楽帝はクーデタで即位した経緯もあって、みずからの正統化に腐心し、その一環として皇帝の徳をアピールできる朝貢を周辺諸国に半ば強制していたのである〔檀上：一九九七〕。冊封体制からの日本の離脱は、永楽帝のメンツに関わる国際問題であった。憤った永楽帝は一四一三年（応永二〇）、義持が倭寇を放置しているとして、日本に遠征する計画を朝鮮に伝えた（『李朝実録』太宗一三年三月己亥《二〇日》条）。安南（ベトナム）出兵・モンゴル親征・南海諸国遠征のように、永楽帝は明を頂点とする華夷秩序を拡大すべく対外膨張政策に邁進しており、日本への派兵もありえない話ではなかった。対明断交がもたらす影響は、この後も予断を許さない状況が続くことになる。

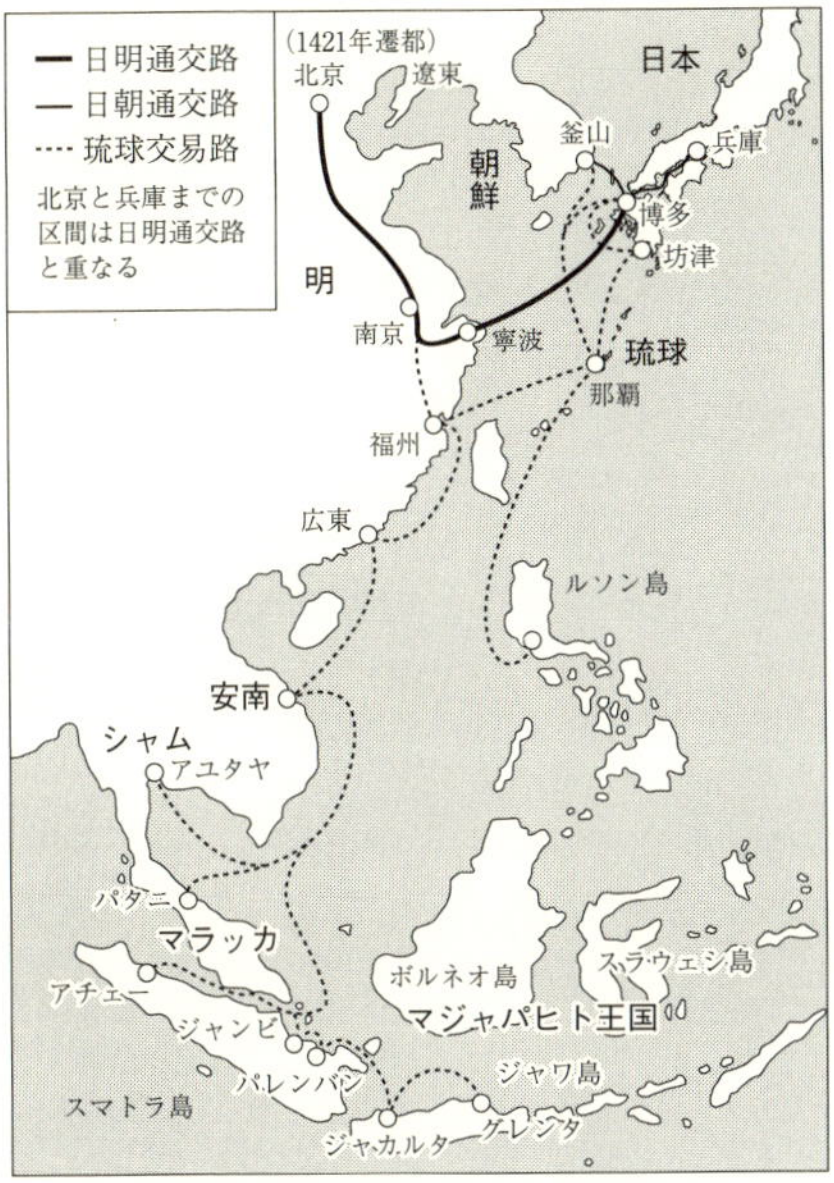

15世紀前期の東アジア概略図
（〔田中健夫：1982〕〔今谷：1992〕を参考に作成）

朝鮮交易ルート

一〇四頁の①にあるように、義持も通商で国を富ませる必要性を認識しており、明に代わる周辺国との貿易を模索していた。日本で南北朝合一なった一三九二年（明徳三）、高麗《こうらい》では武臣李成桂《りせいけい》《イソンゲ》（太祖《たいそ》《テジョ》）が恭譲王《きょうじょうおう》《コンヤンワン》の禅譲で即位、翌年明の勧告によって国号を「朝鮮」と定めた。一四〇〇年（応永七）に太祖の次男李芳果《りほうか》《イバングヮ》（定宗《ていそう》《チョンジョン》）から、兄弟や権臣との闘争を勝ち抜いた五男李芳遠《りほうえん》《イバンウォン》（太宗《たいそう》《テジョン》）が王位を譲り受け、その三年後には朝貢奨励策をとる明の永楽帝に冊封された〔岸本・宮嶋：一九九八〕。これは義満が冊封される前年、後述する琉球の尚思紹《しょうししょう》が冊封される七年前にあたる。成立してまもない諸国の新興政権と、簒奪《さんだつ》の汚名を晴らしたい永楽帝の思惑とが結びつき、このころ明の冊封は東アジア一帯に波及していった。

　朝鮮は跳梁《ちょうりょう》する倭寇の禁圧を、九州探題や大内氏に要請する一方、対馬守護（島主）宗氏とも通交して交易使節を受け入れ、倭寇・海商双方の顔をもつ海峡勢力の懐柔に努めた。このように硬軟両様の朝鮮外交は、冊封した「国王」にのみ貿易を許す明と違い、複数の地域勢力と多元的なチャンネルで結ばれていた〔田中健夫：一九八二、橋本：二〇一〇〕。つまり冊封を前提とせず、交渉可能だったわけである。この交易の利潤にいち早く気づいたのは、出自を百済《くだら》聖明王の太子琳聖《りんせい》に求める大内氏であった。大内氏の朝鮮交易は義弘のころに開始され、盛見の代には帰依する博多系禅僧（松源《しょうげん》派・破庵《はあん》派）の人脈を活用して盛んに行われていた。盛見からその利を聞いた義持は、唐物《からもの》や銅銭など中国の物資を朝鮮経由でも入手できると知り、懸案の対明断交に踏み切る判断材料を得たらしい〔上田：二〇一一〕。

　応永一七年（一四一〇）故義満の弔問に来日した朝鮮回礼使の梁需《りょうじゅ》《ヤンユ》をまねいて、八月に京都で詩会が催された。そのさい製作されたのが「芭蕉夜雨図《ばしょうやうず》」と呼ばれる詩画軸で、詩会を主催した大名の山名《やまな》時熙《ときひろ》や、太白真玄《たいはくしんげん》以下一二人の五山僧、そして梁需が賛を書き連ねている。この場での文化交流を通じて、さまざまな情報が彼らの間でやりとりされたと考えられる。ホスト役の時熙は当年四四歳、自身の但馬守護職に加え、一族で因幡・伯耆・石見といった山陰諸国の守護職を兼ね、明徳の乱で失った勢力を挽回すべく、義持の信用を得ようと従順に仕えていた。山陽の雄たる大内盛見とは京都で親交を深め、応永三二年に盛見が周防に帰国すると京都側の窓口として、大内氏との連絡役を担当することになる〔吉田：二〇一〇〕。時熙と盛見は連携しつつ、朝鮮交易の可能性を模索し、義持に情報を提供していたとみられる。

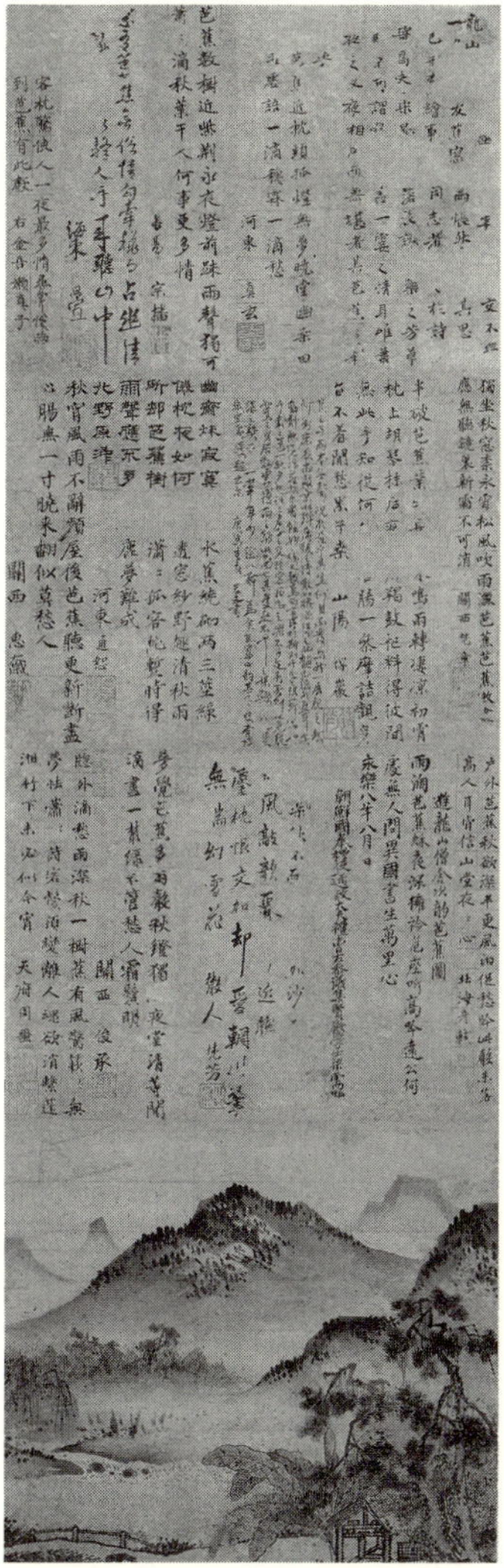

芭蕉夜雨図（東京国立博物館蔵）

さらに注目されるのは応永一八年二月二二日、義持から朝鮮の太宗に象が贈られた点である。もちろん当時、日本に象は生息していない。この象は応永一五年六月、若狭国小浜に着岸したパレンバン（スマトラ旧港）の南蛮船から、義持に献じられた進物であった。これまで仏教絵画でしか目にすることのできなかった象が、このとき初めて日本にもたらされたのであり、代始めを寿《ことほ》ぐかのような「聖獣」の出現に、信心深い義持は喜んだに違いない。そんな貴重な象を義持は手放し、太宗に贈ったのである。この理由として、前述の梁需が京都に到る途中で海賊に襲撃されたことに対する陳謝の意味と、みずからの「徳の高さ」を朝鮮側に見せつける意図があったらしい〔橋本：二〇一三b〕。

こうした日本側のアピールは、対明交易ルートの代替として、朝鮮との貿易にシフトしていく今後の方針を見すえてのことだろう。それから八か月後の一〇月二一日、義持は再び朝鮮に遣使して進物を贈り、当時国内で渇望されていた大蔵経と呼ばれる仏典集成の頒布を求めた。今回の使節には大内盛見の使者も同行したことから、義持と盛見は綿密に検討を重ね、明との断交を視野に入れつつ遣使の計画を練ったとみられる。その後も盛見は義持の遣使に随伴して朝鮮に使者を送ることが多く、このころ室町幕府の対朝交渉に深く関与していた〔上田：二〇一一、須田：二〇一一〕。

大内氏とともに対朝外交の一翼を担ったのが、博多に本拠をおく九州探題である。義満期に今川貞世が探題を罷免されると、応永三年三月、その後任に斯波義将の女婿である渋川満頼《しぶかわみつより》が選ばれ、豊前・肥前・肥後の守護を兼ねた。それまで日朝交渉は今川貞世の独占状態にあったが、探題更迭の間《かん》隙《げき》をぬって大内氏がこれにのり出し、大内・渋川両氏が並んで遣使するようになった。探題は九州統治の要ながらも、独立を義満に警戒されていたので、貞世の解任後こうした通交形態がとられたのだろう。ただし、渋川満頼の対朝通交が毎年恒常化するのは義持期からであり、応永二一年には大内氏の遣使回数を凌駕するにおよぶ。博多を本拠とする九州探題と、博多系禅僧を介する大内氏の対朝貿易は、義持の意を受け双方連携していたと考えられる。さらに同年六月、満頼を助けて菊池・大友らの紛争を調停するため、小早川則平が義持の上使として九州に派遣され、応永二五年一〇月から探題と連携して朝鮮に遣使しはじめる〔田村：一九六〇〕。既述の海外情勢を勘案すると、探題周辺における対朝通交の積極化も、義持の意思を反映したものだろう。

則平は第一章で触れたように、継嗣時代から義持に仕えてきた腹心の奉公衆であり、探題の影響下で行動したというよりも、むしろ義持の直属下で探題を監督する立場にあった。国内生産品を交易の主軸とした大内盛見と違い、則平の輸出品には蘇木《そぼく》・水牛角《すいぎゅうかく》・犀角《さいかく》・象牙《ぞうげ》などの南海産物が多く含まれていた。これらは後述する琉球王国を経由して東南アジアから九州探題のもとに届けられた中継貿易品とみられ、則平は安芸の一領主ではなく幕府直属の上使として探題の対朝交易に関与したといえる。さらに則平の貿易で注目されるのは、遣使を開始した翌月に朝鮮から初めて、図書《としょ》が授けられた点である。図書とは、通交者の名前を刻んだ銅製印鑑のことである。実は応永一七年一二月に渋川満頼も朝鮮の太宗に同様の小印授与を請うたが、宗主国の明に配慮する朝鮮に拒絶

図書
（九州国立博物館蔵）

されていた。則平の獲得した図書はこれを踏まえたものであり、明が冊封時に下賜する印章と区別して私印と位置づけられたが、これを所持する受図書人《じゅとしょにん》は朝鮮側から正式に通交者と認定されることを意味した〔川添：一九七七〕。既述の対朝貿易の可能性を義持が模索していた応永一七年に、図書の前提となる請願が朝鮮側になされたわけであり、一連の動きは対明貿易の代替ルート確保にむけた環境整備と考えられる。

南海交易ルート

琉球との交渉も、明と断交中の応永二〇年（一四一三）ごろから活性化しており、日明貿易の代替ルートとしての役割を期待され本格化した〔佐伯：一九九六〕。山《さん》北《ぼく》・中山《ちゅうざん》・山南《さんなん》の三勢力に割拠していた琉球では、中山王武寧《ぶねい》が一四〇六年〔応永一三〕尚巴志《しょうはし》のクーデタによって廃され、新王に擁立された父の尚思紹が翌年永楽帝から冊封を受けて、三山の統一に邁進《まいしん》しながら東アジアの中継貿易を担いつつあった〔高良：一九九三〕。

この時期に義持が琉球との交易に着目した背景には、応永一七年に薩摩から上洛した島津元久との引見があったと考えられる。南北朝時代に島津氏は、貞久の嫡男師久系の総州家と二男氏久系の奥州家に分かれ、応永初年には奥州家の元久が総州家を制して勢力を拡大させた。このころ対明通交を開始した義満は、海上交通の拠点となる南九州を安定化させるため、応永一一年に日向・大隅守護職を元久に安堵し上洛を命じたが、その準備途中で死去してしまい順延となった。その後、元久は応永一六年に薩摩守護職を義持から安堵され、三か国守護職を公認されたのを機に翌年六月、おびただしい数の唐物を手土産《てみやげ》に上洛を果たした。元久は総州家との抗争過程で南薩最大の貿易港だった坊津を掌握しており、上洛時に多種多様な交易品を見せつけて、南九州が南海貿易の拠点であることを誇示しようとしたのである〔新名：二〇一五〕。

堺に到着した島津元久は、赤松義則の取りなしで「京都ノ仁義礼法」を教わり、六月一一日に三条坊門第に出仕して義持に拝謁、同二九日には京都に新造した屋形に義持・諸大名を迎え、世阿弥の演能を催して盛大に歓待した。ここで義持と義嗣に献上された中国産の鎧・白糸《しらいと》・緞子《どんす》・毛氈《もうせん》・染付鉢《そめつけはち》は、同じく進物の麝香《じゃこう》・沈香《じんこう》・南蛮酒・砂糖とあわせて、琉球からの輸入品であった〔関：二〇〇二〕。管領畠山満家・細川満元・赤松義則ら大名や、伊勢貞経・畠山持清・同相模守ら近習にも麝香臍《じゃこうほぞ》が贈られた。このとき畠山持重・同満煕・同出羽守ら畠山一族の多くが、既述のように義持の親衛隊として随行していた（二二三頁系図参照）。その一人の畠山将監が座興に「島津殿の荷駄を探して、麝香を取らなくては」と冗談を言うと、元久は気前よく残りの麝香を盆に盛って座敷に出したので、義持の座前にもかかわらず近習らがこれを奪いあう騒ぎになった（『山田聖栄日記』、「島津文書」）。京都で羨望の的だった舶来の品々を、元久はこれほど大量に持ち込んでいたのである。

義持は島津元久が持参した豊富な唐物の数々を見て、琉球経由で中国の物資を輸入できるとわかり、これと朝鮮貿易をあわせれば明との断交も可能と確信したのだろう。薬種など東南アジア産の必需品は、これまで中国から間接的に日本に輸入されてきたのだが、琉球ルートによって確保できる見通しが立ったのである〔宮本：二〇〇三〕。応永二一年一一月二五日、義持は琉球使節の持参品を「進上物」として受け、中山王の尚思紹に遣使をねぎらう国書を送った。琉球に出した室町幕府文書で、これは確認できる最古のものである。これを機に義持の時代には、毎年のように琉球使船が往来するようになり、島津氏は琉球使節の保護・警護役を担うことになった〔佐伯：一九九六、黒嶋：二〇〇〇〕。ただし中継貿易における琉球の地位が確立するのは、一四二九年（永享元）の尚巴志による三山統一後であり、それまでは東南アジアの交易船が直接日本に来航することもあった。

義持に象を献じた既述のパレンバン船を皮切りに、応永一九年六月にも若狭小浜に二艘が入港している。その後もマジャパヒト王国の緩やかな統制のもと、ジャワやスマトラで自立的交易を進める華《か》僑《きょう》勢力の南蛮船が、応永二三年・同二六年と立て続けに南九州に来航する事例が、この時期に集中して確認されている。南九州最大の貿易港坊津を抱える薩摩では、都から戻った島津元久が応永一八

琉球の進貢船
（『進貢船の図』沖縄県立博物館蔵）

年に急死、その後の内紛を制しつつあった弟の久豊《ひさとよ》によって南蛮船が襲われる事件もおきている。南蛮船が南九州に着岸すると、九州探題は博多湾への警固・廻送を現地に指示していたことから、島津久豊はこれに反発して南蛮船の交易品を独占しようと画策したらしい〔黒嶋：二〇一二〕。応永二五年八月一八日に南蛮国から義持に沈香・象牙・薬種が献上され、翌年一〇月には来航した南蛮船を博多湾から兵庫津に廻航させるよう幕府の命令が九州探題に下されており、こうした南蛮船の取扱いについても義持の上意を背景にしていたことが判明する（『満済准后日記』、「阿多文書」）。応永二九年四月一七日には、義持が孔雀を禁裏に献じており、当時の日本では珍しい東南アジアの動物も輸入されていた（『兼宣公記』）。

明と断交した義持は、対外通交に消極的なイメージで捉えられがちだが、以上で述べてきたとおり、この時期を画期に明以外の東アジア諸国との交流は積極的に進められた。対明断交にともなう代替交易ルートの開拓によって、結果的に日本の貿易形態は明に依存した一国集中型から、複数の国々とやりとりするリスク分散型へシフトしたと評価できる。

2　公武関係の再定位

南北朝の和約破棄

義持が明使に帰国を促して二か月後の応永一八年（一四一一）一一月二五日、後小松天皇の第一皇子躬仁《みひと》に親王宣下があり、その三日後には一一歳で元服の儀がとり行われた。これは躬仁を即位させるための準備であったが、当年三五歳の後小松には実子がいるにもかかわらず、長らく皇太子が立てられていなかった。第一章でみたように義満は明徳三年(一三九二)南朝との和睦交渉で、北朝の持明院統と南朝の大覚寺統が交替で皇位につく両統迭立《りょうとうてつりつ》を条件の一つとした手前、後小松の皇太子を立てることを優柔不断に避けていた(森茂暁:一九九七)。義持は既述の外交問題と同時進行で、南北朝合体の和約破棄という、父が先送りにした厄介な問題に対して決断を迫られていた。躬仁の母日野西資子《ひのにしすけこ》は、義持の正室裏松栄子《よしこ》のいとこであり、躬仁と義持の嫡子義量《よしかず》とは、またいとこの関係にあたる(四五頁系図参照)。この時期に日野一門の影響力が、公武双方の後宮に浸透していたことがわかるが、義持はミウチともいえる後小松と躬仁を全面的に支える決意をする。

躬仁の元服が行われる前年、応永一七年一一月二七日に、旧南朝の後亀山法皇が隠棲先の嵯峨から、南朝ゆかりの吉野に突如出奔した。後亀山の吉野遷幸は、南北朝の合体条件であった両統迭立の約束を、幕府が破棄したことに対する抗議行動との見方もある(森茂暁:一九九七)。ただし伏見宮貞成の『看聞日記』応永二三年九月一六日条には、「この五、六年ご困窮と号せられ、吉野へご出奔」とあり、直接の理由は切迫した経済事情にあったようである。この問題が焦点であったことは、のちに「御領等本復」を約した義持の譲歩で後亀山が京都に帰還した顚末からもうかがえる。出奔直前の応永一七年三月四日に後亀山が義持を訪問したのは、経済的待遇の改善を直談判するためだったのだろう。その後の経過から、義持が後亀山の要請を拒絶したのは明らかであり、旧南朝方に「諸国々衙領」の譲渡を約した講和条項の破棄を正式に宣告したのに等しい。

後亀山の遷幸は、結果的に後小松から躬仁への譲位に格好の口実を与え、その動きを一気に加速させることになった。出奔した後亀山を尻目に挙行された翌応永一八年一一月二八日の躬仁元服で、義持は親王に冠を着ける加冠の役にあたった（『兼宣公記』、『御遊抄』）。東宮の加冠役は元服儀礼で最も重要とされ、大臣の官職にあることを必要とした。すでに義持は応永一六年七月二三日に内大臣に任じられていたが、二年近くも拝賀を行っていなかった。拝賀とは天皇または推薦者に官位昇進の謝意を表する儀式であり、これをもって叙任手続きは完了する。義持は二年間ほおっておいた拝賀を、称光元服の日の朝ようやく行い、名実ともに内大臣になったのである。これは、義持が内大臣の肩書に固執せずとも権力を行使できたこと、にもかかわらず称光の元服にさいして正式に内大臣となる必要性が生じたことを意味する。東宮元服時の加冠役は、本来その教育係である東宮傅《とうぐうふ》を兼ねる大臣により勤仕されるものだった。よって東宮元服に準拠された躬仁の元服儀礼を機に、これまで放置してきた内大臣拝賀を行った義持は、加冠役を勤めることで躬仁の東宮傅としてふるまおうとしたと考えられている〔石原：二〇〇七〕。

義満故実の取捨

明けて応永一九年（一四一二）三月一六日、畠山満家に代えて細川満元が管領に補任されたのも、後小松から躬仁への譲位を見すえた人事と考えられる。今回の譲位儀礼には後光厳が後円融に譲位した応安四年（一三七一）の例が採用されることになり、当時の管領は満元の伯父細川頼之であったからである（『不知記』応永一九年八月九日条）。三五歳で管領に初就任した細川満元は、日ごろ和歌や蹴鞠の修練にいそしんで貴族たちと親しく交流し、連歌師心敬《しんけい》に連歌の「大家」として名前をあげられ、その高い鑑賞眼を能楽の大成者世阿弥に強く意識させるほどの、冷静沈着で教養豊かな文化人だった（松岡：一九九四、末柄：二〇〇三、早島：二〇一〇）。臨終にさいしては廷臣の中山定親をして、「執政の器」「古昔の大臣に異なるべからず」と激賞されている（『薩戒記』応永三三年一〇月一七日条）。これに対して前管領の畠山満家は義持に忠節を尽くすも、同じく廷臣の万里小路時房から「文字に疎《うと》い」と評され、饗宴の席で給仕の不手際に激怒したという話が伝わるように、やや短気で武骨なところのある直情タイプの性格だった（『建内記』正長元年三月六日・七日条裏書、『満済准后日記』正長二年三月九日条）。

したがって、これから長期間にわたる公家社会の即位儀礼に備えるとなると、故実に詳しく洗練された細川満元は新管領として適任であった。ただし今回、後円融が後小松に譲位した永徳二年（一三八二）義満壮年期の先例ではなく、義満幼少期の応安の先例が適用された点は、注意しておかねばならない。永徳二年当時の管領は斯波義将であり、その先例を踏まえ、古典に造詣の深い斯波義重が管領に補任されてもおかしくない。それにもかかわらず永徳の例が避けられたのは、既出の「斯波はずし」や義満に対する反発も推測されるが、以下で述べる一連の儀式で、義持は父の所作を意識的に改めたところをみると、その先例に束縛されない自由な立場を確保するため、義満の関与しなかった応安の例が選ばれたとみるべきだろう。後小松譲位直前の応永一九年五月二九日に、義持が二七歳で武家政権首長のシンボルである右大将を辞職したのは、同年齢で義満がこれを辞したのに準拠したものと考える（『公卿補任』）。ここから感情的に義満の先例が全否定されたわけではなく、不都合のない場合には踏襲されたことがわかる。

これらの点は、朝廷儀礼への参加状況でも確認できる。一章で述べたとおり義持は、義満のはからいで応永一三年（一四〇六）の踏歌節会、同一五年の白馬節会を見物しながら、意識的に節会の内弁に関わろうとはしなかった。笙の技量不足からもうかがえるように、義持は公卿としての立ち居ふるまいに、どうも自信をもてなかったようである。中途半端な所作は公家社会で失笑を買い、かえって権威の失墜をまねきかねない。高度な故実・作法の知識が求められる内弁の勤仕は、技術的な困難さから積極的に継承されなかったのである〔石原：二〇〇九〕。

石清水八幡宮
（『一遍上人絵伝』国立国会図書館蔵）

石清水放生会の上卿

これとは対照的に、義満が明徳四年（一三九三）に一度だけ勤めた石清水放生会の上卿《しょうけい》を、義持は応永一九年・二四年・二六年と三度も勤仕した。応神天皇・神功《じんぐう》皇后・比《ひ》売《め》大神《おおかみ》を祀《まつ》る石清水八幡宮は、清和天皇の貞観元年（八五九）創立以来、朝廷・公家の尊崇きわめて厚く、武神として武家の間でも深く信仰されていた。放生会とは、殺生をいましめる仏教思想にもとづき、捕らえた鳥や魚などの生き物を野池に解き放つ儀式のことで、石清水放生会では神輿奉迎と神前奉幣《ほうへい》が重要な儀式となっていた。これを行うため勅使として参向する上卿の行列は注目を集め、その様子を見物しようと祭礼の日には群衆が路頭にあふれた。こうした石清水放生会の上卿を義持が初めて勤めたのは、後小松が譲位する二週間前の応永一九年八月一五日のことである。躬仁の践祚を一大イベントと重視する義持は、この記念すべき年の上卿参向をみずからの手で遂行したかったのだろう。

義満は祭礼当日に八幡に下向し、奉幣が終わると直ちに帰京したのに比べ、敬神の念が強い義持は数日前から宿坊に入り、奉幣後も神輿還幸を見送ってから帰京した。義満と義持の差異は両者の個性が多分に影響するものの、それ以外のところでも注意すべき点がある。義持が放生会上卿の勤仕にあたり、半月前の七月三〇日に作進させた式次第には、義満の明徳四年の例と部分的に異なるところがあった。すなわち義満が准三后・左大臣の参向として従来の慣例を改変し、ほぼ廷臣を総動員したのに対して、義持は内大臣でありながら将軍参向と位置づけて旧慣に復し、新たに随兵《ずいひょう》の帯刀《たてわき》として、富樫満成ら武家近習二六人を供に加えたのである〔二木：一九七二〕。准三后・左大臣と昇進を極めなければ踏襲困難な義満の先例は、ここでもとられなかったのである。

直臣の武家近習が義持に随行したのに対して、八幡神人の強訴に対処する管領や、路次を警固する山城守護の大名は、放生会が行われる儀礼空間の整備にあたり、その他の諸大名も祭儀を見物するため現地に群居していたが、行列そのものには加えられなかった。廷臣を従え朝儀にのぞむ室町殿の行列は、その周縁で警固・見物する諸大名から注がれる視線を意識して見せつけることで、室町殿と諸大名との異質性を視覚化させる装置として利用されていた〔松永：二〇〇八〕。義持は大名統制を目的とした義満の「公家化」を、特別な技能や履歴を要する部分だけ取り除き、永続可能な形にアレンジして継承したのである。武家近習の参列も、大名から独立して室町殿に直結するといった武家社会の身分秩序を、可視的に直臣と大名の双方に自覚させる効果が期待できたと考える。

この直後に行われた後小松譲位・躬仁践祚における行幸・御幸も、式中に行列が組まれたことから、同様のことが指摘できる。義持は八月二八日に内裏から一条東洞院にある仙洞御所に移る後小松に供奉、翌二九日にも裏松重光邸から内裏に入る躬仁の牛車に同乗したが、その後に挙行された譲位節会には参加していない（『常永入道記』、『不知記』）。これは譲位儀礼に関わる義持が、宮廷内部よりも外部からの視線に意識を向けていたことを示唆する。廷臣を従え後小松に供奉した義持は、放生会のときと同じく直臣の近習を帯刀・衛府として随行させ、路次の警固にあたる諸大名は、このハレの行列を注視した。義持は上皇・天皇とともにある自身の姿をさらすことで、諸大名との身分格差を可視的にアピールしたのである。

後小松父子の輔弼

応永一九年（一四一二）八月二九日に譲位の儀が行われ、躬仁は一二歳にして践祚（称光天皇）、これにより後小松上皇の院庁が設けられた。義持は践祚当日、裏松邸から内裏に移る称光の牛車に同乗したが、これは元服儀礼における東宮傅の役割と同様に、義持が天皇に近侍し支える立場にあることを誇示するものだった。九月一四日に後小松が院庁始を行う

後小松天皇像（京都・雲龍院蔵）

のに先立ち、義持は八月二九日に院庁を統《す》べる院執事に就任し、義嗣も院司に加えられ、兄弟協力して院を支えるスタンスがとられた（『武家昇晋年譜』）。このほか伝奏の裏松重光が院執権に、西《さい》園寺実永《おんじさねなが》・広橋兼宣《ひろはしかねのぶ》・万里小路豊房《までのこうじとよふさ》・日野有光らが院司に任じられたが、彼らはみな義持に仕える室町殿家司・家礼《けらい》であった（『常永入道記』）。院執事の室町殿を筆頭にその家司・家礼が院庁職員を占め、院司・伝奏を兼ねる室町殿家司を結節点に、公武が密着する政治構造は義持期にも再生産されたわけである。

もっとも晩年の義満が法皇のごとくふるまったのに対して、義持はあくまで後小松上皇の補佐役としての立場を堅持し続けた。すなわち義持は内大臣拝賀を二年も放置したのと対照的に、院庁始から二週間足らずの九月二六日に早くも院執事拝賀をとげ、院執事の役職に意欲を示している（『常永入道記』）。院執事拝賀の翌日に行われた御馬御覧《おうまごらん》の儀式で、後小松が庇間《ひさしのま》の簾中《れんちゅう》に出御すると、義持は院執事として簀子縁《すのこえん》に着座してひかえ、引き続き上皇最初の外出となる御幸始《ごこうはじめ》にも供奉した。後小松が退位後はじめて烏帽子《えぼし》・狩衣《かりぎぬ》などの日常服を着用する布衣《ほうい》始《はじめ》でも、義持は院執事として一〇月一四日に弟義嗣とともに供奉している（『兼宣公記』）。義持は院庁始直後だけ「院執事」の役名を使用したが、その後も肩書の有無にかかわらず、主体的に後小松を支え輔弼《ほひつ》役に徹したことが指摘されている〔石原：二〇〇七〕。

また九月二七日の御幸始当日に、二条持基が任大納言の拝賀を行うため三条坊門第に参上しようとしていると聞いた義持は、「摂関家の人々は拝賀に参る必要はないと、何度も言ってきた。絶対にとめせよ」と裏松重光に指示している。義満晩年の遺風を反映して、室町殿に対して拝賀を行うことが公家社会で慣習化しつつあったが、義持は一般廷臣の拝賀は受けても、摂関家の拝賀だけは謝絶したのである。これに続けて三条坊門第に群参した廷臣にも、「弟義嗣と広橋兼宣のみこの場に残り、ほかの者はすべて後小松上皇の仙洞御所に参れ」と命じて自身の院参に供奉させず、公家社会あげての供奉で権威を誇示した義満とは異なる姿勢を示した（『兼宣公記』）。義持はみずからに対する廷臣総出の拝賀・供奉に、規制を加えたことがわかる〔桃崎：二〇〇九〕。

この動きと連動して義持は、摂関家にも安堵を出した晩年の義満と一線を画し、家司・家礼として主従関係を結ぶ廷臣に安堵の対象を限定した。たとえば応永一七年一一月に広橋家の、翌年一〇月に勧修寺家の家門相続が義持に認められたが、両家は室町殿の家司・家礼を勤めていた。その一方で、義満期以降ほとんど発給されていなかった廷臣に対する後小松上皇の安堵は、義持期になると増加する傾向が指摘されている。ただし第五章で述べるように、義持は輔弼役として後小松上皇の権威を維持するため、必要に応じて院宣の濫発に規制を加えうる立場にあった〔水野：二〇〇五〕。また武家の叙位・任官にさいして天皇の意思を伝える口宣案《くぜんあん》の袖に、応永一五年一一月三日を初見として義持が花押をすえるようになるのも、これと同じ脈絡で理解できる。口宣案に室町殿が袖判をする行為は、天皇の官位叙任権に対する干渉と解釈されることもあったが、その多くが受任者側から求められた事実が明らかにされている〔木下：二〇〇五〕。義持は口宣案の信用性を担保して、天皇の権威を保障する立場にあったといえる。

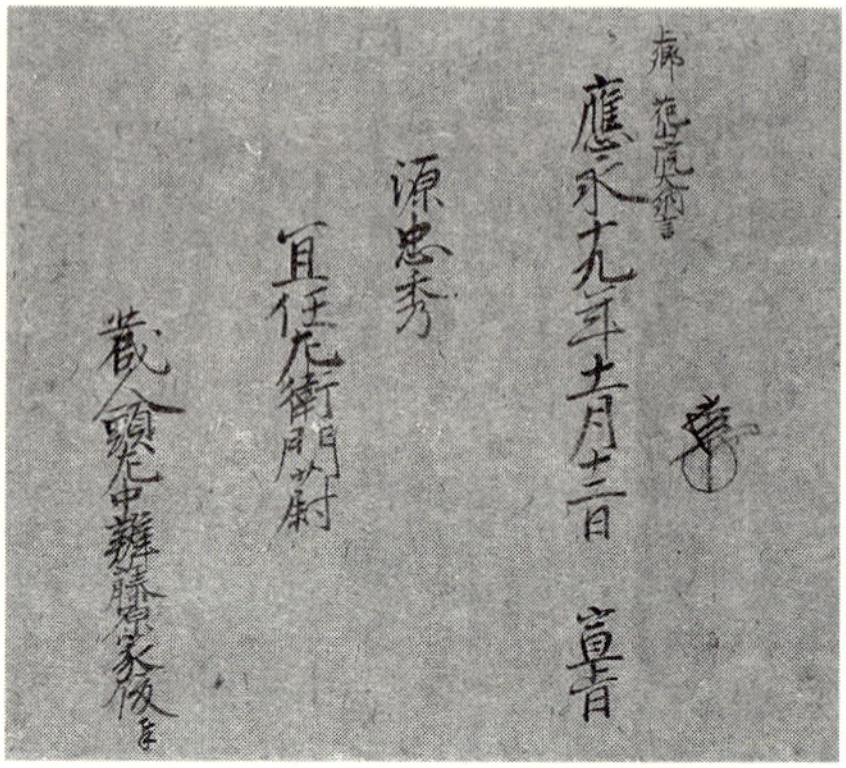

足利義持袖判口宣案
（越前島津家文書，国立歴史民俗博物館蔵）

「阿衡」の寿像

みずからを天皇家の補佐役に位置づけた義持の姿勢は、彼の寿像からもうかがい知ることができる。義持の肖像として原画が現存するのは、応永一九年（一四一二）一二月制作で履中元礼《りちゅうげんれい》が賛を付した天龍寺慈済院蔵の一幅（口絵一頁）と、同二一年九月製作で怡雲寂誾《いうんじゃくぎん》が賛を付した神護寺蔵の一幅（口絵二頁）で、前者が正装の束帯姿、後者が平服の直衣姿であることは既述した。履中は長門出身の松源派に属す禅僧、また怡雲は周防出身の破庵派に属す禅僧であった。隠遁的な禅を好む義持が、全盛をきわめる夢窓派とは異なる法流の禅僧に進んで帰依したことを裏づけるとともに、両者の出身が大内分国である事実から、義持と大内盛見の接点としても注目されている〔上田：二〇一一〕。二幅の肖像画のうち慈済院に伝わる口絵一頁の肖像画は、義持の師である絶海中津が創建した招慶院の旧蔵とされる〔赤松：一九四九〕。その賛には、次のように記されている。

寅賓《いんひん》出日、観国之光、六合《りくごう》仰止、金玉其相、手中象笏《ぞうこつ》、旁撃氏羌、腰間《ようかん》剣気、上掃欃《さん》槍《そう》、神鑑弗昧、受命符貞、岩水浚源、尭々流清、永保大《だい》宝《ほう》、生斯阿衡、
征夷大将軍一品大相公寿像、欽奉
釣命、題鄙《ひ》語《ご》也
今上出震帷、公相焉、故有寅賓句。
応永壬辰臘月《ろうげつ》　日
前天龍元礼謹賛
『履中』『元礼』（白文朱方印）

昇る太陽を敬《うやま》い導き、徳盛《さか》んな国を観《み》る。上下四方が仰《あお》ぐのは、金玉のごときその姿。手にする象牙の笏《しゃく》は周囲の蛮族を撃《う》ち、腰にする剣の気迫は、天上の妖星を掃《はら》う。優れた見識は妄念を消し、天命を受け信念を貫く。岩間《いわま》の湧水《ゆうすい》は根源の土砂をさらい、正しく末の流れも清くする。永《なが》く王法・仏法を保つ、帝《みかど》の補佐役たる阿衡ここに生まれる。征夷大将軍従一位大宰相（義持）の寿像、欽《つつし》みてご命令をうけたまわったので、野暮《やぼ》な詞を書きつけたところである。
今上（称光）天皇が東宮御所の帷《とばり》を出て践祚され、義持様が輔弼にあたられる。ゆえに冒頭「寅賓」の句を用いた。
応永一九年一二月　日
前天龍寺住持の元礼が謹んで着賛《ちゃくさん》した。

本肖像画は、日付の三か月前に践祚した称光天皇の補佐役、あるいは退位した後小松上皇の院執事に、義持が就任したことを記念して製作されたという。説が分かれるのは、賛の後序「今上出震帷」

の解釈をめぐり、見解の相違があるためである。一つは、これを「今上震帷に出て」と読んで、「今上」すなわち称光天皇が帷幄《いあく》において号令を発する地位に就いたと判断する説〔赤松：一九四九〕。これに対してもう一つは、「今上震帷を出て」と読み、「今上」すなわち後小松上皇が禁裏を出て院政を開始したと解する説である〔天野：二〇〇二〕。たしかに漢文の訓み下しは天野説が正しいものの、赤松説と同じく「震帷」を禁裏の帷幄と解している。しかし「震」の語は皇太子の東宮を意味するから、「今上震帷を出て」は右に掲げた現代語訳のように、「称光天皇が東宮御所の帷を出て」践祚したと読解すべきである。

ただしこれによって本肖像画から、後小松上皇の存在感が消えてしまうわけではない。冒頭の「寅賓出日」と「観国之光」は、それぞれ五経の一つ『書経』と『易経』からの引用文である。賛の語句は出典にもとづいて表現されており、それを踏まえないと作品の意図を理解することは難しい。これらの原典で「出日を寅賓」するとは、中国伝説の聖帝堯《ぎょう》が腹心羲仲《ぎちゅう》に命じて朝日を謹んで導かせたことを指し〔野村：一九七四〕、また「国の光を観る」のは、徳高き王に最も近い者であるとされ〔本田：一九九七〕、賛ではこれらの典拠を踏まえ語句が使用されている。すなわち後小松上皇の委託を受けて、「出日」すなわち践祚した称光天皇の輔弼にあたることになった義持は、王に最も近い徳高き臣下である、といったアピールが本肖像画の賛に込められているのである。後述するように、義持は関白に准じた立場で行動するようになるのだが、摂関と同等の「阿衡」という賛の表現も、義持の意にかなうものであった。

先行研究でも注目されているように、慈済院と神護寺に伝わる口絵一頁・二頁の肖像画には二幅とも義持の頭上に日輪が描かれており、これは右の賛の内容と合致する描写といえる。これらの点を重視すると応永二一年九月の義持寿像（口絵二頁）も、この三か月後に挙行された称光天皇の即位式を記念して製作された可能性が高い。細見美術館に所蔵される『騎驢《きろ》人物図』（口絵四頁右）は、画・賛とも義持の筆になる作品で、唐代の詩人杜甫《とほ》（七一二〜七七〇）が描かれ、その詩を踏まえ「君（主）を堯・舜《しゅん》に致して」という一節が、賛に記されている。義持は奉戴する後小松上皇を堯・舜のような名君に仕立て上げ、聖賢の仁政を実現したいと強い願望を抱いており、これを察して禅僧らは義持の治世を堯・舜の聖代にたとえ賛美したという（天野：二〇〇二）。さきの「寅賓出日」の典拠とあわせ考えると、堯・舜となるのは義持自身ではなく「君」たる後小松上皇であり、この委託を受けて義持は称光天皇を支え、聖代を到来させる第一の臣下として、みずからを位置づけていたのである。

「室町殿」の再定義

応永一九年（一四一二）ごろまでにみられた以上の動向は、義持による「室町殿」の再定義と評される現象とも合致する。すなわち位階官職をきわめ応永二年に出家した義満は、人臣の範疇を超えた法皇の待遇を獲得して「北山殿」と称されたが、この新種の権力体は既存の制度では説明できないものだった。そのため義満の死後、出家前の俗体で官職も当時は権大納言（極官でも内大臣）にすぎない義持を、法皇に准じて遇することは可能か、といった問題が生じた。応永一六年の北山第退去後、自己の称号を「北山殿」から「室町殿」に再規定した義持は、遅くとも応永一九年までに、義満のごとき法皇に准じた待遇を明示的に否定したとされる（桃崎：二〇〇九〕。以上のような政治的選択の背景として、身分秩序を重んじる宋学が義持の思考原理であったことも多分に影響していよう。

こうして義持期に再規定された「室町殿」称号は、義満が獲得した超越的な院待遇を解消し、天皇家を輔弼する人臣の範疇に引き戻されることになった。このことは一見すると、権力として弱体化したかのようにみえる。しかし義満の破天荒な権力は、彼の能力・経歴にもとづき形成された個性的な要素が強く、子孫だからといって誰もが容易に再現できるものでなかった。結果的に義持期の権力形態は、個人の資質に関係なく踏襲可能なように整えられた点に、意義が認められる。これ以降、足利家の歴代家長は義満の先例を重視しつつも、義持期に再定義された室町殿権力を継承することになる。ここに義満晩年まで絶えず変化し続けた新種の権力体は、ようやく形態的な安定性を保ちはじめた。

応永二〇年一〇月二二日、義持は奨学院《しょうがくいん》・淳和院《じゅんないん》の別当に補任され、翌日これらを兼ねる源氏長者となった〔「足利義満以下将軍宣下文書」〕。義持が源氏第一の公卿となってから一〇年あまりを経たこの時期に、源氏長者の宣下を受けたのも、実は天皇・上皇の輔弼と深く関わっている。この二か月前の八月六日に義持は、後小松上皇から「称光天皇の即位大礼を早く挙行してほしい」と催促されていた〔『満済准后日記』〕。称光の即位式を意識しながら、義持は源氏長者の地位に就いたのである。すでに氏長者自体は実質的な意味を失っていたが、室町殿が源氏長者として即位大礼前の叙位で源氏爵の申文を提出するのは、天皇権威を維持するうえで朝廷側に歓迎されていた。また氏長者宣下で室町殿から納入される高額の礼銭も、貧窮にあえぐ貴族社会を経済的に潤《うるお》した〔末柄：二〇一〇〕。室町殿の源氏長者就任は、朝廷側の求めに応じて、即位儀礼を荘厳する意味があったのである。

この年の正月一一日には義持が出座する評定始の場で、斯波義重から「真言院造営のため、大名が各一〇〇貫文を供出しよう」と提案があがったのも、右の動きと関連している（『満済准后日記』）。内裏西方の宮中に設けられた真言院では、天皇の玉体安穏を祈る後七日御修法《ごしちにちのみしほ》が行われたが、南北朝内乱中の文和二年（一三五三）に倒壊して以来そのまま放置されていた。六〇年ぶりとなる真言院の再建は、王城鎮護施設を復興する事業の一環であった〔大田：二〇〇九a〕。儀礼・祭祀を本来あるべき姿に戻すという義持政権の政策基調も、天皇にふさわしい威儀を新帝の称光に具備させるため、このころから明確化していく。公武の対立面を強調した見方が従来は主流であったが、義持が後小松・称光父子の輔弼役を自認したように、衰微した朝廷を幕府が支える協調面を、室町期国制の基本構造と捉える理解が近年では定着しつつある。室町殿は動揺する中世的秩序の「守護者」としての役割を嘱望《しょくぼう》され、その期待に義持もまた意欲的に応じた。天皇・上皇との関係を親密に保ちながら、義持は国制上いまだ流動的だった「室町殿」の地位を固めていったといえる。

3　求心力の強化

大名統制の本格化

石清水放生会や譲位・践祚儀礼の場で、義持が大名との格差を執拗に見せつけたのは、応永飛騨の乱を皮切りに進められた統制の一環として理解できる。こうした大名の綱紀をただす動きは、その後さらに賞罰を厳しくして本格化する。

応永二一年（一四一四）六月八日、斯波義重のいとこである満種《みつたね》が、義持の逆鱗《げきりん》に触れ加賀守護職を没収され、高野山で出家遁世を余儀なくされた（『寺門事条々聞書』）。応永飛騨の乱から三年、義重は姉小路尹綱《あねがこうじただつな》だけでなく、同族の満種さえも守りきることができなかった。加賀守護職は、嘉慶元年（一三八七）に富樫昌家《まさいえ》が没したのち、斯波義将《しばよしゆき》の弟義種《よしたね》に交替して以来、その子満種が受け継いで二七年間にわたり斯波氏に相承されていた。それが今回あっけなく昌家の甥で富樫惣領家の満春《みつはる》と、その庶流家で近習筆頭の満成に半国ずつ分与されてしまった。これは満成が側近の立場を利用して、富樫氏の加賀守護復帰を義持に働きかけたことが背景にあるらしい（『室山：二〇〇二』）。もっとも義持が満種に激怒したそもそもの原因は、飛騨の場合と同じく所領問題をきっかけにしていた可能性が高い。

斯波満種の被官が勧修寺門跡領の加賀国郡家荘を違乱した点は前章で述べたが、応永一九年にも、幕府から守護不入を認められていた臨川寺領大野荘に乱入し米銭の略奪行為におよび、義持は五月四日これを禁じ狼藉人を処罰するよう満種に命じていた（「天龍寺所蔵文書」）。どうやら満種は被官を十分に管理できていなかったようであり、幕府の制止を無視して頻発する満種被官の狼藉が、寺社本所領保護に熱心な義持の神経を逆なでし、富樫満成に付け入るスキを与えたものと考えられる。加賀半国守護に登用された満成は、義持の意向を忠実に履行し取締りを強化したとみられ、以後こうした狼藉行為は目立たなくなった。所領問題を口実にして義持は、斯波の勢力削減と側近の守護登用を同時に成功させた。さらに同じく応永二一年一一月二九日、細川宮内少輔《くないしょう》が東大寺領を押領したとして、義持の指示で惣領家の管領細川満元に討たれた（『満済准后日記』、『東院毎日雑々記』）。これは満元にとって、義持の命令と一族の権益どちらを優先するのか、という一種の「踏絵」であったといえる。所領問題にかこつけた統制の引締めは、既述の六角氏も含め斯波氏以外にもおよんでいた。

一方この年の八月ごろ、一色義範《よしのり》が一五歳の若さで侍所所司に抜擢されたことも、この時期に進展する大名統制を考えるうえで注目すべき人事である。父の一色満範は応永一六年正月六日に享年四二歳で没し、丹後・三河守護職をはじめとする跡目は、兄の持範を差しおいて、当時一一歳であった義範が相続することになった。変則的な家督継承は父満範の遺志による可能性が高いが、若年にもかかわらず義範が幕府重職に登用されたのは、義持が子飼いの大名を育成しようとしたものと指摘されている〔高橋修：一九八三〕。一色氏の歴代当主は、将軍から偏諱《へんき》として実名の一字を授与されたが、これまでは氏範・詮範・満範のように下の一字が通例であったのに対して、義範は応永一八〜一九年ごろの元服時に、義持から格上の「義」字を下賜されたのである。さらに応永二五年一〇月二四日には、侍所所司として二五年ぶりとなる山城守護の兼帯を許され、洛中洛外の治安維持を一手に任されるに至る〔今谷：一九七八b〕。これらは畠山満家・大内盛見らと同じく股肱の大名に対する厚遇措置と考えられ、義持の一色義範に対する信頼の厚さが見て取れる。若年ながら幕府重職に登用された義範は、義持の恩義に報いるべく忠勤に励むことになる。

南都の「平和令」

大和で紛争を繰り返す興福寺の衆徒・国民に対しても、義持は同じく応永二一年六月になって統制強化にのりだした。ことのきっかけは、またぞろ宇陀郡で多武《とうの》峯《みね》衆徒と大和国民の沢とが争いだし、それぞれ国民の越智《おち》・十市《とおち》と布施・高田・吐田《はんだ》・倶戸羅《くじら》が支援して、各地で私闘を繰り広げたことによる（六七頁図参照）。報告を受けた義持は同年五月一五日、奈良関係の取次役である南都伝奏《なんとてんそう》広橋兼宣の奉書を、興福寺別当光暁《こうぎょう》に発したが、争乱の制止を命じられた光暁《こうぎょう》に解決能力はなく、五月二〇日に奉行人の矢野倫幸《のりゆき》と飯尾清国を上使として遣わし、両陣営に停戦を勧告することで、ようやく事態を鎮静化させた。

ここまでは従来とられてきた幕府の対応と変わらないが、親政開始から六年を経た義持は、喪中で有効な手立てを講じられなかった継嗣直後のときとは違っていた。興福寺で修学する学侶たちは紛争の鎮定を喜び、「大和国の私闘は興福寺の手に余る」として、「今後は私戦停止と係争案件の裁許については、幕府の方で処理してもらいたい」と、上使に要望書を提出した。これにより義持は、六月二〇日に管領細川満元の奉書を興福寺別当に下し、七月五日の期日を設けて衆徒・国民に上洛を厳命したのである。七月八日、義持は京着した衆徒二七名・国民二八名に対して、「上意を無視して私戦におよんだならば、これからは流刑のうえ所領を没収する」といましめ、次のような「篇目」七か条を突きつけて、誓約の起請文を提出せよと強く迫った（『興福寺日次記』、『寺門事条々聞書』）。

①幕府の許可なく武力行使した者は、攻撃側・防戦側・支援者いずれも国外追放とする。
②下知に背く者を討伐するさいには、幕命に従い忠節を尽くせ。
③律宗寺院（西大寺など）の末寺末山に対して、乱暴狼藉を働く者は厳しく処罰する。

④かくまう盗賊・強盗・夜討《ようち》・誘拐犯を、速やかに処刑せよ。かばう者は、同罪とする。
⑤寺社本所領を、自分勝手に押領してはならない。
⑥一乗院・大乗院両門跡の下知があっても、幕府の成敗でなければ参戦を禁じる。
⑦召喚名簿から漏れた者が、もし合戦におよんでも、一切協力せず幕府に注進せよ。

①⑦では自力救済を否定して幕府の裁定に服従するよう厳命し、③④⑤で犯罪行為に加担すれば容赦なく処断すると戒告、②⑥では幕府による軍事指令の優越性を定めている。衆徒・国民はこの「篇目」に従うと起請文を進上し、やっと大和に帰ることを許された。私戦を禁じるこの内容は、南都に対する義持の「平和令」ともいえる。室町幕府の私戦禁止令は南北朝期以来たびたび出されてきたが、地域社会では法慣習の自力救済が容認され、事実上放置されていた。よって義持は幕府法を法慣習に優越させ、衆徒・国民の統制を試みたといえる。従来は幕府の介入で興福寺の大和支配が後退したとみられがちだったが、一連の経緯を踏まえると因果関係は逆であって、最近では支配を弱めた興福寺側の要望によって幕府のテコ入れが本格化したと評価しなおされている〔大薮：二〇一三〕。

宗教界の綱紀粛正

ただし「あるべき社会」に戻す徳政の理想を掲げる義持は、衆徒・国民にお灸をすえる一方で、その懲戒を幕府に丸投げした興福寺学侶の堕落ぶりを一喝することも忘れなかった。応永二一年（一四一四）一〇月四日、義持は再び管領奉書を興福寺別当に発し、今度は学侶二四人と若手で構成される六方衆《ろっぽうしゅう》二八人の名簿を示し、八日までに上洛させよと命じた。学侶・六方衆が何事かと管領細川満元邸に参集してみると、奉行人飯尾貞之が、「徒党を組んで民を苦しめる寺僧がいるのに、野放しにしておる学侶は不届きである」と叱責の上意を伝え、学侶と六方衆の不法行為を列挙した次の一一か条を突きつけ、改悛の起請文を捧げよと申し渡した（『寺門事条々聞書』）。

①罪もなく気に入らないという理由だけで、他人の住居を壊すこと。
②謀略をめぐらし、興福寺周辺の土民を悩ませ、金銭を巻き上げること。
③建物の造営費用を、無理やり徴収すること。
④興福寺の権威をふりかざし、他人の証文等を強要して利権を奪い、民を煩わすこと。
⑤仏門の身でありながら、武勇を好んで太刀・刀を携帯し、刃傷・傷害におよぶこと。
⑥悪行を企てて、六方衆が一揆を結成すること。
⑦幕府の裁許に不服として、血気盛んな六方衆の強硬論にかこつけ下知に違背すること。
⑧第三者の委託を受け非道な取立てを行うさい、下部の神人《じにん》・公人《くにん》らに譴責《けんせき》させること。
⑨幕府の審理によらず、原告・被告とも六方衆を引き入れ論争し、錯乱が絶えないこと。
⑩興福寺の公人が東大寺領を侵犯・没収し、六方衆も住宅を破壊したりしていること。
⑪興福寺に属す土民を私的な従者のように扱い、金銭徴収や人身売買を行っていること。

学侶も衆徒・国民と変わらない乱行を繰り返していたことが、この一一か条からうかがえる。民を安んじる撫民《ぶみん》政策として、①②③⑩は学侶による恣意的な検断・賦課の制止、④⑧は他人の債権を利用して債務者から強引な取立てを行うことの禁遏《きんあつ》、⑪は寺領住人を私物化して人身売買におよぶ行為の禁止、⑤⑥⑦⑨では衆徒・国民と同じく学侶・六方衆の自力救済を制約している。学侶・六方衆にとって寝耳に水で、衆徒・国民の処断のみ幕府に求めたつもりが藪蛇《やぶへび》となり、かえって自分たちの日ごろの悪行も取締りの対象とされてしまったことに狼狽《ろうばい》し、「合議のうえ返答します」とその場しのぎだけで精一杯だった。その後、管領細川満元が彼ら一人ずつと対面して諭《さと》し、学侶・六方衆の大半が起請文を捧げる運びとなった。上洛や起請文を拒絶した学侶四人・六方衆五人は、一〇月一五日から一八日にかけて、義持の命を受けた満元と侍所の一色義範らによって捕縛《ほばく》され、そのうち学侶二人が重科の流罪《るざい》処分となり、越後と佐渡へと追放された（『寺門事条々聞書』）。義持は形ばかりの脅しでなく、本気で南都に禁令を突きつけたことがわかる。

こうした僧侶に対する綱紀粛正は、興福寺に限ったことではなかった。義満によって創建された相国寺は、政界と癒着する夢窓派独占の度弟院《つちえん》になっていたが、応永一八年春に義持は燄慧《えんね》派の惟肖《いしょう》得巌《とくがん》を相国寺蘊真軒《うんしんけん》に迎えた。夢窓派以外の名僧を他派から選んで相国寺内に居住させることで、夢窓派の既得権益にクサビを打ち込もうとしたのである〔玉村：一九八一〕。これも夢窓派の禅僧らと親密であった斯波義将の死去にともなう政策転換の一つとみられるが、応永二〇年代に入ると大名や南都に対するのと同じく統制が強化される。

応永二三年六月一日には大塔普請を名目に、義持みずから腹心畠山満家の手勢数百人を率いて相国寺に乗り込み、寺中に突入して武具の捜索にあたり、隠し置かれていた長櫃《ながびつ》二箱を押収した。その翌日、三条坊門第に参上した満済に対して義持は、「昨日武具を所持していた禅僧数十人は、夜分ことごとく召捕り侍所一色義範に預けた」と立腹しながら語っている。一九日には、やはり侍所の一色義範が相国寺に踏み込んで活躍し、行者《ぎょうじゃ》らの下級僧一〇〇人あまりを乱行・魚食の容疑で一斉に検挙、拷問にかけられ自白した四五人は二三日に流罪に処せられた(『満済准后日記』、『看聞日記』)。鎌倉時代以来、幕府の禅院規式で武具携帯は禁じられていたものの、実際には監督不行届きで違反者が跡を絶たなかった〔原田:一九九九〕。その摘発を、義持は徹底したのである。夢窓派の牙城であった相国寺も、綱紀粛正をはかる義持の前では、もはや聖域ではなくなっていた。

以上から義持の寺社保護政策が、単純な僧侶優遇でなかったことは明らかだろう。信仰心の厚い義持は僧侶に対して、仏門にふさわしい資質を厳格に求めたのである。その意味で、これも「本来の寺院・僧侶」のあり方に回帰させる、徳政の一環であったといえる。

関白の立場を求めて

この時期になると武家・僧侶だけでなく、公家にも義持の統制が目立ちはじめる。応永二〇年(一四一三)三月一六日、若年のころから世話になった裏松重光が四四歳で没し、義持は遠慮なく廷臣に対して強硬な姿勢でのぞめるようになっていた。

南都粛正から二か月後の応永二一年一二月五日、即位式を目前にした称光天皇が、陰陽道で忌む方角を避ける方違《かたたがえ》のため、後小松上皇の仙洞御所に行幸した。こんなとき天皇の裾《すそ》に近侍するのは関白の勤めであり、関白不参時には天皇の側近筆頭である蔵人頭《くろうどのとう》の役割とされた。ところが今回、病欠の関白一条経嗣《いちじょうつねつぐ》に代わり、称光の裾にひかえたのは義持だった。これを聞いた伏見宮貞成は、「武家が天皇の御裾に侍《はべ》るなど、前代未聞で不審なことだ」と、眉をひそめた（『称光院御即位散状』）。この裾役代行は、義持が関白の立場で朝廷儀礼にのぞんだ初見とされ、義持を摂関になぞらえる認識はいまだ浸透していなかった〔石原：二〇〇七〕。称光の東宮傅や後小松の院執事といった、国制上における自己の立場を模索していた義持が、みずからを関白なみに待遇するよう露骨に求めはじめるのは、この時期からのことである。後小松・称光の輔弼役を自認する義持は、この間に現職の摂関がいても同等の立場を確保できる余地のあることを、先述の画賛にあった「阿衡」などをヒントにして知ったのだろう。

一二月一三日、伊勢神宮に即位式挙行を告げる即位《そくい》由奉幣使《よしのほうべいし》派遣のため、称光天皇が神祇官に行幸したときも同様のことがあった。この儀式で関白の役割を果たそうと思っていた一条経嗣は、五日の仙洞御所行幸で義持が関白に代わり称光の裾に伺候したことを気にしていた。そこで念のため「今回も同様でしょうか」と前もって尋ねたところ、義持は「そのつもりでおる」と返答してきた。関白としての見せ場を取られた経嗣は、「これは、とんでもないことだ。自分勝手なふるまいでも、義持は権勢をもって強引に押し通している。このようなことは、前例とすべきでない」と、憤懣《ふんまん》を日記にぶちまけている。当日、会場の神祇官に入った経嗣は、設営にあたる神祇官公文《くもん》の宗岡行嗣《むねおかゆきつぐ》から「室町殿（義持）の座を用意すべきでしょうか」と尋ねられ、「どうせ臨時の新儀である。どうして問題などあろう」と皮肉まじりに答え、自身の東側に義持の座を設けるよう憮然《ぶぜん》と命じた。義持は当日、黒色の浅沓《あさぐつ》でなく朱色の唐人沓を用いて経嗣に内心「異様」と失笑され、さらに内裏で泥酔して沓《くつ》を履《は》くさい経嗣の肩をつかんで寄りかかるなど、我が物顔で朝儀に参列した（『荒暦』）。

一二月一九日に挙行された称光の即位式でも、公家に対する義持の専権ぶりが伝えられている（横井：一九七九）。儀礼の進行を差配する内弁は、後小松上皇の希望で左大臣今出川公行《いまでがわきんゆき》に仰せつけられた。そこで公行が用意をしていたところ、「御即位では摂関家による内弁が近代の佳例である」との理由で、義持から朝廷に右大将九条満教《くじょうみつのり》を内弁に推挙してきた。義持の鶴の一声で公行は内弁を取り消され、内弁に決まった満教を右大臣に昇格させるため、現職の右大臣鷹司冬家《たかつかさふゆいえ》は辞任へと追い込まれた。急遽内弁を勤めることになった満教は、大儀に不可欠の玉佩《ぎょくはい》という礼服装飾具を所持していないと、当日になって太政官庁の式場で泣きつく始末で、これを聞いた義持は参議一条実秋《いちじょうさねあき》の玉佩を取り上げ、満教に与えてしまった（『称光院御即位散状』）。

新たな規範づくり

傍若無人《ぼうじゃくぶじん》にふるまう義持だが、儀礼に無知だったわけではない。たとえば即位式にさいして、一条経嗣は関白として即位灌頂《そくいかんじょう》を称光天皇に伝授しなかった。即位灌頂とは中世に浸透した密教作法の一つで、即位式前あらかじめ摂関が天皇に教示するのが通例であった。即位式が終わり法身院に立ち寄った義持は満済に、「関白たる経嗣が称光天皇に即位灌頂を授けなかったのは、先例と違い不可解だ。五日の方違行幸のおり、後小松上皇がこれを天皇に伝授されたそうではないか。経嗣は作法を口伝されておらず、知らないのではないか」と愚痴をこぼし、さきとは逆に経嗣の方が先例違反を批判されている（『満済准后日記』）。また約五年後のことになるが、義持は白馬節会を「あおうま」と読む由来について、周囲に質問したりもした。意外にも後小松上皇や廷臣の多くもこれに答えられず、経嗣の子で博識な一条兼良《いちじょうかねら》に尋ねて、寛平年間（八八九〜八九八）の『宇多天皇宸記』に関連記事があるとわかり、満足している（『看聞日記』応永二六年正月一三日条）。儀礼の根源的な意味について公家社会でも忘却されるなか、好学の義持は表面的な理解にとどまらず関心をはらっていた。

つまり義持は宮廷儀礼に疎《うと》かったわけでなく、いわば「確信犯」的に旧来の先例から外れ、やや強引に新たな規範を構築しようと躍起になっていたことになる。法皇待遇の獲得をめざした義満に比べると、関白のポジション確保に努めた義持の目標は矮小化されたと見えるかもしれない。だが、義持は昇進を辞退して内大臣にとどまりながらも（応永二六年八月辞官）、義満が准三后・太政大臣にまで登りつめてやっと築きえた権勢を、官職・院待遇にかかわらず振るえることを示したのだから、権力形態としては義満時代よりも強化されたとの見方もある（桜井：二〇〇一）。武家で初めて正式の関白に就任するのは、約一七〇年後の豊臣秀吉を待たねばならないことや、関白にならずとも足利家が代々「准摂関」の家格を維持していくことを考えると、義持の試みは前衛的な挑戦であった。義持は天皇・上皇を立てつつ、廷臣に対して傲慢にふるまうことで、朝廷第一の臣下としての立場を周囲に見せつけたといえる。朝廷の守護者を自認する義持にとって、天皇権威の荘厳は自身の威勢を誇示することにつながり、称光の即位式でも義持の号令一下、費用のうち一九二九貫六二〇文が諸大名によ

称光天皇即位用途の大名助成

	氏　名	守護国	助成額	
1	斯波義重	越前・尾張・遠江	200貫700文	
2	細川満元	摂津・丹波・讃岐・土佐	158貫文	365貫文600文
3	細川頼重	備中	51貫文	
4	細川満俊	淡路	51貫文	
5	細川満久	阿波	50貫文	
6	細川基之	和泉半国	55貫600文	
7	細川持有	和泉半国		
8	畠山満家	河内・紀伊・越中	158貫文	213貫文
9	畠山満慶	能登	55貫文	
10	京極持高	出雲・隠岐・飛騨	155貫文	
11	大内盛見	周防・長門・豊前	149貫文	
12	赤松義則	播磨・備前・美作	148貫860文	
13	一色義範	丹後・若狭・三河	146貫文	
14	山名時熙	但馬・備後	140貫文	240貫460文
15	山名熙高	因幡	50貫460文	
16	山名氏之	伯耆	50貫文	
17	土岐持益	美濃	92貫300文	
18	上杉房方	越後	58貫700文	
19	富樫満春	加賀半国	30貫文	60貫文
20	富樫満成	加賀半国	30貫文	

って拠出された（『即位調進物下行等』）。

大名が表立って朝廷の儀礼に助成するあり方は、彼らの文化事業に対する理解の深まりとともに、義持と大名が一体となり行う政治を示すものとされる〔早島：二〇一〇〕。こうした政治形態の変化は、斯波義将以下の大名に義持が擁立された受動的経緯も関係しようが、義持の主体性も加味して考えなければならない。このとき諸大名が献上した額の内訳をみると、表のように斯波義重が最多ながら、各氏の一族を加えると細川、山名、畠山、斯波の順位となり、加賀守護職を剝奪された斯波勢力の縮小が献上額の多寡に影響していた〔伊藤喜良：二〇〇八〕。この時点までに義持は反抗的な大名家に圧迫を加えて、必要経費の大部分を諸大名に進んで助成させる環境を整えていたのである。前述のごとき公家・寺院に対する積極的な政策は、大名統制により幕府内の主導権を握ったうえで展開されたわけであり、これらの連動性に留意しておく必要がある。

廷臣の頂点に定位

翌応永二二年（一四一五）天皇即位後に新穀を神々に供える大嘗会《だいじょうえ》で、廷臣に対する義持の姿勢はさらに威圧的となる。一一月九日、大嘗会のため仙洞御所に方違行幸する称光天皇にお供しようと、義持は弟義嗣を連れ内裏に早めに参上した。しかし、行幸に供奉する公卿らは、まだ集まっていないではないか。不快に思った義持は「遅参」の公卿を確認すべく、奉行を勤めていた蔵人頭の海住山清房に供奉人の名簿を持ってこさせたところ、義持の出勤を確認するチェックがされていなかった。これを見て怒った義持に清房はその場で厳しく叱責され、一七日に称光が大嘗会のため太政官庁に行幸したさいにも、御簾役のことで再び義持の逆鱗に触れ、謹慎蟄居のうえ所領没収という厳罰に処せられた（『称光院大嘗会御記』）。称光に付き添い簾をかかげる御簾役のトラブルとは詳細不明ながら、関白一条経嗣が当日不参だったこと、また裾役をめぐる既述の問題を勘案すると、義持は御簾役を関白に代わり勤めるつもりだったのに、蔵人頭である清房が断りもなく勝手に勤仕してしまった、といったところに原因があったのではないかと思われる。

大嘗会の節会で挿頭花《かざしのはな》を天皇の冠にさすのも本来関白の役割だが、一一月二二日の悠紀節会《ゆきのせちえ》では義持が内弁の徳大寺公俊《とくだいじきんとし》からこれを献じられ、早退した関白経嗣に代わり行った（『大嘗会仮名記』）。ところが翌日の主基《すき》節会で内弁を勤めた久我通宣《こがみちのぶ》は、こうした前日の次第を知らなかった。そこで関白経嗣に尋ねたところ、「先規では、内弁が関白に献じて関白がさすこともあれば、内弁が直接さすこともある。よきにはからえ」とだけ返答があった。経嗣が義持のことに一言も触れていないのは、前述した義持の関白代行に対する憤懣が見え隠れするが、不憫なのは経嗣の助言を真に受けた通宣である。義持から「挿頭花をさす手順だが、どうなっておるか」との問い合わせに、通宣は「先例どおり、内弁である私が直接さします」と回答し、義持を激怒させてしまう。へそを曲げた義持は、あわてふためく通宣から「昨日のとおりにしてください」と懇願されても拒否、朝廷に圧力をかけ通宣の右大将職を剝奪したうえに、所領の源氏町を没収し六条八幡宮に寄進してしまった。このほか洞院満季《とういんみつすえ》・正親町実秀《おおぎまちさねひで》・万里小路時房も、遅参のため謹慎処分とされた。厳罰を伝え聞いた貞成は、「諸人薄氷《はくひょう》を履《ふ》む時節か」と恐怖している（『称光院大嘗会御記』）。

義持がここまで関白の立場に固執したのは、足利家の曖昧模糊《あいまいもこ》とした家格を摂関家相当に定位すべく、口さがない廷臣らに対して徹底的に叩き込む必要があったからだろう。安定継承が困難な父義満の法皇待遇を返上したからといって、廷臣の頂点に屹立《きつりつ》する足利家の地位そのものを捨て去るつもりなど、義持には毛頭なかった。義持がみずからの地位の裏づけとなる指標として、既存の朝廷制度を換骨奪胎して選んだのが、関白の立場だったといえる。ちょうど同時期に、義持は生涯で一度だけ花押を改変した。これまで花押の形状は変わっても筆順は同じだったのだが、応永二二年一一月四日を初見として、最後にうつ点の位置が右の張りだしの下（一〇三頁花押）から上（一四九頁花押）へと変化するのである〔上島：二〇〇四〕。その理由は従来よくわかっていないが、如上のところからすると、大嘗会を機に義持は花押に手を加え、称光天皇の補佐役として思いを新たにしたのだろう。口絵四頁右の「騎驢人物図」に、「我が君主を堯・舜のような名君にしたい」という、義持の決意がこめられたことは前述したが、そこにすえられた花押は改変されたものである。その形状をみると改変後、一四九頁花押のように右の張りだし部分が伸びだす以前であることから、この絵画はまさに称光の大嘗会前後に描かれ、義持みずから当時の心境を語った貴重な作品と評価できる。

明けて応永二三年正月一〇日には、本物の関白である一条経嗣も、義持に譴責されるに至る。関白以下の公卿・門跡が三条坊門第に年頭参賀したところ、義持は裏松康子の北山第におもむき留守だったので引き返した。これを聞いた義持は理不尽にも、「自分の帰第を待たずに早退するとは何事か！」と立腹、驚愕した経嗣らが謝罪のうえ再び参賀しても、しばらく対面を許さなかった（『看聞日記』）。一連のデモンストレーションで、廷臣らは内気にみえた義持が、陽気な義満と違うタイプの畏怖すべき権力者だと思い知らされることになった。公家に対する義持の態度を象徴する逸話としてよく引用されるのが、義持の死後に満済が語った回想である。満済によると、公家と武家が列席する宴会での盃を、義満がまず公家に与えたのに対し、義持は最初に管領にとらせたという（『建内記』正長元年六月二〇日条）。従来これは武家を重視する義持の意識を示すとされてきたが、義満が縁側を通るさい伺候の大名に会釈するなど彼らを丁重に扱ったのに比べ、義持はそういったことを一切せず大名を軽んじたと、満済が同時に語っている点にも注意しなければならない。

つまり義持は管領を重んじつつも、公家・武家ともに義満よりも尊大にふるまったということになる。こうした違いがあらわれたのは、明徳・応永の両乱で危機に直面した義満が大名の怖さを知っていたのに対して、義持にはこうした経験がないことから、幕府権力の安定度が両者の態度に反映したとされる〔桜井：二〇〇一〕。このような政治的背景に加えて留意しておきたいのは、応永二一年ごろから武家・公家・僧侶を問わず一斉に強硬な姿勢で接しはじめた義持の主体性である。この時期に義持は賞罰を厳しくして、嗣立直後にみられた上意軽視の風潮を改めようとしていた。酒宴における盃のエピソードは、このころ明確になる信賞必罰・綱紀粛正の帰結として理解することができる。同年に製作された義持の寿像（口絵二頁）からは、このころの自信みなぎる余裕の表情がうかがえる。

北畠満雅の乱

こうした統制強化の集大成といえるのが、応永二二年（一四一五）伊勢で挙兵した北畠満雅《きたばたけみつまさ》への派兵である。南朝重臣だった北畠氏の決起は、旧南朝の皇胤をさしおき称光が即位したことに対する抗議と考えられてきたが、応永飛驒の乱と同じく、直接には所領問題に端を発していたと、近年の研究で指摘されている〔大薮：二〇〇七〕。

すなわち前年の応永二一年九月三日に義持は、久我通宣（失脚前）に伊勢国木造荘《こつくりのしょう》を、家領として一円安堵した。当時、木造荘は北畠氏の勢力下にあったことから、今度の安堵も徳政による寺社本所領還付政策と捉えることができる。これを受け北畠満雅は、一一月二七日に久我通宣に同荘を返還したが、そのさい権益を放棄する去状《さりじょう》に「上意黙止し難きによって、一円渡し進め候」と記しており、不本意ながら義持の上意に従わざるを得なかった様子がうかがえる（「久我家文書」一―一五九・一六一）。これ以前の応永一九年に、満雅の父北畠顕泰《あきやす》が上洛して斯波義重を訪問したのは、所領返還に関する事前交渉だった可能性がある（『山科家礼記』六月三日・一二日条）。顕泰は甥の木造俊泰《こづくりとしやす》が斯波義将の下京移住時に祝儀を献上するなど斯波氏と親しかったことから、このコネクションを頼って木造荘返還の優免を幕府に嘆願したのではなかろうか（『教言卿記』応永一六年一二月一九日条）。しかし、幕閣における斯波氏の発言力低下により、北畠氏の期待はあっけなく裏切られた。

その後も義持は北畠氏に対して、「所領二か所を小原《おはら》に渡せ」と干渉を繰り返した。小原氏は北畠一族ながら、義満の時期から幕府との関係を強め、のちに直臣グループの一つ外様衆《とざましゅう》に編成される幕府直属の国人であった（木下：二〇一一）。よって今回の介入は、義持が進めた直臣優遇政策の一環といえる。度重なる圧迫に北畠満雅は「無理難題です」と嘆願したが、義持の後援で小原氏は係争中の所領支配を強行した（『寺門事条々聞書』）。堪忍袋の緒が切れた満雅は、応永二二年二月ついに小原氏の居城を攻め落とし、二二日この知らせが京都に届けられた（『満済准后日記』）。一連の経緯から今回の乱の直接的原因は、義持による寺社本所領還付・直臣優遇政策の重圧に、満雅が耐え切れなくなったことにある。現実的な利害で幕府に接近を試みた北畠氏にとって、二〇年以上も昔の旧南朝への忠義のみが蜂起の決定的要因になったとは考えがたい。

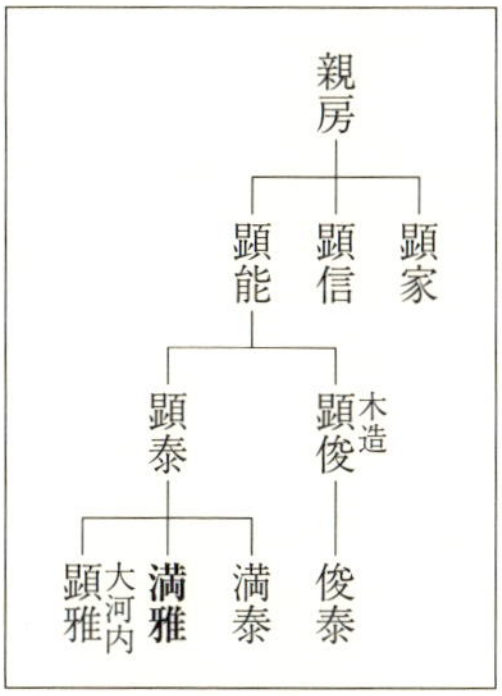

北畠氏略系図

満雅挙兵の報に接した義持は鎮圧のため、弱冠一六歳の一色義範を総大将に抜擢して将軍の牙旗《がき》・鎧・太刀を授け、京極高数と美濃守護土岐持益《もちます》の軍勢をそえ四月七日に出陣させた（『満済准后日記』）。ここからは子飼いの大名に期待する、義持の股肱重用を看取できる。一方このころ大和宇陀郡でも、国民の沢・秋山両氏が満雅にくみして蜂起したため、義持は興福寺の衆徒・国民に命じて四月より同郡に在陣させた〔『寺門事条々聞書』〕。さきの「篇目」七か条が、早くも効力を発揮したわけである。宇陀郡は伊賀名張郡を経由して北畠勢力下の伊勢一志《いちし》・多気《たき》・飯高《いいたか》の三郡に通じており、宇陀・名張両郡はかつて北畠氏が領有していた〔本郷：一九八七〕。沢氏が北畠氏の側に立って幕府に反抗したのは、こうした地理的・歴史的な経緯から両氏が以前から交流をもっていたからだろう。一色義範率いる幕府軍は四月二〇日ごろ伊勢中部の雲出《くもず》川を越え、五月一六日までに満雅方の阿坂《あざか》城を落とし、六月一九日には畠山満家の弟満慶《みつのり》が援軍として宇陀郡に下向した〔『満済准后日記』〕。

ところがこうしたさなか京都では、四月一九日に「御所巻《ごしょまき》」計画の噂が持ちあがった。「御所巻」とは序章で述べた康暦の政変のように、諸大名の軍勢が異議申立てのため室町殿の御所を包囲する示威行動を指し、その多くが有力者を失脚させる目的で決行されたことが指摘されている〔清水：二〇〇四〕。この雑説《ぞうせつ》については、同二七日に畠山満家と赤松義則が対面し関係の修復をはかり、五月九日に管領細川満元邸に諸大名が集会して「事実無根」と確認され、ようやく不安が払拭された〔『満済准后日記』〕。ことの詳細は不明ながら、畠山は義持の股肱で政権中枢の座にあり、同じく義持に近い一色・京極勢の離京を見はからったタイミングから、畠山の失脚をはかった赤松によるクーデタ計画の噂と考えると、先述の「御所巻」の性格によく合致する。第二章でふれた伊勢におよぶ赤松の勢力は北畠と共存しており、のちに義則の孫教康《のりやす》と満雅の弟顕雅《あきまさ》の娘が婚姻するほど両氏は親しい間柄にあった〔本郷：一九八七〕。

伊勢出陣直後に流れた「御所巻」の風聞は、対北畠の方針をめぐり諸大名間で意見の相違があり、幕府内の足並みが必ずしもそろっていなかったことを暗示する。しかも伊勢では京極高数が敵の反撃にあい五月二四日多気《たき》から退却、大和宇陀郡の畠山満慶も六月二四日ゲリラ戦で兵粮を奪われ、士気の低下した衆徒・国民が戦線を離脱するなか、旧南朝の楠木一族が蜂起して河内に乱入、鎮圧のため七月一九日に畠山満家の守護勢が発向する騒ぎとなる（『満済准后日記』、『寺門事条々聞書』）。楠木勢はわずか五日で討たれたものの、反幕勢力の連携が噂される不穏な状況となった。所領問題を発端とした満雅の乱は、ここにきて旧南朝の不平分子を糾合する恐れが出てきたのである。不測の事態を危惧した義持は、前線の諸将を八月一八日に帰洛させ、一〇月一四日には満雅を赦免した（『満済准后日記』）。また困窮のため吉野に籠居中の後亀山法皇にも、所領回復を約束して還京を促した。この事情について伏見宮貞成は、「世間で何かと風説があり、管領細川満元のはからいで和

北畠満雅の乱関係図

睦が成立した」と記録している（『看聞日記』応永二三年九月一六日条）。

追いつめられた北畠満雅が大義名分に後亀山を担ぐのを、慎重な細川満元は警戒したのだろう。義持は当初、後亀山の出奔を軽くみて五年も放置していたが、ようやくその危険性を察知することになった。もっとも、幕府軍は局地戦で敗北したものの、満雅方の諸城を次々と陥落させ、大勢有利であったことに変わりはない。その結果、満雅の赦免は無条件ではなく、賠償と引き換えになされた。多気郡・飯野《いいの》郡・度会《わたらい》郡は、これまで北畠氏の支配下にあったが、義持はこれを没収して伊勢神宮に返付した。北畠氏の支配地域は一志郡と飯高郡に限定され、北伊勢は土岐康行子息の守護世保《よやす》康政《やすまさ》が、南伊勢は幕府に直結する安濃《あのう》郡の長野氏・鈴鹿《すずか》郡の関氏や、員弁《いなべ》郡の中小領主連合である北方一揆が幕命を下達しだす（大薮：二〇〇七）。寺社本所領還付・直臣優遇政策にもとづき、軍事行動の目的は一応達成された。満雅の乱の因果関係は、義持の施策が複合的に顕在化したものといえる。

第四章　内外の憂患――三〇代前半

応永24年（1417）義持32歳の花押

1　上杉禅秀の乱

乱直前の京都

親政を軌道に乗せた義持の悩みの種は、ほかならぬ称光天皇の不行状だった。若き称光は病弱ながら武勇を好み、つね日ごろ太刀・刀・弓矢を賞翫《しょうがん》し、気に入らないことがあると逆上して、近臣や女官らを鉄製の金鞭で打ちすえる暴君だった。見かねた義持は、後小松上皇に父親としての監督責任を問い、また天皇自身にも広橋兼宣らを使者に遣わして諫言を試みたが、まったく聞き入れられなかった。手を焼いた義持は応永二三年（一四一六）六月一九日に、廷臣らに対して禁裏小番の強化を命じ、内裏諸門の警固にあたる武士も動員して、気性の激しい天皇を見守らせることにした（『看聞日記』）。禁裏小番とは、北朝復興の一環で義満の指示により永徳三年（一三八三）から開始され、五～一〇人ほどのグループに分かれた廷臣が交替で内裏に宿直する制度のことをいう〔小川剛生：二〇一二〕。内乱で荒廃した内裏門役も義満期に再建され、義持のころには家格ごとに配備される門が決められ、四足門《よつあしもん》＝管領（斯波・細川・畠山）、北門＝番衆（奉公衆）、唐門＝評定衆（摂津・二階堂・町野・波多野）、東門＝外様衆（武家近習）・御相伴衆（大名）の輪番によって、各宮門は守護されていた〔吉田：二〇〇八〕。

義持が称光天皇の身辺警固を厳命した直後の七月一日夜、正親町《おおぎまち》烏丸の辺りで火災が発生し、火の粉は土御門東洞院にある内裏にも降り注いだ。義持・義嗣兄弟があわてて駆けつけ、天皇を避難させようとしたが、称光は愛用の太刀を腰にはき金鞭を手に握りしめ、「他所に移るつもりなどない」と言い張り動こうとしない。説得をあきらめた義持は、諸大名に下知して手勢数百人を御殿にあげ、燃え移った箇所を太刀・刀で手あたりしだいに切り落とさせ、何とか内裏への延焼をくいとめた。その一方、火の手は一条東洞院の仙洞御所を呑み込み、後小松上皇は満済の法身院に難を逃れた。鎮火後の五日、義持は伝奏の広橋兼宣を介して、「新たな仙洞御所として、勧修寺経興《かじゅうじつねおき》の小川邸に移られてはいかがでしょう」と後小松に奏請した。これは後円融上皇の先例にならった提案だったのだが、老朽化の目立つ小川邸を後小松は気に入らず、「しばらく法身院にいる」とへそを曲げて応じない。しかたなく義持が「落ち着いたら汕洞御所を新造しますから、その間だけ小川邸にお入りください。祈禱を勤修《ごんしゅ》する法身院は魚食等にはばかりがあり、御在所に適しません」となだめると、後小松は「新造までのつなぎならば、小川邸で我慢しよう」と機嫌をなおした（『看聞日記』）。

右のやりとりから後小松は、義持に甘え頼りきっていたことが指摘されている〔石原：二〇〇七〕。

後小松・称光父子は聖帝の堯・舜とはほど遠い、わがまま勝手な上皇と天皇だった。そんな彼らの補佐役に徹して、「聖代」を夢みる義持の前途は多難であった。倹約家の義持にとって諸国の負担は抑えたいところだが、後小松の機嫌をとるため諸大名に造営段銭の賦課を命じる一方、在地での徴収遅延を予想して守護出銭を課し、兼帯する守護職一国につき手持銭一〇〇貫文を供出させた。管領細川満元が門・築地の建造を、侍所一色義範が地引《じびき》を担当することになり、七月一三日には側近富樫満成が作所《さくしょ》奉行《ぶぎょう》として事始《ことはじめ》を行った（『看聞日記』）。年内の竣工をめざして仙洞御所の造営が進められるさなか、彼らの足元をすくうことになったのが、この直後に勃発した東国を揺るがす大乱であった。

不穏な関東情勢

乱に至る東国の政情を、まず確認しておく。応永一六年（一四〇九）七月二二日、三代鎌倉公方の満兼が三二歳の若さで急死し、まだ一二歳の嫡子幸王丸《こうおうまる》が跡を継いだ。これは京都で義持が嗣立された翌年にあたり、東西ほぼ同時期の代替わりとなった。満兼は生前の応永六年に、弟満貞《みつさだ》・満直《みつなお》を南奥州の稲村《いなむら》と篠川《ささがわ》に派遣した。陸奥・出羽を統治すべき奥州管領は観応の擾乱後に分裂状態となり、明徳二年（一三九一）幕府はこの両国を鎌倉府に移管していたのである。弟たちを奥羽支配の要に起用した満兼は、もう一人の弟満隆《みつたか》を鎌倉にとどめ補佐役とし、連枝を政治に関与させなかった京都の将軍家と対照的な政務運営を行った。幸王丸が家督を継承した当時、鎌倉府には有力な叔父が三人いたわけだが、なかでも鎌倉にいる満隆は幼い公方の後見役として存在感を示した。

ところが翌応永一七年になり「満隆謀叛」の風説が鎌倉中に流れ、警戒した幸王丸は八月一五日に

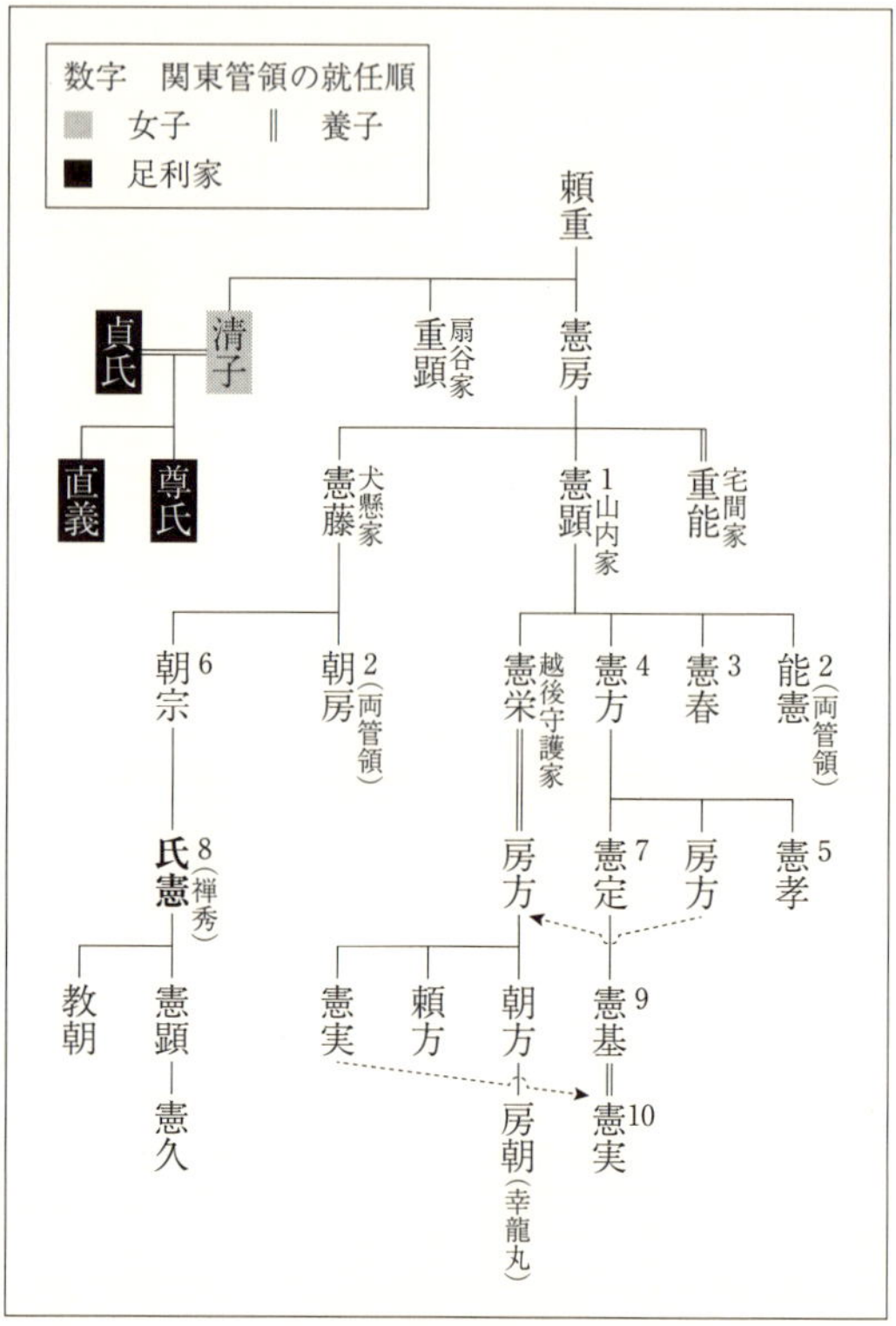

上杉氏略系図

関東管領だった山内《やまうち》家の上杉憲定《うえすぎのりさだ》邸に移り、満隆に陳謝され九月三日ようやく鎌倉御所に戻った。一見すると満隆が折れたようだが、事件後に関東管領職が憲定のライバル犬懸《いぬかけ》家の上杉氏憲《うえすぎうじのり》（法名禅《ぜん》秀《しゅう》）に更迭され、満隆も幸王丸の弟乙若丸《おとわかまる》を養子に迎え立場を強化している。『鎌倉大草紙』によると、のちに氏憲が謀叛を満隆に勧めたさい、「応永一七年秋に憲定の讒言《ざんげん》にあい、窮地に立たされた恨《うら》みをお忘れか」と語っており、今回の騒動でも両者は共闘していたらしい。このことから、実は憲定が「満隆謀叛」の噂を流した張本人であり、幸王丸を擁して政敵の追い落としをはかったところ、逆に満隆と氏憲の反撃にあい失脚させられたのが、事件の真相と考えられている〔江田：二〇〇五〕。関東管領職を罷免された憲定は、失意のなか二年後に三八歳で逝去した。

満隆が氏憲と結び反対派を逼塞《ひっそく》させ政権を掌握するなか、幸王丸は応永一七年一二月二三日に元服して、義持の偏諱《へんき》を授かり「持氏《もちうじ》」と名乗る。このとき一三歳で政務を満隆・氏憲にゆだねていた持氏も、成長するにつれ自分の意志で親政を行いたいと望むようになるのに、それほど時間はかからなかった。これから五年たった応永二二年四月二五日の評定において持氏は、不出仕を口実に常陸の越《お》幡《はた》六郎の所領を没収した。この厳罰に越幡を家人としていた氏憲が抗議したところ、逆上した持氏は五月二日に関東管領職を憲定の遺児憲基《のりもと》へと更迭してしまった（『鎌倉大日記』、『禅秀記』）。氏憲は叛意を秘めて屋敷に引きこもり、翌応永二三年一〇月二日に満隆を大将軍に擁して挙兵、持氏の御所を急襲する行動にでた。持氏の弟乙若丸――元服して持仲《もちなか》も、満隆と行動をともにした。世にいう、「上杉禅秀の乱」の始まりである。不意を突かれた持氏は憲基邸に逃れたが、氏憲軍に押されまくり化粧坂《けわいざか》・六本松・由比ガ浜で敗走を重ね、防戦かなわず憲基に守られ鎌倉を落ちのびた。

憲基は守護国の伊豆に退却したが敵の追撃を阻止できず、持氏を駿河方面に脱出させたのち自身も越後へと逃れた。機先を制した氏憲と満隆・持仲は、電光石火のごとく鎌倉を制圧することに成功した。これまで持氏には鎌倉府奉公衆・奉行人といった直臣層が、氏憲には東国大名・国人などの豪族層がくみしたとされてきたが、両陣営に特定の階層性は見いだせないことが近年指摘されている。公方連枝では稲村の足利満貞が持氏を支持したものの、篠川の足利満直は旗幟《きし》を鮮明にせず、木戸・明石・皆吉のような鎌倉府の奉公衆や奉行人でも、氏憲のクーデタ政権を支持する者もいた。東国大名・国人も一枚岩ではなく、内部分裂する勢力が少なくなかった。これ以前に、常陸佐竹氏では上杉憲基の弟義憲《よしのり》が惣領家を継いだことに一族の山《やま》入与義《いりともよし》らが反発し、下野那須《なす》氏でも氏憲の女婿《じょせい》である資《すけ》之《ゆき》が惣領家と対立していた。また氏憲の子教朝《のりとも》を養子とする常陸の大掾満幹《だいじょうみつもと》は一族の真壁《まかべ》・鹿島《かしま》氏と反目し、下野長沼氏でも惣領義秀《よしひで》に敵対する混布嶋《こぶしま》氏が氏憲の被官となっていた〔植田：二〇一〇〕。

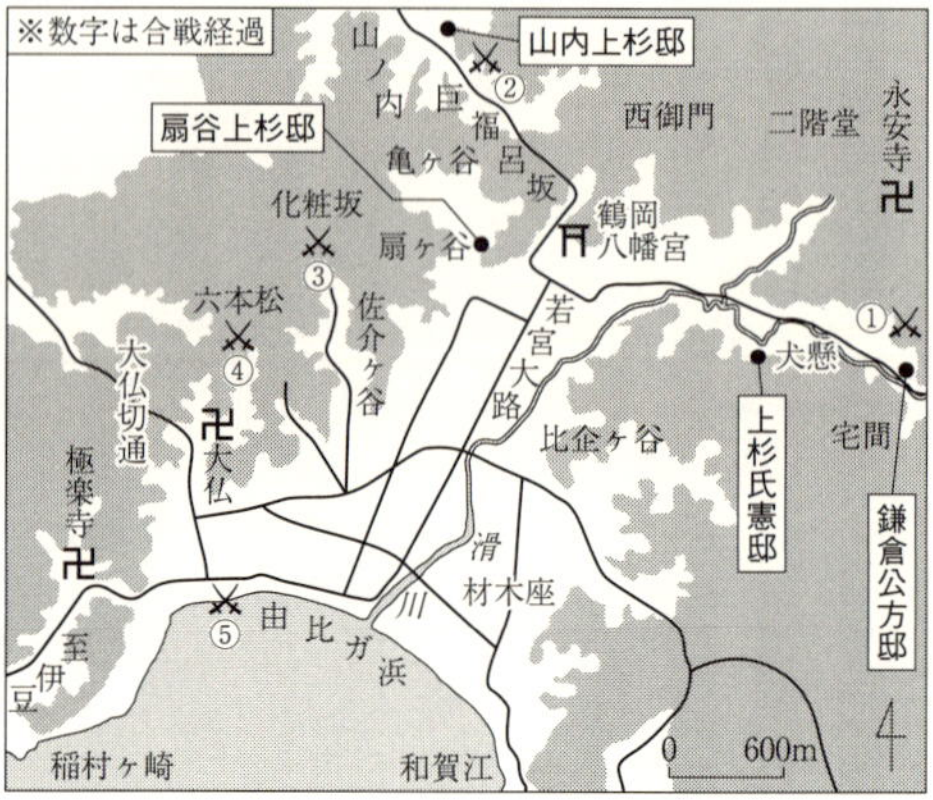

鎌倉要図（〔今谷：1992〕に加筆）

鎌倉府の東国支配が進展していく過程で、鎌倉公方や関東管領上杉一族と、公方連枝・鎌倉府直臣、また東国大名・国人らとの関係が個々に張りめぐらされ、競合する事態となっていた。こうした構造的な問題が乱をきっかけに顕在化したことで、鎌倉府中枢の権力闘争と地域の対立とが連動し、持氏方と氏憲方に東国社会を二分する武力抗争へと突入したのである。

室町幕府の対応

関東との国境にあたる駿河の守護今川範政《いまがわのりまさ》よりの早馬は、応永二三年（一四一六）一〇月一三日に京着した。因幡堂《いなばどう》（平等寺《びょうどうじ》）に参籠していた義持は諸大名を召して評定を開き、持氏を幕府の管轄領域である駿河に避難させるよう範政に命じるとともに、偵察のため相国寺の禅僧を使節として関東に派遣することにして、一五日ここを出て北野経所に向かった。予定どおり参籠を続けているところをみると、情報収集後に対策を練るつもりだったらしい。ところが同日に今川範政から、持氏と憲基が一週間前の伊豆三島合戦で敗死したとの続報が届き、北野経所に駆けつけた細川満元と斯波義重から報告を受けた義持は、事態の急変に驚愕《きょうがく》して三条坊門第に帰還した（『看聞日記』、『満済准后日記』）。これは誤報であったが、義持は東国の騒擾が予想よりも速く深刻化していることを知った。

従来の研究では室町幕府と鎌倉府との関係を対立的に捉える傾向が強く、禅秀の乱勃発後における対応の緩慢《かんまん》さから、持氏を支援することに義持は消極的だったとされる。歴代の鎌倉公方が京都に野心を抱く油断ならない相手であったのは事実だが、鎌倉府に代わる東国支配のビジョンを幕府はもちえておらず、東国政策の基軸にこれをすえる方針に変わりはなかった。敗走する持氏の保護が最優先されたように、持氏を支持する義持の姿勢は当初から一貫していた。義持は烏帽子子である持氏を格別に援助しており、持氏敗死の知らせを聞いて鬱憤《うっぷん》この上ない様子だったという（『看聞日記』）。この点に着目して最近では、室町幕府と鎌倉府の対立面のみを強調するのではなく、協調面もあわせて考察する研究があらわれている〔亀ケ谷：二〇一五〕。

大義名分を重んじる宋学思想を信奉する義持にとって、下剋上など言語道断のふるまいであった。氏憲挙兵の一報に接した義持の行動が悠長にみえるのは、使節派遣の指示でもわかるように、情報収集に努めて状況を見極めるつもりでいたからである。奥州・関東・九州など中央の統制が強く及ばない遠国では、問題が生じた場合むやみに介入せず、現地からの確実な情報にもとづき決定するのが、遠国政策における室町幕府の原則であった。地域紛争に幕府軍を派兵することで「天下御大事」に発展しないか懸念されたように、安易な武力介入は紛争の泥沼化を招いて幕府の権威を失墜させる恐れがあった。「遠国の状況について、少しばかり室町殿のご意向と違っても無理に介入しない方針は、今に限ったことではありません。初代尊氏様以来、代々このようであったと承っております」と、のちに畠山満家は述懐している（『満済准后日記』永享四年三月一六日条）。

このように室町殿は地方の情報を入手したうえで、軍議を淵源とする大名衆議に諮問し、幕府の軍事方針を決定した。複数の大名に軍役負担を強いる可能性がある重大事には、円滑に軍事行動を遂行するため、彼らの意見をくみ入れる必要があったのである。だが大名は自身の利権に関わらなければ、軍役負担に消極的な場合が多かった。満家の右の言葉は、中央の干渉を嫌い地方の自立を利益とする、諸大名の意識から出たものとされることもあるが、案件によっては派兵に積極的な意見が大名から出されることもあり、「地方の自立」といった連帯意識よりも、むしろ各大名家の利害関係にもとづきながら出兵の是非が話し合われた〔吉田：二〇〇二〕。今回の場合でも、一〇月二三日に義持は九州探題の渋川義俊に軍事動員の用意を命じたが、「京都発向においては未定」としている（「阿蘇文書」二

―一四八頁）。同二九日、駿河に亡命した持氏からの援軍要請が京都に届き、諸大名は関東出兵について協議したものの、その場の全員が口を閉ざして意見を述べようとしなかった。こうした姿勢も幕府が持氏支援に積極的ではなかった根拠とされることもあるが、既述のとおり氏憲挙兵の第一報が届いた時点で、諸大名も持氏亡命の受け入れを衆議一決しており、彼を保護する方針に異存はなかった。ただし、みずからの利権に直結しない東国に軍勢を派遣するとなると話は別で、できるだけ遠征の負担を避けたいというのが本音だった。

重苦しい沈黙を破ったのは、義持の叔父足利満詮《みつあきら》であった。満詮は、義持の烏帽子子である持氏を見捨てるという道義的問題と、鎌倉を制圧した反乱軍が次は京都に刃を向ける危険性を説き、東国の戦乱が在京大名にとっても「対岸の火事」ではないと訴えたのである。これに義持と諸大名は同意し、持氏と憲基がそれぞれ身を寄せる、駿河守護今川範政と越後守護上杉房方《うえすぎふさかた》に出兵が命じられた（『看聞日記』）。当年五三歳の満詮は愛室を兄義満に奪われた過去をもつが、感情をあらわさず忍従した。さらに子息らを僧籍に入れ自分の跡を継がさず、大半を義持の身体護持を担う武家護持僧とするなど、足利家嫡流のために尽くしていた〔森茂暁：二〇一二〕。その温厚な人柄は彼が死去したさい、「諸人これを惜しむこと父のごとし」といった記録からも偲《しの》ばれる（『薩戒記』応永

足利満詮像（京都・養徳院蔵）

二五年五月一四日条）。

これまで政治に関与してこなかった満詮が、ここぞとばかりに沈滞した軍議の流れを一変させたのは、事前に義持から大名衆議での発言を根回しされていたからだと想定されている〔亀ヶ谷：二〇一五〕。義持は事件当初の態度から、援軍派兵に前向きだったと思われるが、諸大名から自発的な合意を引き出すには、積極的な発言は控えねばならない。援軍派兵という、みずからの意向を代弁してもらい、衆議を誘導して諸大名の重い腰をあげさせるため、義持は異例にも今回の大名衆議に人望の厚い叔父を参加させた可能性が高い。

京都政界の激震

幕府が関東出兵を決定した翌朝、足利義嗣が姿をくらました。突然のことで仰天した義持がゆくえを捜索させたところ、洛北栂尾《とがのお》の辺りで髻《もとどり》を切りざんばら髪姿の義嗣と山科教高・同嗣教らの主従を発見した。一一月二日になって義持が帰宅を促しても、義嗣は自身の待遇に不満を述べ拒絶した。東国における反乱との共謀が世間で噂されるなか、五日に義持は仁和寺興徳庵に義嗣の身柄を移して侍所所司の一色義範に警固させる一方、山科教高・日野持光《ひのもちみつ》入道・遁世者語阿《ごあ》らを富樫満成に糾問させ、九日には義嗣を監視しやすい等持寺北隣の林光院に移送した。日野持光は裏松康子の弟で、義嗣と同じく彼女の猶子となっており、康子を介して義嗣に近侍していたものと考えられる。彼はこれ以前に義持の意に背き、出家に追い込まれる苦汁を味わっていた（『尊卑分脈』、四五頁系図参照）。

義嗣の処置をめぐり、同日に催された大名衆議の意見は割れた。管領細川満元は「陰謀の与同者に大名四〜五人の名前があがったならば、幕府を揺るがす事態となるので糾問の徹底は無益である」と述べ、畠山満家は「義嗣殿の野心は明白なのだから、今すぐ林光院に参り御腹を切らせよう」と主張した。これに満元は「軽率だ」と反論し、諸大名の意見はまとまらなかった。敗残の持氏から援軍を急派してほしいと矢の催促が届くなか、二五日には反逆の企てが露顕したとして、山科教高・日野持光らが富樫満成の守護国加賀に配流され、同じく満成に糾問されていた語阿が斯波義重・細川満元・赤松義則の関与を自白した（『看聞日記』）。難しい舵取りを迫られた義持は、在京大名の嫌疑《けんぎ》を棚上げにして、関東の反乱鎮圧を優先する政治判断を下した。一二月一五日、法身院において満済と細川満元・富樫満成の会談がもたれ、疑惑の釈明と糾問の休止が合意されたと考えられる（『満済准后日記』）。前日に義持が「身に弓あり」と書く字は不吉だと、称光天皇に勧めて実名を「躬仁」から「実仁」に改めさせたのも、乱をめぐる不穏な状況を気にしてのことだろう（『看聞日記』）。

この間の一二月一一日に義持は、持氏の要請に応じ牙旗《がき》（武家御旗《ぶけみはた》）を下賜した。将軍の旗である牙旗の政治的意義は天皇の錦御旗《にしきのみはた》に匹敵した。これを掲げることで、持氏方こそが幕府の支持を受けた官軍と明示され、賊軍の烙印を押された氏憲方の結束は乱れた（杉山：二〇〇六）。牙旗を届けられた持氏は大喜びで、使者となった幕府奉公衆の長澤に重代の太刀と、下野足利荘内に一〇〇〇貫文の所領を贈った（『看聞日記』応永二四年正月三日条）。持氏は幕府の軍事支援に頼りきっており、義持は不安定な鎌倉公方の指揮を代行する必要があった。一一月三日に下野《しもつけ》の宇都宮持綱《うつのみやもちつな》に持氏の支援を命じる御内書《ごないしょ》を出していた義持は、一二月一五日これに応じる持綱の返書を満済から披露され、一七日さらに持綱と下総《しもうさ》の結城基光《ゆうきもとみつ》にあてた管領奉書の送達を細川満元に指示、一九日にも関東諸氏への奉書発給について満元と検討するよう満済に命じた（『満済准后日記』）。二五日には駿河の今川範政が東国に廻状《かいじょう》を出し、幕府への帰順を呼びかけた（「結城古文書写」）。孤立無援の持氏にテコ入れするため、東国に対する幕府の工作が積極化したといえる。

これまで静観していた東国大名・国人は義持の命令に従い、反乱軍のなかにも満隆と氏憲を見限り幕府方に転じる者があらわれた。のちに彼らの多くが、幕府に直結する「京都御扶持衆」と呼ばれるグループを形成することになる。「京都御扶持衆」は鎌倉府の一元的な東国支配を牽制する側面で理解されがちだが、麻痺状態にある鎌倉公方の軍事指揮に代わり、幕府が東国勢力に直命を下して切り崩しを行わざるを得なかったことが、両者が直結するそもそもの要因だった点に注意しておく必要がある。援軍の派遣を決定したものの、義嗣事件の影響で在京大名の主力軍を積極的に動かせなかったことも、兵力不足を補うため東国勢に対する内応工作が活発に行われた一因だろう。一二月下旬になり既述の牙旗が届けられ、出陣準備を整えた駿河の今川勢は持氏とともに二三日東進を開始、これに呼応した越後の上杉勢も亡命していた上杉憲基をともない南下し、鎌倉めざして武蔵に入った。

明けて応永二四年、藤沢・飯田原・瀬谷原《せやはら》における正月五日までの緒戦で、上杉氏憲と足利満隆・持仲は京方の軍勢を押し返す底力をみせたものの、九日に再び瀬谷原で幕府軍と激突した合戦で寝返りが相次いで総崩れとなり、翌日鎌倉の雪下《ゆきのした》で自害した。関東からの勝報は正月一六日の夕刻に京都にもたらされ、二〇日には諸大名や廷臣が三条坊門第に参賀して東国の乱平定を祝した（『満済准后

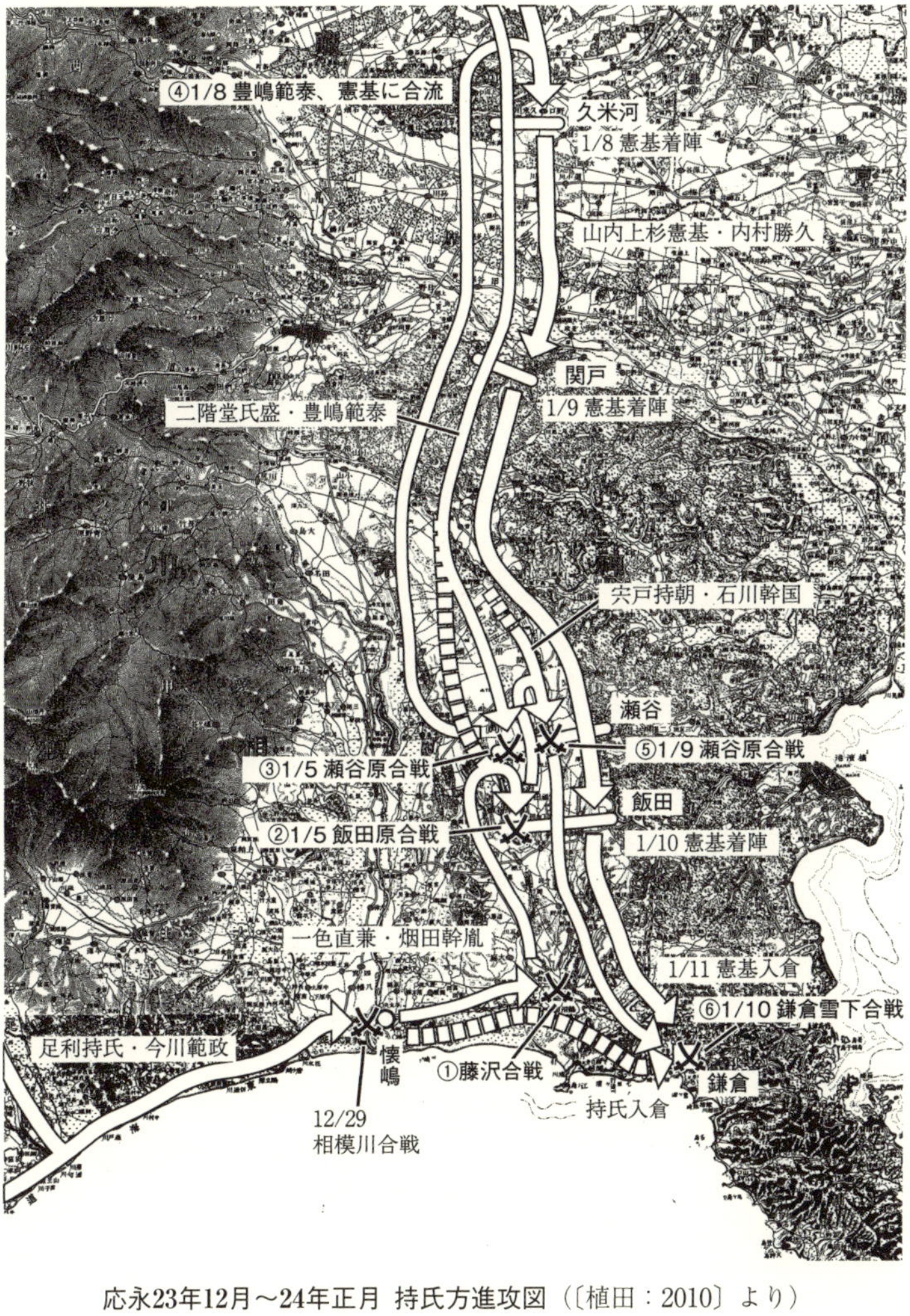

応永23年12月～24年正月　持氏方進攻図（〔植田：2010〕より）

日記』)。だが乱の過程で次々に露呈した、京都・鎌倉にわたる東西の矛盾は、根本的に解決されないまま、戦後に引きずることになった。

2　京都・鎌倉の騒擾

複雑な戦後処理

乱後の応永二四年(一四一七)正月一一日、義持は細川満元・畠山満家と真言院におもむき、二二日から二六日にかけて山名時熙《ときひろ》・細川満元・京極高数の各邸をわたり、二月一七日には一色義範邸に出向いた。斯波義重邸にも、乱中の前年一二月一二日に訪れている(『満済准后日記』)。こうした室町殿の御成《おなり》は義持の時期に多くなり、その場で行われる諸大名の陪膳《ばいぜん》・贈与を通じ、礼的秩序が確認され主従の親睦がはかられた。斯波義重と細川満元には、陰謀に加担した嫌疑がかけられていたが、義持は政情を安定させるため、容疑の徹底糺明よりも緊張の緩和に努めたのである。この年八月に義持が再び石清水放生会の上卿を勤仕したのも、乱後の政情不安を鎮めるための攘災《じょうさい》祈願と推測されている〔二木：一九七二〕。

これとは対照に、衝動的な行動へと突き進んだのが、鎌倉公方の持氏だった。正月一七日に鎌倉帰還を果たした持氏は、屈辱を晴らすため氏憲与同者を許さず、二月六日に甲斐の武田信満《たけだのぶみつ》を討ち、三月一日から上野の岩松満純《いわまつみつずみ》を指名手配、四月二四日に佐竹庶子の常陸稲木《いなぎ》城を陥落させ、五月二七日に下野西御荘《にしみのしょう》で氏憲家人の秋山十郎らを捕らえ、閏五月一三日には岩松満純を鎌倉龍口《たつのくち》で斬るといった調子で、執拗に掃討作戦を続行した。幕府と鎌倉府を対立的に捉える通説では、持氏の専権強化を警戒した義持は、氏憲残党ら東国の反持氏派を、既述の「京都御扶持衆」に組織して後援したとされる。持氏が「京都御扶持衆」を攻撃し続けた結果、のちに幕府と鎌倉府の関係が悪化するのは確かだが、ことの濫觴は氏憲方に対する幕府の内応工作である以上、両者の決裂を前提視する見方には検討の余地があるといった指摘が近年なされている〔亀ヶ谷：二〇一五〕。

三月五日に持氏は関東使節を上洛させ、義持・諸大名に馬五〇匹・唐櫃《からびつ》五〇合・料足一万貫という多額の品々を贈って深謝しており、氏憲残党の掃討で幕府との関係がこじれるなど夢にも思っていなかった。義持も二二日に趣味の一つ田楽《でんがく》見物の桟敷《さじき》に関東使節を招いて歓待し、二七日には岩松満純の討伐を命じて持氏と歩調を合わせ、鎌倉府とかつてないほどの蜜月関係を築こうとしていた（『看聞日記』、『満済准后日記』、「結城家文書」）。ただ義持としては、抵抗し続ける岩松のごとき主戦派を討つのに異存はないものの、氏憲方の諸氏に帰順を促して乱に勝利した手前、彼らの待遇にも配慮しなければならなかった。こうした義持の意向を鎌倉府で代弁したのが、関東管領の上杉憲基だった。佐竹庶子の稲木城が陥落した直後の四月二八日、憲基は管領職を辞して伊豆の三島に下向したが、その理由を『鎌倉管領九代記』は「自分の考えをゴリ押しする持氏を、憲基は諫《いさ》めたが聞き入れられなかった」からだと伝える。掃討戦が本格化する三月三日に、憲基は鎌倉の円覚寺正続院《しょうぞくいん》に常陸信太荘《しだのしょう》久野郷を寄進して、敵・味方の区別なく禅秀の乱における戦没者供養を行っており、持氏と異なり融和的な戦後処理を模索していた（「円覚寺文書」）。

京都・鎌倉の政情（禅秀の乱平定前後）

年	持氏の動向（鎌倉）	義持の動向（京都）	
応永23	10. 2上杉氏憲が挙兵（禅秀の乱勃発）	10. 29足利持氏に援軍派遣決定，10. 30足利義嗣が逐電	
		11. 25斯波義重・細川満元・赤松義則に義嗣共謀の嫌疑	
		12. 12斯波邸御成，12. 17関東諸将に持氏合力を命令	
応永24	正. 10上杉氏憲ら自害（禅秀の乱平定）	正. 22山名邸御成，正. 23細川邸御成	
	2. 6武田信満を討つ，この月に凶徒追討を祈願	2. 9鎌倉府に使節を派遣	
	3. 1岩松一族を攻撃	3. 22鎌倉府使節を田楽に招く，3. 27岩松満純の追討令	
	4. 24佐竹の稲木城を攻撃，**4. 28上杉憲基が関東管領を辞す**		
	5. 27下野国西御荘で上杉氏憲の与党を捕縛	5. 28宇都宮持綱を上総守護に推挙	緊張融和期間
	閏5. 13岩松満純を斬る	閏5. 25上杉憲基に上野・伊豆の闕所分を安堵	
	6. 30上杉憲基を関東管領に還補	6. 14関東使節を祇園会に招く	
		7. 4上杉憲基に上野・伊豆の闕所分を再安堵	
	8. 22上杉憲基の申請により被官人の知行分安堵		追討中断期間
		9. 14上杉憲基に上野における京極高光領の保護要請	
	（10月）		
	（11月）		
		12. 1足利義量の元服式，12. 13義量の参内・院参・読書始	
応永25	**正. 4上杉憲基が逝去**	**正. 24足利義嗣を殺害，この月から細川満元が伺事サボタージュ**	
	2. 15このころ甲斐で地下一揆が蜂起	2. 13山科教高と日野持光を誅殺	
		3. ―この月に赤松義則が播磨下向の暇を乞い不興	
	4. 26上総本一揆を攻撃，4. 28～29新田・岩松残党を攻撃		
	5. 10桃井宣義・小栗満重を攻撃，5. 28上総本一揆攻撃に増援	5. 14足利満詮が逝去	
	6. 20小栗満重を攻め降伏させる	**6. 6畠山満慶・山名時熙・世保康政に義嗣共謀の嫌疑**	
	7. 29混布嶋下総入道を攻撃		
		8. 18斯波義重が逝去	
	9. 9恩田美作守らを攻撃，このころ宇都宮持綱を上総守護に補任		
	10. 29混布嶋下総入道の成敗を重ねて指示	10. 28武田信元の甲斐入国を支援	
		11. 24富樫満成が失脚，細川満元が訴訟受理を再開	

註：出典は『大日本史料』7編24～31冊による。

すでに述べた康暦の政変や応永の乱における、上杉憲春・憲定の行動でもわかるように、関東管領上杉氏は幕府と協調して東国の安泰をはかり、鎌倉公方を補佐しつつ、その暴走をとどめる役割を果たしていた。持氏も命の恩人である憲基の諫止は無視できず、詫びを入れ六月三〇日に関東管領職に還補した〔『鎌倉大日記』、『禅秀記』〕。従来あまり注目されていないが、六月から旧氏憲与党の掃討がピタリとやむのは、憲基の意見を持氏が聞き入れた結果とみられる〔表参照〕。この間の六月と八月に義持は、上杉氏憲と武田信満の没落で欠員となった上総と甲斐の守護に、いち早く幕府に通じた宇都宮持綱と庇護下にある故信満の弟武田信元《たけだのぶもと》を鎌倉府に推挙し、持氏は渋りながらも交渉に応じた。南北朝期以来これらの国々は鎌倉府の委任統治下におかれていたが、甲斐は幕府管轄の信濃・駿河に接する位置に、上総には足利家ゆかりの所領が多数あり、両国の安定を義持は重視していた〔山家：一九八九、杉山：二〇〇一〕。

しかし協調路線の上杉憲基は乱以来の心労が原因か、応永二五年正月四日に二七歳で急死してしまう。憲基には実子がなく、越後上杉房方の三男で九歳の憲実《のりざね》が養子に迎えられ、翌年八月ごろ関東管領に任じられた〔田辺：一九九九〕。聡明ながら少年に頑固な主君を抑えられるはずもなく、融和政策は憲基が死んでわずか一か月で破綻、甲斐では応永二五年二月に地下一揆が蜂起し、新守護の武田信元を攻める事態となる。持氏は四月二八日に岩松の残党狩りを再開、五月一〇日桃井宣義《もものいのぶよし》・小栗満重《おぐりみつしげ》が立てこもる常陸小栗城の攻撃を命じ、同二六日には氏憲に従った上総本一揆の討伐令を下して、寛容な戦後処理に努める妥協案を一蹴した。常陸守護に山入与義を推挙していた義持は、一〇月一二日この提案が鎌倉府に拒絶されたとの報告を受け、掃討戦に明け暮れる持氏に対して不信感を募らせていった。

義嗣殺害の背景

鎌倉で憲基が没した直後の応永二五年（一四一八）正月二四日、京都でも足利義嗣が二五歳で死去した。義嗣が幽閉先の林光院に火を放ち脱走を試みたのでやむなく討った、というのが幕府の出した公式見解であったが、実は義持の密命を受けた富樫満成に殺害されたのが真相だった。満成の軍勢は義嗣の押小路旧邸にも押し寄せ、その妻および六歳と二歳になる男子らを拘束して、政所執事の伊勢貞経に引き渡した。この四日前に、旗のようになびく雲が空にあらわれ、これを占った陰陽師の安倍晴了から「上意に背く者を粛清せねば兵乱がおこる凶兆」と聞き、義持は義嗣の処分を決断したという。さらに二月一三日に日野持光が、同三〇日には山科教高が、流罪先である富樫分国の加賀で誅された（『看聞日記』正月二五日、三月一二日条）。不可解なのは陰謀の露顕から一年以上も義嗣の処断が留保され、反逆罪で堂々と誅殺する形式がとられなかった点である。

正月二八日に義嗣の子息を殺すべきか評定が開かれたさい、義持は死罪を免じて出家させる寛大な措置をとった（『看聞日記』）。このとき救われた義嗣の子の一人は、修山清謹の法名を授かって五山禅林で活躍の場を与えられ、のちに相国寺の住持にまで出世することになる（『建内記』嘉吉元年六月二六日、『蔭凉軒日録』長禄三年一二月一四日条）。また八月二二日には、義嗣の追善を念入りに供養せよと満済に命じ、実際に翌年の祥月命日《しょうつきめいにち》には仏事が行われた（『満済准后日記』）。さらに仁和寺宝勝院に入った義嗣の妻が病に伏せると、回復を願う祈禱を内々に指示する気づかいをみせている（『兼宣公記』

応永三一年七月二四日条)。こうした義持の態度は、宋学思想にのっとった君子のポーズともいえるが、迷いながら弟を手にかけてしまったことからくる罪悪感も色濃くうかがえる。今回の謀議について義持は、義嗣本人よりも周囲が主導したと考えていた節がある。ゆるい軟禁状態にあった義嗣が牢座敷に投獄されたのは、延暦寺と興福寺を陰謀に誘う回文《かいぶん》が証拠として園城寺から幕府に提出されたためだが、これを執筆したのは既述の日野持光であった（『看聞日記』応永二三年一一月一六日、応永二五年三月一二日条)。

真偽は定かでないが『鎌倉大草紙』には、北畠満雅の乱にさいしても近習が義嗣に謀叛を勧めたとあり、側近が陰謀を画策したように記されているのが示唆的である。前述のとおり持光は裏松康子の弟で猶子となっていた人物だが、注目すべきは陰謀発覚をきっかけに義持と康子の関係が決裂した点である。応永二四年正月の康子に対する義持の参賀延期は、彼女の兄弟である慈松《じしょう》の問題行動で、前年冬から義持と康子が不和になったことによる（『兼宣公記』同一〇日条)。慈松の来歴は明らかでないが、康子の兄弟で当時出家していたのは持光しか見あたらず、かつ不和になる前年冬が回文の露顕時期と重なることから、持光の法名だった可能性が高い。義持は陰謀の背後に、義嗣の庇護者である康子の意向が働いていると疑ったようだ。この時点まで義持は、外遊や参賀などで康子に敬意をはらっており、通説のような冷遇は確認できない（八一頁・一四三頁)。康子が応永二六年一一月一一日に五一歳で死去すると略式の葬儀しか行われず、後小松の国母に准ずる天下触穢《てんかしょくえ》や諒闇《りょうあん》もなく、住まいの北山第までも破却される酷薄《こくはく》な措置は、義嗣事件に端を発すると考える。

義嗣抹殺直前の応永二四年一二月一日、義持が子義量の元服を、「故北山殿（義満）佳例」にならい一一歳で行った点も注意したい（『看聞日記』）。義持みずから加冠役にあたり、家司の万里小路時房に理髪役を勤仕させたこの元服式を契機に、義量は後継者として内外に明確にされ、この前後から「御方御所《おかたごしょ》」と尊称されるようになる（青山：一九八八）。逆に言えば義量の嗣子としての立場は、これまで未確立だった。応永二一年に叔父義嗣は正二位権大納言まで昇進し、従一位内大臣の義持に次ぐ官位にあった。義嗣の厚遇は政界で周知されており、義満の死で「若宮」の呼称は撤回されたものの、その後も継嗣を想起させる「新御所」の呼称が用いられていた（『満済准后日記』正月二八日条など）。こうしたなか義量は、翌年九歳のとき義持と同年齢で元服する機会を逃し、応永二四年一二月一日数年《かぞえどし》ぎりぎり一一歳で義満の例に何とか間に合わせて元服をとげ、正五位下・右近衛中将・禁色《きんじき》の宣下を受けた（『足利家官位記』）。一二日には父に連れまわされ、あわただしく参内始・初院参・読書始をすませ、公武社会にお披露目された。義量が「御方御所」と呼ばれるのは、まさにこの日からのことである（『満済准后日記』）。

政権内部の暗闘

余裕のない不自然な日程は、義嗣の存在が義量に対する後継指名の重石《おもし》になっていたとすると理解しやすい。この件に関する義持の考え方は、「実子がいても後継者に指名するつもりなどない」という、臨終にさいして発した遺言が参考になる（『満済准后日記』応永三五年正月一七日条）。どこまで本心か怪しいが、宋学の徳治思想に心酔する義持が、聖人君子を気取って兄弟の友愛をアピールするあまり、何かの拍子に中国故事の美談をまねて、義嗣に治世を譲る「禅譲《ぜんじょう》」を口走らないか。義量の元服が延期されるなか、生母である裏松栄子の周辺は、義持の真意をはかりかね気がかりだったに違いない。

　ところが義嗣の側近が墓穴を掘ったことで、この貴公子を屠《ほふ》る絶好の口実を得るところとなった。すぐさま義嗣に自害を迫ろうとした畠山満家、尋問・殺害を実行した富樫満成、義嗣の妻子を預かった伊勢貞経は、みな栄子を中心とする幕府後宮の人脈に連なることは既述した。第二章で触れたとおり、畠山庶家の持清が申次として義量のもとに配属されたのも、義量の元服を契機としていた。乗り気でない義持に弟殺しをけしかけたのは、栄子―義量ラインにつながる彼らであったと想定できる。のちに重態でうなされる義量が何度も義嗣の名前をうわごとで述べ、義持は「義嗣の怨念」を想起して恐れた〔『満済准后日記』応永三一年六月一四日条〕。息子が弟に崇《たた》られる心あたりが義持にはあったのだ。

　陰謀に同心した疑いが複数の大名に浮上した点については、側近政治の強化をめざす富樫満成が、これを牽制する諸大名の勢力を一網打尽に削ごうとして、罪をでっち上げたと考えられてきた。これに対して、満成も有力大名をすべて敵にまわすほどの無謀を犯すとは考えがたく、諸大名は実際に義嗣をそそのかして出奔させたのち、はしごを外して内紛の火種だった義嗣の抹殺を画策したとの説が近年なされている〔桜井：二〇〇一〕。しかし嫌疑がかけられた大名は当初、斯波義重・細川満元・赤松義則に限られていた。はじめのうち、ターゲットは絞られていたのである。すでに述べたように、義嗣の処断をめぐり諸大名の意見は割れており、畠山満家と富樫満成は強硬論で一致していた。

　義嗣側近の尋問中止を進言後、内通の嫌疑が取り沙汰された管領細川満元を、事件の黒幕とみる説もある〔森茂暁：二〇一一〕。だが満元は即死罪を主張する畠山満家をたしなめて、義嗣の口封じに反対していたのだから、首謀者の可能性は低いように思われる。むしろ義嗣の殺害に慎重だった満元が、共謀疑惑でつるし上げられたことに問題がある。政治に関心なく歌道に没頭する満元を揶揄《やゆ》した落書《らくしょ》札が、細川邸の門前に何者かによって立てられ、これは満元の和歌好きを示すエピソードとして知られている。だが満元がそれに応じて詠んだ、「政道は難題ぞとてうちおきぬ、ただ述懐《じゅっかい》にとりかかりつつ」という返歌は意味深である（『醍醐枝葉抄』）。「述懐」の意味には、「心情を述べる」と「不満をあらわす」の二つある。「政道は難題だから放置している」満元は、「（和歌に）心情を詠むのに取りかかりつつ」にひっかけ、「不満を示すのに取りかかりつつ」といった別の意味を、この返歌にこめたのである。これがちょうど応永二四年六月の話とされるのに着目すると、満元は政務を放棄することで、政局をめぐる畠山満家や富樫満成らの強引なやり口を批判したといえる。

同じく義嗣の共謀者とされた赤松義則も、北畠満雅の乱のさなか畠山満家と対立したことは前述した。実は義則の姉か妹は細川満元の実母で、義則にとって満元は甥にあたる（『尊卑分脈』、二三四頁系図参照）。義則の嫡子満祐《みつすけ》は細川満元の歌会に毎回ほぼ参加しており、細川・赤松両家は親しい間柄であった〔本郷：一九八七〕。血縁で結ばれる細川満元と赤松義則は、政治的にも提携関係にあった。義嗣が密命により始末されると、細川満元はこれに反発するかのように、応永二五年正月の沙汰始から伺事《うかがいごと》をしなくなった（『康富記』七月二一日条）。伺事とは室町殿に決裁を仰《あお》ぐ訴訟手続きのことであり、満元のサボタージュで訴訟審理は停滞した。三月には赤松義則が分国の播磨に下ろうとして、この暇乞《いとまご》いを取り次いだ鹿苑院主の鄂隠慧奯《がくいんえかつ》が義持の逆鱗に触れる事態となる（『看聞日記』三月一八日条）。畿内近国の守護を兼ねる大名は、在京して幕政に参与するのが基本であったから、義則の唐突な下国申請は政権に対する抗議行動と受け取られ、義持の不興を買ったのだろう。鄂隠は鹿苑院を追い出され、土佐の吸江庵《ぎゅうこうあん》に逃れた（同六月一五日条）。土佐守護は細川満元が兼ねており、吸江庵もその庇護下にあったことから、鄂隠は満元にかくまわれたといえる。

「中央の儀」

義嗣抹殺をめぐっては側近と大名の二項対立を背景に語られてきたが、このように義量の早期擁立をはかる勢力と、その増長を好まない勢力との対立とみた方が理解しやすい。義持の正妻である御台所《みだいどころ》裏松栄子《よしこ》の周辺は、反主流の斯波・細川・赤松らに圧力をかけつつ義嗣を排除して、継嗣として義量の地位を固めることに成功したのである。これが上意によるものか不明ながら、義持は細川らの疑惑に対して緊張の緩和に努めたこと、また義嗣の殺害を逡巡《しゅんじゅん》していたことなどからすると、その意向をまたず畠山満家や富樫満成が率先して動き、煮え切らない義持をけしかけたとみられる。『看聞日記』応永二五年一一月二五日条には、義嗣を「誅さる事また申沙《もうしさ》汰《た》」したのは満成だったとある。

本来は決定権者の上裁を伺うべきところ、従者間の協議で勝手に決めてしまうことを、当時「中《ちゅう》央《おう》の儀《ぎ》」と称した。「中央の儀」は義持の時代にあたる一五世紀前半、ほんの短い間にだけ通用した一種の流行語であったという。畠山満家・富樫満成・一色義範ら義持寵臣も、「中央の儀」に関与していたことが指摘されており、この時期の幕政を考えるうえで示唆に富む〔笠松：一九九三〕。応永二四年閏五月二七日、京都南郊伏見荘《ふしみのしょう》の即成院《そくじょういん》に強盗が押し入り、犯人は同荘の御香宮神主で畠山家人でもあった三木善理《そうぎぜんり》の弟三郎と判明した。そこで当地を治める伏見宮貞成が、ゆくえをくらました三木兄弟の財産を差押えたところ、この措置に怒った畠山満家が上意を伺うよう伏見宮側に抗議し、八月二六日になって侍所一色義範の配下から、彼らの帰参を促す「義持の仰せ」が伝えられた。ところが義持は奈良に滞在中で、貞成はこれを「中央の儀」と疑った。さらに善理の訴えを受け、一一月一二日に富樫満成が神主職の返付を、二六日には侍所が家財の返還を、それぞれ「上意」と称して要求し、貞成は疑念を募らせていく〔室山：二〇〇一〕。

最終的に三木兄弟の優免・帰参に関する案件は、義持の知らない場で進められていたことが発覚するのだが、「中央の儀」がとくに当該期に流行した要因として、従者間における連帯意識の広がりもさることながら、決定権者である義持の個性によるところも大きい。これまで述べてきたとおり、義持には父義満に劣らず強権的な側面がありつつも、側近や大名に政務を委任する傾向がみられる。専制君主でありながら鷹揚《おうよう》なイメージが義持に強いのは、このことが多分に影響していよう。たとえば、東国勢力との交渉窓口だった細川満元は大幅な裁量を認められ、篠川御所の足利満直から届けられた書状を、しばらく義持に披露もせず手元に保管していたことがあった。義持は大まかに把握するだけで、満元に細部の交渉を任せていたのである。のちに六代将軍となる弟の義教は疑り深く、取次役の大名のやりとりを逐一チェックしたのと好対照をなす〔吉田：二〇一〇〕。

また義持は訴訟の審理にあたっても、「管領意見に任すべし」などと指示して、多くの部分を管領にゆだねていた（設楽：一九九三）。義持没後まもない正長二年（一四二九）八月一五日、当時管領であった畠山満家は石清水放生会に先立ち、下級神職たる神人《じにん》の訴訟を裁許したが、その後の報告がないとして義教から問いただされた（『満済准后日記』永享二年四月二日条）。おそらく満家は、先代のころと同じ調子で訴訟を処理して、裁許の報告を怠ってしまったのだろう。序章で述べたとおり、観応の擾乱で初期室町幕府の諸機構がダウンするなか、室町殿の親裁が諸方面から求められたが、会議体・部局によらない個人の決裁能力には限界があった。室町殿一身に集中する負担を軽減させるという意味で、側近や大名に業務を分掌させる方法は、それなりに合理的理由があったといえる。その反面で義持期の幕政には彼らの独断が入りこむ余地があり、「中央の儀」のように室町殿が蚊帳《かや》の外に置かれることもおこりえたのである。義嗣の処断をめぐる畠山と富樫の先走った行動も、こうした義持政権の体質が影響しているように思われる。

富樫満成の没落

ところが義嗣の死をもって、事態は収束しなかった。応永二五年（一四一八）六月二日に再び不穏な噂が京都に流れ、警戒した諸大名は分国の軍勢を密かに召し寄せ、義持も三条坊門第の四方を封鎖して、細川満元らが駆けつけても立入りを禁じる緊迫した状況となった。四日後、今度は畠山満家の弟満慶と山名時熙に義嗣与同の嫌疑がかかり、時熙は富樫満成から出仕停止が申し渡された。伊勢守護の世保康政も共謀罪に問われたが、故人のため息子持頼《もちより》の所領数か所が没収された（『看聞日記』）。鎌倉で足利持氏が上杉氏憲残党の掃討を再開しても、しばらく京都側が傍観したのはこの内紛のせいだろう（一六四頁の表参照）。

今回おきた疑惑は、細川らの名前があがったときと混同されがちだが、あれから二年近くが経過し、義嗣と近臣の処刑後で彼らの自白もないまま、世上の風聞のみで処罰が下され、粘り強く緊張の緩和がはかられた前回と相違する。義嗣殺害を気にしていた義持は、この時期ひどく神経質になっていた。この直前の五月一四日に、信頼する叔父の満詮が五五歳で永眠したことも、義持にとって痛手であった。男子を僧籍に入れていた満詮は、近臣たちに自分が死んだら義量に仕えるよう遺言し、実現はしなかったが娘を義量に娶《めあわ》せようとしたほど、義量を次代の室町殿として積極的に支持していた（『看聞日記』五月一六日条）。義嗣を幽閉したのち、義持は足繁く満詮のもとを訪れ、今後の対応について何かと相談していたようである（『満済准后日記』応永二四年正月一五日、三月二八日条）。弟を死に追いやった罪悪感に加え、よき相談相手だった叔父の逝去により、義持は大名のほぼ全員が陰謀に関わるという風説に、冷静な判断力を失い疑心暗鬼にとらわれてしまった。

管領・諸大名が三条坊門第から締め出されるなか、山名時熙に出仕停止を伝えた富樫満成が、義持と大名の間を取り次ぐ申次の立場を利用して、今度の疑惑もでっち上げたとされる（伊藤喜良：一九七三）。ただし処分を受けた時熙は、前年正月恒例の山名邸御成にさいして、歓待を喜んだ義持に、その場で右衛門佐《うえもんのすけ》から右衛門督《うえもんのかみ》への昇進を許されるほど、覚えめでたい大名の一人であった（川岡：二〇〇九）。畠山・山名といった義持と親しい大名にまで、嫌疑の範囲が広がった点も前回と様相が異なる。斯波・細川・赤松らを逼塞《ひっそく》させた満成は、ここに至って君寵《くんちょう》を競う畠山や山名の勢力削減をはかり、陰謀の噂を捏造して、憔悴《しょうすい》する義持に吹聴したのではあるまいか。斯波については、これまでに一門の満種を富樫に失脚させられ、この年の八月一八日には騒動のさなか当主の義重が四八歳で病死し、二二歳の嫡男義淳が家督を継いだものの、かつての威勢は影をひそめていた（『看聞日記』）。

前回と今回の疑惑は義嗣事件にかこつけた点で共通しながらも、それぞれ状況や背景が異なることに注意しなければならない。当初ターゲットを絞り政敵に圧力を加えていった富樫満成が、結果的に有力大名すべてを敵にまわしてしまったのはこの段階であった。「近日の権威、傍若無人《ぼうじゃくぶじん》」とまで称された満成だったが、こうした権勢が長続きするはずもなく、一一月二四日に京都から没落するはめになった。きっかけは、義嗣の元愛妾で満成に誘われ密通したという林歌局《りんかのつぼね》が、義嗣に謀叛を勧めたのは満成で、これが露顕しそうになり誅殺を勧めたのだと、北野社参籠中の義持に直訴したことによる。訴えを聞いて激怒した義持は、ただちに満成の所領・所職ことごとくを没収し、加賀半国守護職を富樫惣領家の満春に、洛中の邸宅を和泉半国守護である細川基之《もとゆき》の子頼久《よりひさ》に与えた（『看聞日記』）。サボタージュを続けていた細川満元は、満成失脚と同日に訴訟受理手続きの賦《くばり》を再開した（『康富記』）。満成の都落ちを見届けて、ようやく溜飲《りゅういん》が下がったのだろう。

出家して高野山に逃れた富樫満成は、怒り心頭の義持に二五日ここも追われ、吉野山中の天川《てんかわ》に隠れ住んでいたところ、翌年の二月四日ごろ赦免を餌《えさ》におびき出され帰京の途中、上意により畠山分国の河内で討たれた（『康富記』、『看聞日記』）。畠山満家は弟満慶に嫌疑がかけられるにおよび、満成排除に進んで動いたものと考えられる。斯波・細川・赤松を槍玉にあげても意気盛んだった満成が、今回あっけなく没落したのは、これまで共闘してきた畠山をも敵にまわし、孤立無援の状態で逆に陰謀の黒幕に仕立てられたからだろう。満成の勧めた申次は伊勢貞経の叔父貞長《さだなが》が引き継いでおり、畠山と親しい伊勢党も今度ばかりは満成と距離をおいていたようである（『看聞日記』四月一五日・一六日条）。この九か月後に死去する裏松康子への冷たい仕打ちに象徴されるように、義嗣の非業の死と一連の疑惑は、「仁政」を標榜する義持の「聖代」に暗い影を落とした。

3　緊迫する対外関係

大明帝国の使者

明の使臣呂淵《りょえん》を乗せた唐船が兵庫に着岸したのは、義嗣与同をめぐり幕府内でもめている応永二五年（一四一八）六月五日のことだった（『満済准后日記』）。前年一二月に永楽帝は、謁見した朝鮮の使節に「日本国王義持の無礼」を告げ、また琉球の使節にも日本遠征時の先導を命じていた（『李朝実録』太宗一七年一二月辛丑（二〇日）条）。永楽帝が義持に送った勅書には、「そなたは父義満の行いに背き朝貢をせず、海東の険阻《けんそ》を恃《たの》んで明に従おうとしない。派兵して罪を問うべきだという群臣の請願もあるが、父の功績に免じ我慢してやるから、過《あやま》ちを悔《く》い来貢せよ」という内容が記されていた（『明実録』永楽一五年一〇月乙酉（三日）条）。日本が冊封体制から離脱して、プライドを傷つけられた永楽帝は、朝貢の再開を強要してきたのである。呂淵の来航は京都で荒説が流れ厳戒態勢が敷かれた時期と重なり、義持は内憂と外患の同時対応に迫られていた。兵庫で呂淵と会見した等持寺長老の古幢周勝《こどうしゅうしょう》は、「兵庫より速やかに帰国せよ」という義持の指示だけを伝え、来日理由も詳しく尋ねないまま、あわただしく帰京している（『善隣国宝記』巻中⑬）。後述する呂淵の再来航時と比べ、踏み込んだ折衝《せっしょう》がなされなかったのは、その余裕が日本側になかったからだろう。

『明実録』によると、呂淵の中国帰還は一四一八年（応永二五）四月二五日で、薩摩の島津久豊の使者をともなっていたとある。日明航路は瀬戸内海の兵庫―博多間を経て、東シナ海を横切り中国の寧波《ニンポー》《ねいは》に至るルートが通常だが、呂淵は北九州沿海の島々を拠点とする倭寇の襲撃を恐れ、南九州経由で島津の保護を受け、その使節と合流したらしい（佐伯：二〇一〇）。呂淵が入京を拒否されたのは日本側の同時代史料に六月とあるから、後年の編纂書《へんさんしょ》である『明実録』の日付は誤りだろう（『康富記』同年七月四日条）。しかし島津久豊が使者に「日本国王使」を詐称させ、さらに偽造した義持の上表文を持たせて、倭寇の横行を理由に朝貢の中断を詫び、永楽帝がこれを許したという、日本側の史料では知りえない情報が『明実録』にある点は注目される。

第三章で述べたとおり島津久豊は、兄の元久なきあと実力で家督の座を奪取し、あわよくば南海貿易に加え日明貿易にも参入しようと、明使が南九州に航路をとったのに便乗して、「日本国王使」をかたる使節を同行させたのだった（黒嶋：二〇一二）。そうすると呂淵はこれを偽使と承知のうえで、永楽帝に拝謁させたことになる。彼は翌年に再来日したさいにも、日明の通交が両国に利益をもたらすと粘《ねば》り強く義持に説得を試みており、武力行使という強硬手段を望んでいなかったようである（『善隣国宝記』巻中⑭）。呂淵は島津久豊の下心を利用して、あたかも日本が朝貢を再開したかのごとく、永楽帝に見せかけようとしたのだと考えられる。「日本側の謝罪」を受け入れた永楽帝は、翌年再び呂淵を日本に遣わすのだが、偶然これと同時に勃発したのが朝鮮による対馬出兵であった。

朝鮮の対馬攻撃

朝鮮の太宗は前年に三男李祹《りとう》《イド》（世宗《せいそう》《セジョン》）に譲位していたが、退位後も上王として軍権を握り続け、一四一九年（応永二六年）六月に兵船を対馬に発向させた。富樫満成が誅殺された、四か月後の出来事である。日本で「応永の外寇《がいこう》」、朝鮮では「己亥東征《きがいとうせい》」と呼ばれるこの事件については、詳細な研究（中村：一九六五）があるので、以下これを参照しながら派兵に至る朝鮮側の経緯から確認しておく（日付は『李朝実録』）。太宗が出兵を決意した直接のきっかけは、五月五日に対馬の倭寇が大挙して朝鮮沿海を襲ったことにあった。この前年四月、朝鮮に友好的だった対馬守護宗貞茂《そうさだしげ》が没し、その跡を継いだ子貞盛《さだもり》は年少のため、宗氏による島内勢力の統制は動揺していた。さらに深刻な飢饉が重なり、生活に窮した島民の一部は倭寇化し、中国沿海の略奪に活路を見いだして出航した。その途中朝鮮に寄港し糧食の補給を断られたため、忠清道《ちゅうせいどう》《チュンチョンド》庇仁《ひじん》《ビイン》県の都豆音串《ととおんかん》《ドドウムゴッ》を襲ったのである。

事態を重くみた太宗は五月一三日に大臣らと議して、倭寇の船団が明に向かった隙に手薄となった対馬を占領し、彼らが帰島したところを迎撃して一網打尽にする作戦を立てた。このころ倭寇に加えて太宗を悩ませていたのは、興利《こうり》倭人《わじん》と呼ばれる貿易人が日本から続々と渡来して、朝鮮南部の各地で無秩序に在留・交易して騒擾を多発させていたことであった。太宗は当初、宗貞茂を介した倭寇・商船の規制に期待をかけたが、貞茂の死去と今回の襲撃事件によって融和方針が破綻《はたん》したと判断し、対馬海域を直接統制下におく強硬路線に切り換えたのである（藤田：一九九八）。

略奪のため上陸する倭寇（『倭寇図巻』東京大学史料編纂所蔵）

注目されるのは、朝鮮側が情報漏洩を防ぐため五月二〇日、対馬宗氏の使者を内地の咸吉道《かんきつどう》《ハムギルド》に拘留する一方で、二三日に九州探題の使僧らには事前に対馬出兵の理由を説明して、驚かないよう通告した点である。さらに六月一日から四日にかけ、乃而浦《ないじほ》《ネイポ》や慶尚道《けいしょうどう》《キョンサンド》の各浦に逗留している対馬からの渡航者を、ことごとく捕らえ内地に分置した。その翌日には九州の使船を帰国させ、今回の出兵が九州と無関係であることを説かせて、日本との全面戦争に発展させないよう、周到に派兵の準備を進めていた。このころ九州探題職は渋川満頼から子義俊《よしとし》に譲られていたが、対馬宗氏の主筋にあたる筑前守護の少弐《しょうに》氏とは博多の利権をめぐりライバル関係にあったことから、こうした措置は現実的な効果が期待できた。

かくして戦支度を整えた太宗は、六月九日ついに対馬遠征の号令を下した。兵船二二七隻、兵員一万七二八五人の朝鮮軍は、三軍都《さんぐんと》体察使《たいさつし》の李従茂《りじゅうも》《イジョンム》に率いられ、一二日に乃而浦を出航して巨済島《きょさいとう》《コジェド》に入り、二〇日には対馬の浅茅湾《あそうわん》に到って上陸を開始した。仲間が帰港したものと思い込んだ対馬の島民は不意をつかれ、組織的な抗戦もできないまま敗走した。朝鮮軍は島内を捜索して船や家を焼き、

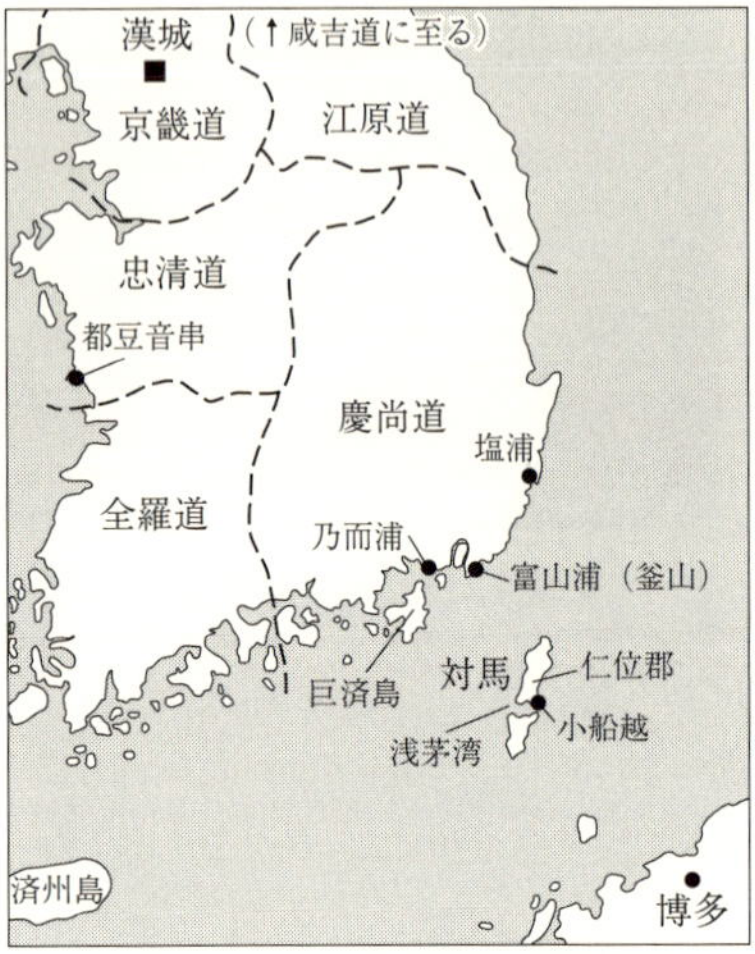

朝鮮による対馬攻撃の関係図

あらがう島民を殺害・捕獲《ほかく》する一方で、倭寇に拉《ら》致《ち》された明・朝鮮の被虜人《ひりょじん》を救助した。彼らから島内の情報を聞き出した李従茂は、飢饉で糧食に乏しいことを知ると、対馬を南北に分断できる要《よう》衝《しょう》の小船越《こふなこし》に砦《とりで》を築き、二六日ここを拠点に軍を三手に分け仁位《にい》郡へと北上したが、ここで対馬方の伏兵に反撃され将兵百数十人を失い敗退した。思わぬ苦戦と、宗氏側から台風シーズン前の帰国勧告もあり、李従茂は七月三日に巨済島へと撤兵した。太宗は再征を検討したが、疲労した将兵の士気が低いことや、中国に向かった倭寇が遼東近海の望海堝《ぼうかいか》で明軍に大破されたとの知らせもあり、決行を見送ることにした。

呂淵の再来航

京都では開戦前の五月二三日、「大唐国（明）・南蛮（東南アジア）・高麗（朝鮮）等」が日本に侵攻するとの情報が朝鮮半島から寄せられたと噂され、義持が仰天する騒ぎとなっていた（『看聞日記』）。これは朝鮮で遠征準備を見聞した人々が帰国して伝えたものとされてきたが、太宗が初めて対馬出兵を発議したのは五月一三日のことであり、その情報が一〇日ほどで京都に達するには無理があるため、近年この史料は朝鮮側が九州探題に対馬出兵を通告した日付にかけた追記〔桜井：二〇〇二)、あるいは「応永の外寇」とは無関係で、永楽帝の強硬な意志を伝える明使の来航情報に尾ひれがついたデマ(佐伯:二〇一〇)と推測されている。もっとも朝鮮側の通告日や明使の来航目的を知りえるのは、ごく一部の人間に限られたことから、こうした情報が容易に広まるか疑問である。注意したいのは『康富記』六月一一日条にある「異国の遺恨は応永一五年・同二四年に明使を京都に入れなかったからだ」といった侵攻理由の風説が、永楽帝の逆鱗に触れた原因と合致している点である(黒嶋:二〇一二)。この点に着目すると、前述したように怒り心頭の永楽帝は、朝鮮や琉球の使節団に日本遠征時の従軍を実際に指示しており、帰国した彼らの口から人づてに広まったとみた方が、「大唐国・南蛮・高麗」にまたがる噂の中身からして妥当なように思われる。

いずれにせよ、これにより元寇の恐怖が人々の間でよみがえり、六月に入り出雲大社・石清水八幡宮・北野社など各地で異国の侵攻を想起させる怪異が報告され、七月二日に義持は文永・弘安の役の先例にのっとり異国降伏の祈禱《きとう》を満済に命じた(『満済准后日記』)。明使呂淵が再び兵庫に来航したのは、またもやタイミング悪く、京都が異国襲来の風聞で大騒ぎになっていた七月のことであった(『武家年代記』裏書)。朝鮮軍の対馬襲撃に関する注進が、いまだ現地から京都に届いていなかった点は、呂淵にとって不幸中の幸いであった。もっとも異国の脅威を耳にしていた義持が、ただならぬプレッシャーのもと、交渉にのぞんだことに変わりはない。実際に呂淵が持参した永楽一六年(一四一八)一一月一日付の永楽帝勅書には、「そなたは城壁を高くし堀を深くして、我が軍の到着を待つのであろうが、そのときになって悔いても遅い」といった、脅《おど》し文句が記されていた(『修史為徴』)。

しかし実のところ、この箇所は勅書の本旨ではない。その後は、義持が父の遺志を継ぐと期待していること、日本には多くの賢智の士がおり道理をわきまえていること、倭寇の禁圧は日本にも安寧をもたらし義持の名を歴史に刻む偉業となることなどを述べ、「土官《とかん》（貿易事務官）性運《しょううん》が産物を進貢したことで、過ちを悔いて明国を尊ぶ、そなたの改心が察せられる」として、遣使を促す内容となる。性運とは島津使者の名前であり、先年これに謁見した永楽帝は、日本に朝貢再開の兆しがあると誤解したのである。こうした勘違いのもと再び呂淵を派遣した目的は、義持を「恩赦」して国交を回復することにあった。日本遠征を避ける呂淵の試みは、とりあえず成功したといえる。再来日した呂淵が通交の利を説き、義持の側近にあてて通事周肇《しゅうひつ》に書かせた七月一三日の書状に、「日向国の人（島津）が永楽帝に硫黄《いおう》と馬を献じたが、義持の上表文を持参しておらず受領されなかった」とわざわざ事実に反する事柄を付け加えさせたのは、勅書の内容とつじつまを合わせ、義持側に偽使の存在を隠《いん》匿《とく》するためであろう（『善隣国宝記』巻中⑬）。

折衝《せっしょう》の申し入れを受け、義持は七月一九日に呂淵を兵庫福厳寺《ふくごんじ》に入れ、翌日鹿苑院の元容周頌《げんようしゅうじゅ》を使僧として明側に書簡を伝達させた。天変地異の原因とされた「神々の怒り」を静《しず》めるべく、通交の拒絶に理解を求める、一〇四頁で述べた断交通知がこれである。このわずか二週間前に義持は、五穀豊穣を諸神に願う祈年穀奉幣《きねんこくほうへい》という朝廷祭祀を、六九年ぶりに再興せよと廷臣に指示していた（『兼宣公記』七月五日条）。相次ぐ諸社の怪異に加えて、連年の天候不順で農作物は実らず、いよいよ応永の大飢饉に直面しつつあったことが、その背景として考えられている〔早島：二〇一〇〕。神々に加護を祈る一大イベントの準備中に、その「怒り」をまねいた原因と信じられた対明通交の再開など、義持にとって論外だったに違いない。七月一八日に祈年穀奉幣が翌月に延引されたのは、神慮をはばかり明使との接触期間を避けた結果と推察される。『看聞日記』にはこの記事とあわせて、八月の石清水放生会に義持の上卿参向が決まったとあり、異例の三度目となる勤仕も祈年穀奉幣とセットで企画されたことがわかる。このように国内で危機的な雰囲気が漂うなか、義持は明使との交渉にのぞんでいた。

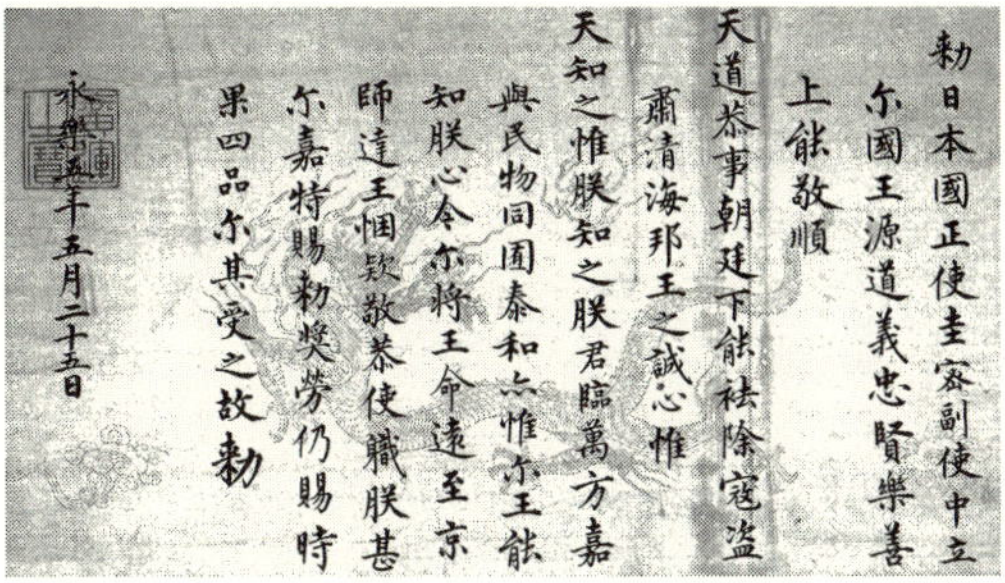

明永楽帝勅書（京都・相国寺蔵）
永楽５年（応永14・1407），晩年の義満に送られた永楽帝の勅書。縦40 cm・横76 cm の大型料紙に，中華皇帝のシンボルである五爪二角の龍が刷り出されている。

日明の完全断交

よって対明断交の決断は、義持の神国思想が背景にあったのは確かなものの、第三章で述べたごとく排外的ナショナリズムよりも、むしろ神々に対する素朴な畏怖の念にもとづき、深刻化する国内の動揺を収束させる目的があったと考えられる。福厳寺で呂淵と会見した元容が永楽帝の勅書を写して持ち帰り、七月二三日これを読み聞かせた義持は「文言およそ存外《ぞんがい》」と憤《いきどお》り、問答無用に追い返せと指示した（『満済准后日記』）。義持の神経を逆なでしたのは、武力をちらつかせる脅し文句だったようだが、そもそも永楽帝の「恩赦」を受け入れ朝貢を再開するなど前述の国内事情から不可能であった。

一〇四頁であげた明使に対する最後通牒は、七月二七日の会見で元容から呂淵に伝えられた（『武家年代記』裏書）。そこには既述の内容に続けて、「通交拒絶の意思は去年も通達したのに再び来航するとは、明使は詳細を永楽帝に報告していないのか」とあり、かみ合わない明側の対応に義持は不審を抱いていた（実際に報告されていないので、これは核心をついている）。さらに「遣使しないのは険阻を恃《たの》んで明を侮《あなど》るからではなく、神の意向に従い先君の遺命を守っているだけだ」「明軍の侵攻に備え城壁を高くし、堀を深くする必要などなく、道を掃《はら》い迎え撃つのみである」と、永楽帝の恫喝《どうかつ》に反発する文言が列挙された。

ただし非難の応酬《おうしゅう》に終始することなく、返答の後半では日明間の対立を少しでも緩和すべく、義持なりの配慮が示された。すなわち倭寇問題について、明使来航の契機となる倭寇捕虜の送還を謝絶する一方で、呂淵に申し渡した二〇日付の書簡には、倭寇が日本側の組織的侵犯でないことを主張しつつ、断交後も日本沿海側での倭寇禁圧を約束した。さらに永楽帝の勅書末尾に「使臣が拘殺《こうさつ》されても、そなたの判断に任せる」とあるのを受け、義持は「明使の殺害など思いもよらず、ただ両国間の往来をとどめ国境を保ちたいだけだ」と答え、「民が寿命で死ぬまで動き回る必要のない時代こそ治世」という『荘子《そうし》』の一節を引用し、相手国の古典に敬意を表しながら通交の拒絶に理解を求めた。永楽帝は元使を斬った鎌倉幕府の硬直したイメージを日本に抱いていたようだが、義持は日明が相互不干渉に共存共栄することを望んでいたといえる。

復交の使命を果たせないまま、呂淵は八月に虚《むな》しく帰国の途についた（『武家年代記』裏書）。断交は一つ間違えば明軍の来襲をまねく危険な賭けだったが、軍事行動も辞さない永楽帝の執拗な朝貢要求は、不思議なことにこの後ピタリと途絶える。強要が止まる背景には、明側の倭寇対策と対外政策における転機があったとされる。すなわち呂淵の日本渡航中である一四一九年（応永二六）六月一五日、前述した遼東近海の望海堝《ぼうかいか》で明軍が倭寇数千人を殲滅《せんめつ》して以後、中国沿岸での倭寇の活動は下火となる。明の対日交渉は倭寇の禁圧要請を一因としたので、その沈静化で日本に接触する動機が失われることになった。また一四二一年（応永二八）南京から北京への遷都まもなく、落雷により皇宮の紫禁城が炎上したのをきっかけに、財政を圧迫する外国使節厚遇や対外遠征続行の抑制を請う上奏が相次いだことも、対日復交へのモチベーションを低下させた（榎本：二〇一五）。永楽帝は日本遠征を「群臣の請願」として強がっていたものの、明の官界では際限ない膨張政策に対する不満が高まっていたのである。

　呂淵が初度の対日交渉結果を偽ったのも、永楽帝の対外政策に批判的な動きの一つと理解できる。さらに再交渉の失敗に関する記事が、明側の史料に一切あらわれないのも不自然さを感じる。永楽帝の不名誉となる記録をあえて残さなかったのか、またもや呂淵が義持の回答を正確に復命せずごまかしたのか、いずれにしても『明実録』や『明史』では、すでに述べた日本側（偽使）の「謝罪」に対する永楽帝の恩赦で幕引きの体裁がとられた。明国内でも負担の大きい日本遠征を回避すべく、永楽帝のメンツを保てる形で事態の収拾がはかられたのだろう。一四二四年（応永三一）永楽帝が逝去し嫡男の朱高熾《しゅこうし》（洪熙帝《こうきてい》）が即位すると、出費のかさむ対外拡張事業は中断されることになる。明の国内事情にも助けられ、中華的国際秩序からの離脱という懸案は、何とか実現にこぎつけたのだった。

九州からの注進

応永二六年（一四一九）八月七日、明使呂淵の帰国と入れ替わるように、筑前の少弐満貞から朝鮮軍の対馬侵攻に関する注進が幕府に届いた。満済と雑談中だった義持は、急ぎ申次の伊勢貞長に読み上げさせたところ、それには①「蒙古」（モンゴル）の先陣五百余艘が対馬に攻め寄せ、少弐代官の宗右衛門ら七百余騎が馳せ向かい、六月二六日の合戦で多くの敵を斬獲したとあった。続けて②生け捕った大将二人の白状から、今回の五百余艘はすべて「高麗」（朝鮮）の軍勢であり、唐船二万余艘も同六日に合流する予定だったが大風に妨げられ、ほとんど沈没したという。最後に③合戦のさなか安楽寺（太宰府天満宮）などで種々の奇瑞があらわれた、と記されていた（『満済准后日記』）。

①にある「蒙古」は誤りで、②に記す唐船の来襲・漂没や、それを予兆する③の怪異も、かつての元寇をイメージして書かれた虚構である。しかし①の合戦日が朝鮮側の史料と一致することから、この注進は対馬宗氏を代官とみなす少弐満貞が、一定の事実にもとづきつつ自身の戦功を強調するため、戦争の規模を誇張したものであることが指摘されている。勝報に喜ぶ義持や後小松上皇に門跡・関白・大臣らが参賀するなか、八月一三日には合戦中の奇瑞を宣伝する「探題持範」の注進状も出回り、戦勝モードに浮かれる人々の関心を集めた（『看聞日記』）。当時の九州探題は渋川義俊で、九州中の軍勢が参戦したとするその内容も事実ではなく、通常の和様漢文と違い仮名交じり文で記されるなど、明らかな偽文書である。ただし戦闘経過の月日は朝鮮側の史料と合致することから、少弐満貞の注進

内容を踏まえ、神威を讃える八幡宮関係者が偽作したものであるという〔佐伯：二〇一〇〕。京都に届いた「異国撃退」の知らせは、歪曲されつつも瞬時に洛中に広まったといえる。

だが京着してからの情報伝播の早さとは対照的に、満貞の注進は事件後に博多から京都に届くまで二〇日もの時日を要していた。弘安四年（一二八一）鎌倉幕府により整備された早馬制では、元軍襲来・撃退の急報は七日で京着したことから、室町時代には早馬制が廃絶していたとの意見もある〔今谷：一九八五〕。しかし朝鮮軍の対馬襲撃は六月二〇日なのだから、それから一か月以上も経過しての注進発信は悠長すぎる。実は朝鮮軍が対馬に上陸したのと同じ日に、奇しくも明から呂淵が博多に到着しており、探題渋川義俊と会見していた（『鎮西要略』）。呂淵は博多滞在後、七月に兵庫へと向かったのは前述のとおりだが、呂淵の方が兵庫に先着したのだから、少弐満貞は明使の博多発よりも遅れて注進状を発送したことになる。注進状が先に京着したならば、その内容から明使に危害が加えられ、永楽帝の怒りに火をつけ即座に日明全面戦争に突入する危険性を、満貞は熟知していたのだろう。

事実この注進を聞いた義持は、朝鮮が明に従い対馬を攻めたと思い込み憤った。明使の帰国と入れ違いに満貞の注進状が到来したのは偶然ではなく、意図的にタイミングを見はからった可能性が高いのである。この少しあと本物の九州探題渋川義俊の注進状も幕府にもたらされており、やはり博多で明使の東上を見届けたのち、時間をおいて送信されたことが確認できる（『老松堂日本行録』〔一八五〕）。朝鮮から対馬出兵を事前に通告されていた探題義俊は、険悪な関係の少弐と距離をおき事態を静観しつつも、義持の判断を仰《あお》ぐべく使者宗金《そうきん》を京都によこした。ここでも混乱を避けるため、明使との交渉期間に重ならないよう、あえて報告を遅らせたものと考えられる。のんびりとした注進は、海洋勢力と頻繁に接触する九州探題や少弐氏が、対外情勢に敏感だったことを逆に示していると考える。

日朝の戦後交渉

使者に立った宗金とは博多の豪商で、畿内との交易に従事していたことから、探題に重事を託されたものらしい〔佐伯：一九九九〕。上洛した宗金は、通事・典医として幕府に仕える中国帰化人の陳外郎《ちんういろう》に事情を説明し、外郎がこれを義持に報告した。少弐の注進と相違する内容に、義持は朝鮮側の意図をはかりかね、博多聖福寺《しょうふくじ》の禅僧無涯亮倪《むがいりょうげい》を正使、博多商人で陳外郎の子平方吉久《ひらかたよしひさ》を副使として朝鮮に派遣し、大蔵経の求請を名目に内情を探らせることにした〔『老松堂日本行録』〔一八五〕〕。義持を説得して戦後交渉で主導的役割を果たしたのは、朝鮮との関係悪化で直接の打撃を受ける博多の商人や禅僧たちであったが〔上田：二〇一一〕、義持は彼らの働きかけに応じて相手国の真意を冷静に見極める外交手段を講じたわけであり、「異国撃退」の高揚感に酔いしれるだけの偏狭《へんきょう》なナショナリストではなかった。博多勢力と親密な大内盛見や、九州探題を補佐する小早川則平ら腹心の情報ルートも、義持の判断に影響を与えた可能性がある。無涯ら使節団一行は一四一九年〔応永二六〕一一月二〇日に朝鮮の富山浦《ふざんほ》《プサンポ》〔釜山《ふざん》《プサン》〕に渡航、一二月一四日に都漢城《かんじょう》《ハンソン》〔現ソウル〕に到り、一七日には国王世宗に書契《しょけい》という書簡型の外交文書と礼物を進めた〔『李朝実録』〕。

義持の書契には「貴国の安否を問い、仏典を求めたい」とあるだけで、対馬侵攻について何も触れられていなかった。義持は慎重に、朝鮮の出方をうかがったのである。朝鮮側の目をひいたのは、書契の署名に「日本国王」ではなく「日本国源義持」と記されていた点である。明との断交で「国王」

号の使用を問題視した義持は、今回より国書の「王」字を削り、日本の冊封離脱を朝鮮に明示したのである〔中村：一九六五、田中健夫：一九八七〕。明けて一四二〇年（応永二七）正月六日、世宗は日明関係が一触即発なのを承知のうえで、大蔵経の贈与を快諾し遣使の真意を問うたが、無涯は「言語に尽くし難い」として平和交流を望む心中を漢詩で吟じた。父太宗が決行した対馬遠征に消極的だった世宗は、「両国の通好は堅く変わらない」と対話の呼びかけに応じて出兵の経緯を語り、これを受け朝鮮側に修好の意思ありと判断した無涯は、閏正月六日に帰国を申し出た（『李朝実録』）。

ところが日本側にとって不測の事態が、これと同時におこっていた。倭寇の撲滅《ぼくめつ》をめざす上王太宗は、遠征直後の七月一七日に宗貞盛に帰順を促し、対馬の島民を朝鮮に移住させるか、さもなくば日本本土に退去させ、「倭寇の本拠」とみなす対馬を無人島にして直接管理下におくという、強硬な戦後処理を進めていたのである〔藤田：一九九八〕。無涯らが朝鮮に渡る三か月前の九月二〇日、勧告を受け宗貞盛は印信の授与を願い恭順したが、太宗は朝鮮への移住に触れてないのを不満として、一〇月一八日これを再び促す答書を対馬に送った。対馬の空島化が企図されたように、朝鮮側の目的は領土的野心でなく、倭寇・海商が無秩序に押し寄せる対日通交を管理・統制することにあった〔中村：一九六五〕。同年冬に朝鮮が、九州諸氏の通交に探題の書契携行を義務づけたのも、同様の意図による。義持が無涯らを朝鮮に遣わしたのは、このような切迫した状況のさなかだったのである。

宋希璟の来日

無涯が帰国の意を伝えた直後の一四二〇年（応永二七）閏正月一〇日、宗貞盛の使者と称する時応界都なる人物が訪朝し、口頭で対馬属州化の講和条件を受諾すると

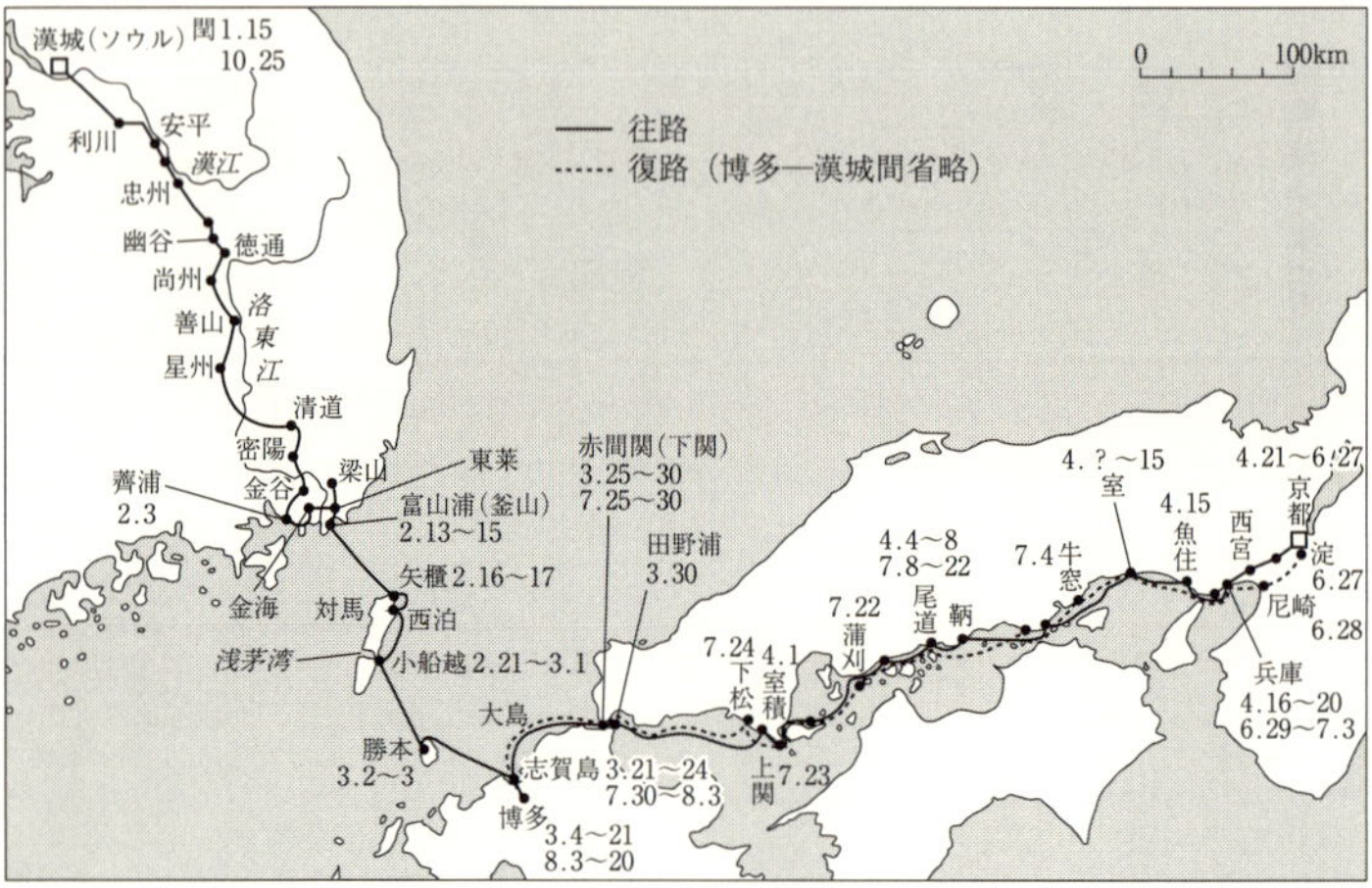

宋希璟の行路（〔村井：1987〕に加筆）

告げた。文臣宋希璟《そうきけい》《ソンヒギョン》が日本回礼使《かいれいし》に任じられ、無涯らの帰国に同行し漢城を出発したのは、その五日後であった。彼の使命は義持に対する遣使の答礼と大蔵経の贈呈だったが、はからずも対馬の帰属問題で重要な役割を演じることになる。富山浦を出航し対馬に到った希璟は、二月二八日に早田左衛門太郎《そうださえもんたろう》に会見を申し込まれた（『老松堂日本行録』〔四六〕）。幼少の宗貞盛に代わり対馬の外交や交易を取りしきる左衛門太郎は、対馬の服属を認める朝鮮の答書について、関知していないと撤回を求め乗り込んで来たのである。

早田左衛門太郎は、「代々対馬を相伝する少弐殿が属州化のことを聞けば、百戦百死しても朝鮮と争うだろう」と述べ、「この答書を少弐殿に送るか、ここにとどめて知らせないか、決められたい」と迫った。希璟は対馬側の同意を得ているものと思っていたので驚き、「事情を世宗様がお知りになれば、無理やり属州にはされないだろうから、帰国後この旨を報告しよう」と答えて、左衛門太郎を喜ばせた。先述の対馬使者が文書でなく曖昧な口頭で服属を申し出たのは、交渉決裂による再征を避けるための窮余の一策だったらしい〔中村：一九六五〕。この件に左衛門太郎は本当に関与していなかったのか不明瞭ながら、使者の独断ということにして、回礼使の黙認のもと朝鮮の答書を握りつぶすことに成功したのである。義持もこの件を知らされていなかったが、内情視察の使節を送り回礼使来日のきっかけをつくった結果、対馬の帰属問題に間接的影響を及ぼすことになった。

外国使節が京都に向かうには、通過ポイントである博多津・赤間関《あかまがせき》・兵庫津の三か所でチェックを受け、幕府から上京許可を得なければならなかった。三月四日に希璟らの博多着が九州探題から義持に伝えられ、往復わずか一六日間で上京許可が通達された（『老松堂日本行録』〔五三〕〔七一〕）。二五日に使節を赤間関に護送して幕府に報告するまでが探題の役割だったが、ここでも三〇日には義持の上京許可が届けられた（『老松堂日本行録』〔七二〕〔八一〕）。四年後に来日した回礼使朴安臣《ぼくあんしん》《パクアンシン》が、大蔵経板の求請を朝鮮に断られ逆恨みした義持に、赤間関で五五日間も足留めされたのと比べると、その迅速さはきわだっている。伝達に要した日にちの短さは、前述した対馬襲撃の注進が意図的に遅らされたことを裏づけるのと同時に、義持が戦後折衝を重視して使節の上京を急がせたことを示している。

このことは義持が、「多くの護送船を出し、回礼使を厚く送迎せよ」と命じた点からもうかがえる（『老松堂日本行録』〔八一〕）。赤間関から兵庫をめざして瀬戸内海を進む使節船は、沿岸諸国の守護によるリレー方式で警固され、長門・周防間では大内盛見の強力な護送船団を見て門司あたりの賊船は逃げ出す始末であった。だが隣国の安芸に入ると十分な警固を期待できず海賊の小船に追いまわされ、復路この辺りを通過するさいには現地の海賊を雇う「上乗《うわのり》」という在地慣行に従わなければ、航海の安全を確保できないありさまだった〔橋本：二〇〇五、黒嶋：二〇一二〕。安芸守護は山名一族の時久だったが、この国は守護に独立的な国人勢力が割拠《かっきょ》していた。国ごとに異なる守護権力の強弱が、警固の実効性にも影響したのだろう。こうして朝鮮使節は四月一六日に兵庫津に到着し、二一日には義持の許可を得て京都に入り、中国帰化人で通事の魏天《ぎてん》宅に案内された。ところが義持は希璟らの一行に対して、大蔵経などの進物を等持寺に入れおき、仁和寺そばの尼寺深修庵《しんじゅあん》にて待機せよとだけ命じ、二か月近くも彼らに接見しようとしなかった〔『老松堂日本行録』〔一〇五〕〔一〇七〕〔一一〇〕〕。

これは表向き、五月二日に予定される義満十三回忌仏事にそなえ、義持が相国寺で潔斎中のためと説明されたが、この間に実は虚々実々の駆引きがあった。義持

孤立回避の選択

は前述の少弐満貞がよこした注進内容を糾すべく、直前に来航した琉球船を拘留していた〔佐伯：一九九六・二〇一〇〕。管領細川満元・斯波義淳・陳外郎らは、明・琉球との関係悪化に加え、朝鮮との通交も絶えるのは何としても避けたいと考え、希璟に対する義持の謁見を穏便にすませる道を探っていた〔『老松堂日本行録』〔一九六〕〕。対明断交にあたり周到に用意された交易バイパスは、いまや破綻の危機に瀕していたのである。ここに登場する細川氏は一族で摂津・和泉・淡路・阿波・讃岐・備中といった瀬戸内海域の守護職をおさえ、探題渋川氏と姻戚関係にある斯波氏も外国使節の応接を専掌しており、ともに海外への関心が高かった〔橋本：二〇〇五、黒嶋：二〇一二〕。国際情勢に通じる陳外

郎や魏天らの助言を聞き入れるだけの見識が、彼らにはあった。「異国撃退」の知らせに京都中が沸《わ》くなか、満元や義淳が東アジア的視野で孤立化の危険を冷静に判断した点は、義持政権の柔軟な外交能力として評価できる。

おそらく細川満元・斯波義淳らと相談のうえ、深修庵を訪れた陳外郎と魏天は、宋希璟に対して次のような勧告を行った（『老松堂日本行録』〔一一〇〕）。

> 二年前に来日した明使呂淵は、「朝鮮とともに日本を攻めるから、城壁を高くし堀を深く掘り待っておれ」という永楽帝の言葉を伝え、義持様の怒りに触れて引見を許されず、帰路ご命令を受けた海賊に殺されかけた。去年の対馬攻撃を、少弐満貞が明・朝鮮連合軍によるものと報告してきたので、義持様は朝鮮に不信感を募らされている。招来した国書の年号が「永楽」のままでは、貴殿は無事に帰国できないだろうから、歳次を意味する「竜集《りゅうしゅう》」に改めた方がよろしかろう。

この陳外郎から宋希璟になされた事前交渉には、いくつか事実と異なる点が見受けられる。第一に、ここに出てくる永楽帝勅書のフレーズは一年前の呂淵再来航のときのものであり、時期が朝鮮の対馬出兵に都合よくつながるよう、意図的にずらされている。第二に、その永楽帝勅書の内容自体も、実際には「朝鮮とともに攻める」といった文言はなく、趣旨が朝鮮側に不利な形に歪曲されている（一八一頁）。第三に、義持は呂淵の帰国時に警固船をつけず、結果的に海賊の危険にさらしたかもしれないが、明使の殺害まで義持が命じたというのは既述のごとく事実無根で、朝鮮使節を恫喝するような情報操作をあえて行っているのである。宋希璟が国書の書き換えを拒むと、義持の使者としてやって来た禅僧元璞慧珙《げんはくえきょう》らはその披見を求めたが、親善のほか触れていないと知るや大喜びで義持に伝えた。このことから日本側は朝鮮の国書を強硬な内容と憶測し、希璟を脅かし年号を中立的な「竜集」に変えさせることで、義持の面目を立て決裂を避ける妥協点を懸命に探ったものとみられる。予想外に朝鮮の国書が友好的な内容だったので、円満に接見できると判断されたのだろう。

国書の改竄《かいざん》を断った希璟だが、一方で義満の十三回忌にあたり発せられていた殺生禁断令に配慮し、みずから進んで魚肉を口にせず義持を喜ばせたことも交渉の進展に寄与した〔清水：一九九九〕。これらに気をよくした義持は、宿所の清掃や待遇の改善を指示するなど態度を軟化させ、再建したばかりの宝幢寺《ほうどうじ》という嵯峨の壮大な禅刹において、六月一六日ついに希璟らを接見し、信使一行の労をねぎらった（『老松堂日本行録』〔一二三〕〔一三〇〕）。自国に外国使節をまねき入れ、有利な立場で交渉にのぞむ手法は姑息に思えるが、前近代の外交では使臣の機転により、両国間の破局が回避されることも多かった。拘留されていた琉球船も、七月二二日までに帰国を許された。このタイミングでの解放は、朝鮮使節の引見で義持が誤解を氷解させたことによる可能性が高い〔佐伯：一九九六・二〇一〇〕。日琉断交の危機も、これによって免れた。

一〇月に帰国した回礼使の復命で、朝鮮は対馬の属州化が容易でないと察した。はたして翌一四二一年（応永二八）四月に訪朝した宗貞盛の使者仇里安は、「日本の辺境である対馬を攻めるのは、本国への攻撃と同義である。ゆえに少弐殿が対朝通交の可否を義持様に上申したところ、意に任すとの仰せであったので来貢した」と言い放った（『李朝実録』世宗三年四月己亥条）。対馬の後ろ盾として少弐満貞が、そのまた背後には義持が控えていると示すことで、帰属を迫る朝鮮の圧力に抗しようとしたのである。もっとも早田左衛門太郎が「代々対馬を相伝する少弐殿は、百戦百死しても朝鮮と争う」と述べたように、少弐や宗の抵抗は「一所懸命の地」を死守する知行の論理にもとづくもので、近代的な日朝二国間の国際問題という意識は希薄であった（藤田：一九九八）。対馬攻撃を牽制する仇里安の言辞も、主人が従者の所領支配を保証する、安堵の論理を背景としたものといえよう。

外交主体が一元化されていなかったのは、このような日本中世における国内状況の反映でもあった。朝鮮側も帰国した使節から報告を受けて、「土地みな強宗《きょうそう》に瓜分《かぶん》せられ」る日本の内情をようやく理解しはじめた（『李朝実録』世宗二年一〇月癸卯（八日）条）。この一年後に強硬派の上王太宗が没すると、融和論の世宗は日本からの渡航船に対して、入港を富山浦と乃而浦に限定するとともに（のち塩浦《えんぽ》《ヨンポ》を追加）、通交証として九州探題の書契に加え、対馬宗氏が発行する文引《ぶんいん》の携行を義務づける温和な規制に変更した（田村：一九六〇）。義持の時代は以後に続く日朝間の通交制度が、摩擦や試行錯誤を経ながら整えられていく画期でもあった。

第五章　治世の試練——三〇代後半

1　飢饉・疫病と「撫民」

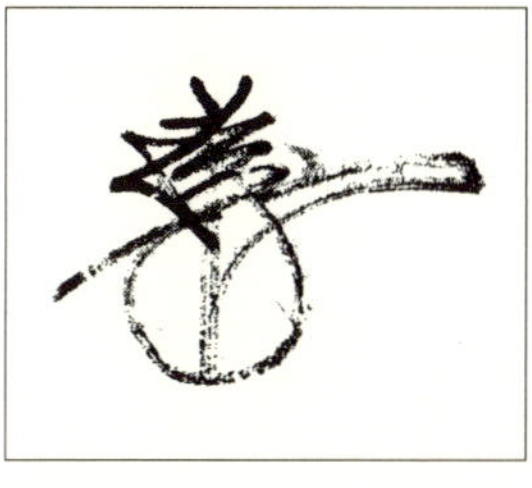

応永29年（1422）義持37歳の花押

応永の大飢饉

応永二〇年（一四一三）までの洪水から一転して、同二一年から旱魃が慢性的におこり、応永二六年には三か年にわたる炎旱《えんかん》のあと、じめじめとした秋の長雨が降り続き、山城・備中・播磨・若狭・丹波など西国一帯の荘園で、収穫が例年の数割に満たないありさまとなった。記録的な大凶作は、翌応永二七年から大飢饉をもたらし、三五歳を迎えた義持の治世に甚大な打撃を与えた（清水：二〇〇八、伊藤俊一：二〇一四）。前章で述べた宋希璟が来日したのはまさにこの年であり、彼は「応永の大飢饉」の目撃者でもあった。対馬で青白く痩せこけた島民の姿を目にし、摂津西宮《にしのみや》でも食糧を乞う飢民の声を絶えず耳にして、その惨状を紀行文にとどめた。西宮に近い尼崎《あまがさき》で行われる三毛作に希璟が驚いたことは有名だが、畿内屈指の農業生産高を誇る地域でも、飢えて物乞いをする民衆が道々にあふれていたのである（『老松堂日本行録』〔三八〕〔一〇六〕〔一四九〕）。食糧難が対馬の島民を倭寇に駆り立て、朝鮮による対馬出兵の引き金になったことを思えば、この大飢饉の影響は海外にも広く波及したといえる。

連年の日照りに義持は、応永二二年七月、同二四年閏五月、同二五年四月・六月と、繰り返し諸寺に祈雨を命じた（『満済准后日記』）。応永二六年七月には豊作祈願のため、義持の肝いりで朝廷祭祀の祈年穀奉幣が復興され、同年の対明断交も国内で高まる社会不安への対応と連動していたことは既述した。義持が朝鮮使節に謁見した宝幢寺の再建供養も、義満の相国寺を先例に国家安寧・五穀豊穣を祈願する御斎会《ごさいえ》に准じ、高僧・廷臣を総動員して応永二七年二月九日に挙行されていた。「天下万事をなげうち公武このことを経営」と称された壮大な禅寺の再興も攘災《じょうさい》を目的としたのであり、供養中に一時ぱらぱらと降った雨は「諸神感応の瑞雨《ずいう》」と歓喜された（『康富記』閏正月六日、『看聞日記』同日、二月九日条）。

食糧不足が深刻化するなか、義持は多量の米を必要とする酒造の生産量を制限する施策をうちだした。すなわち応永二六年九月一二日、生誕以来厚く尊崇する北野社に従う西京神人《じにん》に、酒の原料となる麴《こうじ》の専売特許を認めたのである。同二八日には侍所所司の一色義範がこれを京都市中に下達して、九月から一一月にかけ山門配下の洛中酒屋が保有する麴室は幕府役人の立会いのもと強制撤去されていった。統制対象となる酒屋の所在地も段階的に調査され、応永三三年までに計三四二軒もの酒屋が名簿に登録された（「北野天満宮文書」七〜五四）。この背景には山門の末社に甘んじない、北野社の松梅院禅能《ぜんのう》による政治工作もあったらしいが、これにともない酒屋統制が強化された結果、京都では一時的に酒造量の激減をまねき、原料となる米穀の価格が暴落したという。この点から麴専売化政策には、飢饉対策の意図があったとする指摘もある〔清水：一九九九〕。ちなみに約二二〇年後におきた「寛永の大飢饉」（一六四一〜四二）でも、江戸幕府は酒造と酒販売を禁止しており〔藤井：一九九七〕、義持の政策が飢饉対策だったとすると、これを先取りするものとして注目される。義持は大飢饉による食糧難のなか米価の高騰を抑える非常手段として、延暦寺の影響下にある洛中酒屋を強力に統制する必要から、親密な北野社に類例のない特権を付与したことになる。

またこの直後から義持は、禁酒令を四度にわたり連発している。第一次禁酒令は麹が専売化された一か月後の応永二六年一〇月九日、全国の禅宗寺院を束ねる相国寺・建仁寺といった五山を対象に布告され、五山僧に高いモラルを求める義持は二〇日に断酒の起請文を強要し、違反者には追放などの厳罰をもってのぞんだ（「室町幕府追加法」一五四条、『看聞日記』）。第二次禁酒令は宝幢寺の落慶供養にさいして応永二七年二月七日に出され、式場の嵯峨は酒屋が集まる繁華街だったが、義持は寺中に限らず、つき従う武家・公家にも飲酒を厳禁した。同年五月一五日に下された第三次禁酒令は、五山だけでなく禅院一般に拡大適用する内容であった（『看聞日記』）。そして応永二八年七月二五日に義持は第四次禁酒令を発して、当時一六歳だった息子義量に大酒をいましめ、四日後その近臣ら三六人に「大酒飲み止むべし」との起請文を提出させ、自身の三条坊門第内でも飲酒を制約した（『花営三代記』）。僧侶から俗人へと対象を徐々に広げた禁酒令にも、酒の消費を冷えこませ原料である米穀の確保をはかる飢饉対策の性格があったとされる〔清水：一九九九・二〇〇八〕。

さらに第三次禁酒令から二か月後の応永二七年七月一七日、義持は浪費的な八朔《はっさく》の贈答儀礼を、飢饉のため天皇・上皇・関白など一部に局限し、そのほかには中止するよう命じた。倹約好きの義持は自身に対する贈物も無用として、これを当年から五年間にわたり取りやめさせた（『看聞日記』）。「徳高き為政者」を自認する義持は、以上のように未曾有の飢饉に直面して彼なりに手を尽くしたが、西国一円に広まる惨苦《さんく》にこれらの対策は焼け石に水であった。所領の領有権が複雑に入り組む中世では、年貢減免などの有効な措置は領主と百姓の現地交渉にゆだねられ、公武に君臨する室町殿といえども対策は京都の近郊にとどまらざるを得なかったのである。

疫病の退散祈願

応永二七年（一四二〇）には、またもや大旱魃で作物はほとんど実らず、飢饉の出口がまったく見えない暗澹たる状況に、神々の祟《たた》りもささやかれた（『看聞日記』六月二七日、七月八日条）。悲観的な報告がもたらされるなか、義持は心労のせいか八月下旬に風気を患い病床に伏してしまった（『康富記』八月二九日、九月一日条）。義持は蜜柑が大好物で、諸人はこれを見舞いの進上品にしようと、飢饉のさなかに競い求め奔走するという、皮肉な事態もおこった（『看聞日記』一一月九・一〇日条）。

九月八日には平癒《へいゆ》祈願のため近習三三人が伊勢に旅立ったが、食事もできないほど容態が日に日に悪化していくのは、主治医の高間《たかま》良覚《りょうかく》が狐を使役して妖術をかけているからだという噂がたち、九日に御台所の裏松栄子が験者に命じて加持させたところ、タイミングを見はからったように三条坊門第内から狐二匹が逃げ出してきた。高間は翌日ただちに管領細川満元によって捕らえられ、一〇月一〇日ごろ四国に配流される途中に殺された。その後、義持は快方に向かい、一一月七日には本復して、治療にあたった医師坂胤能《さかいんのう》に莫大な恩賞が与えられた（『康富記』、『看聞日記』）。

この不可解な事件は、室町殿御用医師の地位をめぐり、民間医の名士である坂一門が、新たに頭角をあらわしたライバルの高間を追い落とそうと仕組んだでっち上げで、裏松栄子もこれに一枚かんでいたらしい。近習三三人の代参も義持の病が癒えた応永一六年の佳例にならったものだが、当時治療にあたった坂一門は伊勢神宮と代々ゆかりが深く、伊勢を厚く信仰する栄子を後ろ盾として、高間の排除に一芝居うったと推測されている〔瀬田：一九八〇〕。一二月一一日、義持は回復を報謝するため伊勢に参宮しようとしたが、寒中ということで諸大名にとめられ、栄子が将軍御台所として初めて代参の栄誉を得た（『看聞日記』）。もともと伊勢神宮は私幣禁断の国家祭祀の対象であったが、今回の事件をきっかけに、医師の手におえない邪気を祓《はら》う病気平癒の神として、混迷する世相に受け入れられていく。

すなわち年が明け応永二八年の正月早々、諸国の飢えた民衆は食物を求め京都に続々と押し寄せ、路頭は倒れ伏す餓死者であふれかえる悲惨なありさまとなった。義持は諸大名に飢民の救済を指示して、鴨川の五条河原に仮屋を建てて食物の施しを行わせたが、すでに手遅れで食を受けても衰死する人々が続出した。あちこちに放置された死体の山は腐敗し、義持の努力もむなしく、春から洛中洛外に疫病が広まる最悪の事態となってしまう（『看聞日記』二月一八日条）。感染死が相次ぐなか、疫病の蔓延は去々年対馬で返り討ちにされた「異賊」の怨霊によるもので万人が絶命する、という伊勢の託宣が下されたとデマが飛び交い、人々をパニックにおとしいれた（同七月一一日条）。敬神の念が強い義持は伊勢に歴代最多の二〇回参詣したが、なかでもこの応永二八年には二月・三月・九月と三回も参宮を強行している（一一月の代参を含めると四回）。これは当時の医療レベルでは手におえない疫病を祓い鎮めるべく、自身の体験をもとに伊勢の神に望みをかけたからだろう（瀬田：一九八〇、山田雄司：二〇〇四）。

ここで脚光をあびるのが、またしても裏松栄子周辺の動向である。義持の伊勢参宮にあわせて同年三月に、彼女と称光天皇生母の日野西資子という公武トップの女性陣が、そろって熊野参詣におもむく一大イベントが実施されたのである。栄子と資子をはじめとする貴顕の女性一行は周到にスケジュールを組み、義持の伊勢参宮日である三月一四日に京都の神々に巡礼して出発のあいさつを行い、二日後に急ぎ帰京した義持に見送られながら、装い美しく熊野参詣へと旅立った（『看聞日記』）。この女性参詣旅行を企画したのは高橋殿《たかはしどの》という故義満の側室で、気配り上手な性格から義満の死後も零落《れいらく》することなく、義持夫妻にも信頼された社交好きな女性であった。彼女は熊野のほか伊勢も厚く信仰しており、今回のイベントを発案して親しくつきあう栄子に勧めたようである（松岡：二〇〇九）。前述した義嗣殺害や高間失脚の背後に垣間みえる姿から、どうやら栄子は夫を支えるため積極的に手だてを講じる、頭の切れる女性だったらしい。義持の伊勢参宮と連携した熊野参詣も、疫病への対応に苦慮する夫を助けるための共同作業とみられる。

だが疫病の猛威はとどまることなく、同年四月二六日までに木造俊泰・中山満親ら廷臣をも死に至らしめ、菊亭家では罹患者《りかん》が続出して家門断絶の寸前となり、身分の隔てなく人々は伝染病の恐怖に怯える毎日をおくった（『看聞日記』）。後小松上皇も病死の興盛が頭から離れなかったのか、疫神の化身である一〇〇〇頭もの牛が相国寺に押入ろうとして門主に追い出され、あきらめた牛の大群が京都市中に乱入するという夢を見た。京中の疫病流行は、このせいだという夢想である。院御所に参上した義持は、後小松からこの夢の話を聞かされると、すぐさま退出して相国寺におもむき、すべての寺僧に対して座禅の勤行を督励した（同五月二八日条）。義持の唐突な行動には、後小松の夢を啓示と信じて、座禅の法力により疫病拡大をくい止めようとする意図があったという〔清水：二〇〇八〕。このころの義持は、当時の医療レベルでは太刀打ちできない疫病の脅威に焦燥し、仏神の加護を求めて奔走する日々を過ごしていた。

「御成敗条々」

もっとも義持はただやみくもに、仏神への祈りだけに頼ろうとしたわけではない。応永二九年（一四二二）になって、代始め徳政のときにも匹敵する宛行《あてがい》・安堵・還補の急激な増加が確認されており、義持は既述の応永一五年から一八年の代始めと、今回の応永二九年前後の少なくとも計二回、大規模な徳政を実施したことが指摘されている。中世の徳政は代替わりに限らず、天変地異にさいしても盛んに実施された。天災は失政に対する仏神の怒りのあらわれと認識されていた当時、為政者は自身の不徳を反省して混乱の収束に尽力すべきだという政治思想がその背景に存在した。応永二九年前後の第二次徳政は、災異徳政としての性格をもっていた〔清水：二〇

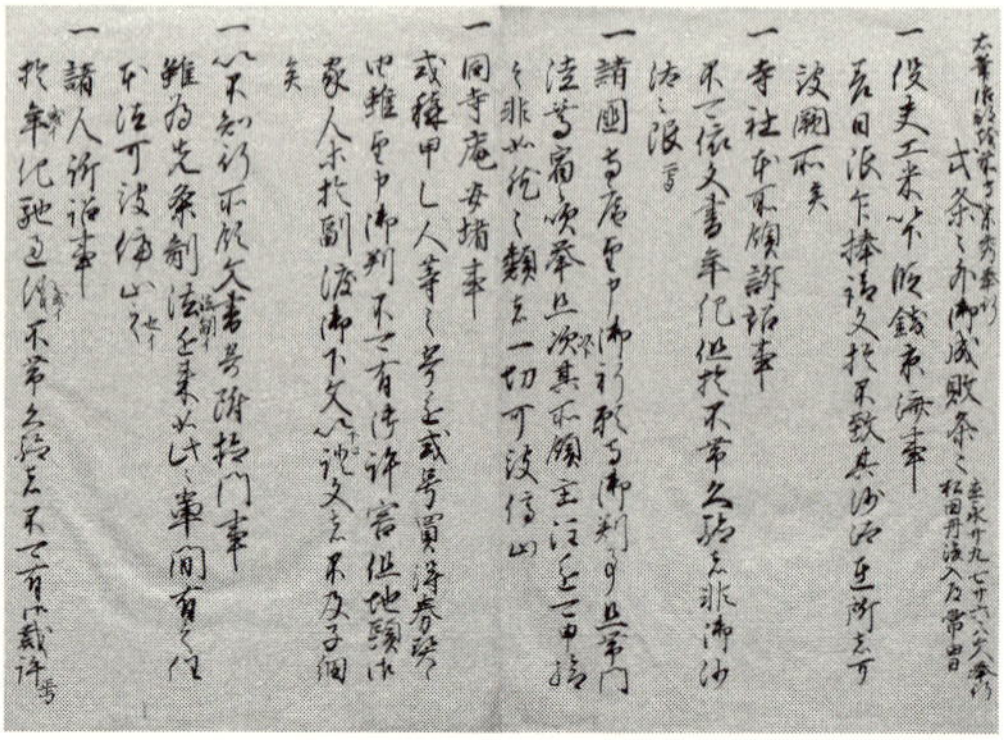

御成敗条々（部分）
(『式条々外御成敗之事並寺社御教書事』国立公文書館蔵)
冒頭上部に右筆奉行の，下部に公人奉行の名前がある。

一二)。義持が応永二八年八月一四日、管領職を九年近く務めた細川満元の後任に腹心の畠山満家を選び、一二月七日には侍所所司・山城守護を一色義範から京極高数に交替させたのも、陣容を一新して災異徳政にのぞむための布石とみられる(『看聞日記』、高数については一〇〇頁参照)。

この施行細則ともいえるのが、応永二九年七月二六日に義持が発した、「御成敗条々」と題する法令である(「室町幕府追加法」一六八〜一七八条)。要点として、①役夫工米《やくぶくまい》以下段銭《たんせん》京済《きょうせい》のこと、②寺社本所領訴訟のこと、③諸国の寺庵《じあん》御祈願寺の御判を望み申すこと、④寺庵安堵のこと、⑤不知行所領の文書をもって権門に寄附すること、⑥諸人訴訟のこと、⑦論人催促日限のこと、⑧替地を充て給わるのこと、⑨不知行所領のこと、⑩諸人安堵のこと、⑪紛失安堵のこと、以上の一一か条を列挙する。その内容は、前半①〜④の寺社に関わる事項と、後半⑤〜⑪の一般訴訟・安堵手続き事項と、大きく二つに分けられる。

①の役夫工米とは、伊勢神宮など国家的祭祀をつかさどる大社の改築費用のことで、これらの用途

に充てるため、田地の面積に応じて一国単位で課した臨時税のことを段銭という。段銭は現地納入が基本だが、領主らは何かと接待費がかかる催徴使の領内入部を忌避するとともに、あわよくば自身で水増し徴収して差益を中間搾取しようと、京都での直接納税を希望した。これが京済と称するもので、南北朝の内乱が鎮静化した義満期以降、室町殿と特別な関係にある公家・武家・寺社に特権として認可されるようになった。京済を許された有力者でも、納税期日を承諾しておきながら滞納した在所については、闕所として没収すると規定したのが①である。

この法令が出された応永二九年には伊勢外宮の造替が計画されており、東寺は寺領の播磨国矢野荘に課された段銭の免除を、二月二七日これを管轄する幕府神宮方《じんぐうかた》の頭人太田康雄《おおたやすお》に申請したところ、「今度の賦課は厳命なので、義持様に免除のことを伺うのは無理だが、京済の申請ならば取り次ごう」と返答された（『東寺廿一口供僧方評定引付』）。天変地異に直面するなか、義持は攘災を祈る伊勢の式年《しきねん》遷宮《せんぐう》を速やかに遂行するため、有力寺院でも免除を認めず、①で京済の厳格化をはかったと考えられる。この応永三〇年前後を画期として、段銭の免除・京済を通知する幕府奉行人の奉書が、一人で署名・加判して出す単署制から、二人以上で署判する連署制へと移行して、事務にあたる奉行人の拡充が認められる〔小林：一九七六〕。こうした段銭制度の改革も、攘災を背景に徴収が徹底された応永二九年役夫工米の手続き運用と連動しているのである。

次いで②の、寺社本所領回復に関する訴えについては、証拠文書の年紀によらず認めると規定された。年紀とは所領の知行権を証明する有効期限のことであり、これが途絶えないよう文書の更新発行を受けなければならなかった。よって②は期限切れの無効な文書でも証拠として採用する破格の寺社優遇法なわけだが、証文そのものを所持していなければ訴訟を棄却するとして、由緒を示す文書の存在を重視している。また③と④にある将軍家祈願寺や幕府安堵寺領には、諸役免除や守護不入など種々の特典が付与されたが、③では諸国の寺庵から届く祈願寺申請の認定にあたり、高僧や領主の推挙・注進がなければ受理しないとして、際限ない寺社の要望に歯止めをかけている。同じく④の寄進・買得地に対する寺庵の安堵申請についても、将軍家下文などの根本券契をそえた場合は認めるが、庶民の寄進状・売券をもって求めても却下すると、抑制を加える方針が示された〔伊藤喜良：二〇〇八〕。外寇・天変・飢饉・疫病と災厄が相次ぎ、義持は仏神への依存傾向を強めていたが、これを好機とみた寺社の徳政要求を野放図に許容したわけではなかった。災異徳政にさいして客観的な判断基準を明文化して、恣意による運用を防止しようとした点からは、仏神一辺倒でなく同時に人知も尽くす義持の合理性がうかがえる。

「理非」の糾明

このことは、訴訟・安堵の一般手続きを定めた後半の⑤~⑪で、さらに明瞭となる。これらの法令を画期として、訴人《そにん》（原告）と論人《ろんにん》（被告）双方に提出させた証拠文書の審理を重視し、「理非」を見極める傾向があらわれるのである〔家永：一九九〇〕。すなわち⑥では、寺社本所領を除く通常の訴訟について、たとえ有力な権門勢家であっても、証拠文書の有効期限である年紀が切れている、あるいは証文自体がないという場合には、裁許を行わないと明言している。このような年紀切れの証文をもって由緒を主張し、替地の闕所を要求する者が多いとして、あらためて⑧でこれを禁じている。また⑪にある紛失安堵とは、証文の紛失時それに代わる文書を作成して権力の保証を得ることをいうが、ここでも当知行の場合を除いて年紀切れは無効と強調している。失地回復をもくろむ人々は徳政の機運を逃すまいと、すでに無効となっている証文を持ち出してきて、幕府の訴訟窓口に群がっていたのである。こうした事態に義持は、たとえ室町殿の安堵状を獲得していたとしても、対象地を知行できていなければ不知行所領とみなし、文書の年紀は更新されないと規定して、⑨で念を押した。不知行所領を有力者に寄付し、失地回復の支援を求める行為も、⑤において禁止した。

義持は証拠文書の審査を厳密に行う姿勢を明示するとともに、⑦において論人の異議申し立て期間を設けた。訴人の提訴を論人に通達後、二一日を経過しても幕府に応訴しなければ、違背を理由に訴人を勝訴とする内容であり、応訴を求める手続きと、期間内に反論しない場合の迅速な処理を定めている。序章で述べたとおり室町幕府は、南北朝内乱の激化にともない、一方の当事者からだけ要求を聞いて裁許を下す「特別訴訟手続」を採用してきたが、訴論人双方の主張を客観的な論拠にもとづき審理のうえ裁断する方針を、義持はここで明言したのである。この法令は訴人と論人の対決を訴訟制度に組み込んだ点に意義があり、これを機に応永三〇年代には論人側の申状・証文を審理・披露する論人《ろんにん》奉行《ぶぎょう》が設置された。南北朝期以来の訴訟では、本奉行と呼ばれる奉行人が単独でこれに対処してきたのだが、⑦の手続きをスムーズに運用する必要から、訴人と論人の双方にそれぞれ担当奉行が付くようになったのである〔松園：二〇〇八〕。

訴訟だけでなく安堵も序章で論じたごとく、観応の擾乱以降における激戦で、現地の支配が貫徹されているか確認しないまま、忠勤を目安に即座に発給されてきた。こうしたなか義持は、「支配しているはずの当知行を理由に安堵状を申請しておきながら、その引渡しを下達する施行状も一緒に所望する者は虚偽申請の疑いがある」として、⑩で安堵施行の発給を停止した。当知行を保証するにすぎない安堵が、不知行地の回復に利用されることを警戒したのである。義持は安堵の虚偽申請を、時間・労力を要する現地調査ではなく、安堵施行を廃止することで事前に予防し、「安堵申請者＝当知行人」の原則を確立しようとしたといえる〔吉田：二〇〇四〕。「特別訴訟手続」や安堵施行は、押領が常態化していた義満初期まで一定の効果を発揮したが、平時に移行するなかで領有秩序を揺るがす弊害が目立ちはじめていた。これらを改める方針が、「御成敗条々」で打ち出されたのである。

発布に至る経緯

「御成敗条々」のように、所領政策・訴訟制度に関して包括的にまとめられた法令は、南北朝期以来ほとんど出されてこなかった。それが応永二九年（一四二二）七月になって公布されたのは、いかなる経緯によるものか。寺社本所領保護と雑訴興行をうたう本法令は、第二次徳政の直接的な契機であり、多くの所領相論はこれに触発されて巻きおこったと指摘されている〔清水：二〇一一〕。しかしながら権大外記の中原康富が自身の日記に、「このたび雑訴以下の訴訟を、義持様は厳重に御成敗されるらしい。大変喜ばしいことだ」とつづったのは応永二五年一二月一三日のことであり（『康富記』）、「御成敗条々」発布の四年前に第二次徳政は開始されていた形跡がある。

これを裏づけるのが、幕府奉行人の飯尾清藤が北野社に納めた同年一二月八日付の起請文である。その項目は全部で六か条あり、一か条目には寺社の訴えを速やかに審理すること、二か条目には訴状・申状の到来後二〇日以内に義持に披露すること、三か条目には権門勢家に都合の悪い訴えでも披露を後回しにしないこと、四か条目には訴訟当事者から賄賂を受け取らないこと、五か条目には「理非」の審理で不正をたくらまないこと、六か条目には室町殿の側近や同僚の口利きで披露を中止しないこと、といった事柄を義持の崇敬する伊勢・八幡・北野の三大神に誓う内容となっている（「北野社文書」）。先述した中原康富の証言と考え合わせると、寺社本所領保護・雑訴興行を柱とする第二次徳政の開始にあたり、実務を担う奉行人らは義持から右の起請文を提出させられたのだろう。前半一～三か条は迅速な審理・披露、後半四～六条は厳格・公正な審理の実現が誓約されており、「御成敗条々」の理念に通じる要素がある。

この応永二五年一二月八日という時期は、富樫満成の失脚後に当時管領だった細川満元が訴訟受理を再開した、わずか二週間後にあたる（一七五頁）。政争で管領の訴訟受理がストップする異常事態に、人々の不満は高まっていた（『康富記』同年七月二一日条）。これに加えて旱魃が続き社会不安が増大するなか、天譴を恐れる義持は「失政」を挽回すべく第二次徳政に踏み切ったと考えられる。右の起請文からもうかがえるように、義持が「理非」にこだわった要因としては、代始めの第一次徳政での反省が影響していると思われる。かつて義持は代始め徳政に意気込むあまり、拙速に下した裁許を取り消す苦渋を味わっていた。裁許の撤回は義持の権威を低下させる恐れがあり、これを防ぐため闕所処分の規定を厳格化した点は七二～七四頁で既述した。こうした経験を踏まえ義持は、あらかじめ「理非」の糾明を周知徹底したうえで、第二次の災異徳政にのぞんだと考えられる。

それでも失地回復を狙う訴人らは、徳政の好機を逃すまいと失効した証文を掲げ、あるいは証文を所持しなくても、なりふり構わず幕府の訴訟窓口になだれ込んだ。これを取り締まることに「御成敗条々」の目的があったことは、すでに見たとおりである。安堵施行の規制についても、戦時の「即時型」安堵が平時に導入された結果、不知行人が幕府に安堵を虚偽申請し、その施行状を不正に受給して、知行秩序を揺るがしていたことが前提にあった。たとえば肥後の阿蘇惟郷《あそこれさと》は、応永二二年に幕府の安堵状と施行状を申請し、二年後これらを首尾よく獲得して阿蘇神領への入部を強行し、同族の惟兼に抵抗されて合戦におよんだ。徳政を機に多くの人々が安堵を求めて幕府に殺到するなかで、その執行を命じる施行が実際に不知行地の回復に利用され火種となっていたのである〔吉田：二〇〇四〕。

これらの状況を踏まえると、応永二九年七月の「御成敗条々」を契機に第二次徳政が開始されたのではなく、逆に第二次徳政中に頻発したトラブル対応に迫られて「御成敗条々」の制定に至ったといえる。同年に義持の裁許が急増するのは、本法令で問題処理の細則が決められ、審理の円滑化がはかられた結果と考えられる。

2　機構・制度改革の展開

災異徳政に対する一連の取り組みは、副産物を室町幕府にもたらした。「御成敗条々」①の段銭徴収徹底や、⑦の論人応訴手続きを運用するため、段銭奉行の増員・論人奉行の設置がなされたように、徳政遂行にともなう実務業務の増大で、幕府奉行人の制度が拡充されたのである。段銭などの免除を伝える奉行人奉書も義持期に増加する一方で、同じ案件をあつかう管領奉書は「御成敗条々」が出された応永二九年から見られなくなる〔吉田：二〇〇三a〕。これは諸役免除が吏僚中心の処理に移行したことを意味しており、①の伊勢外宮役夫工米徴収にともなう段銭制度の改革を契機とした可能性が高い。内閣文庫所蔵の写本「式条々外御成敗之事」には、本法令の執筆にあたった右筆《ゆうひつ》の治部《じぶ》宗秀《むねひで》に加え、奉行衆の首座たる公人《くにん》奉行の松田《まつだ》満秀《みつひで》の名前が記されている〔二〇四頁写真〕。従来の室町幕府法では記録係の右筆名は記されても、法令発布の責任者として公人奉行が名を連ねることはなかった。また「御成敗条々」⑤⑦⑧の内容には、鎌倉幕府の御成敗式目や追加法を参照した形跡があるという〔笠松：一九七二〕。法曹の専門知識を駆使した「御成敗条々」の編纂《へんさん》自体が、奉行衆の総力をあげて実現したものとみてよいだろう。

奉行人の整備

観応の擾乱で奉行衆も分裂したことで、室町幕府吏僚の人材基盤は成熟期の鎌倉幕府に比べて貧弱だった。こうした奉行人制度の整備時期として、義持の弟で六代将軍となった義教の正長・永享年間

（一四二八〜四一）が、これまで注目されてきた。これは直属吏僚の充実が義教の専制志向に引きつけて理解されたせいだが、その端緒が義持の応永二〇年代にさかのぼって確認できる以上、その要因として別の説明が必要となる。また訴訟の裁決にあたり、奉行人に法制上の見解を諮問する意見制も、義持の応永中期には成立していたと指摘されたにもかかわらず、義教の時代が画期とみなされがちで

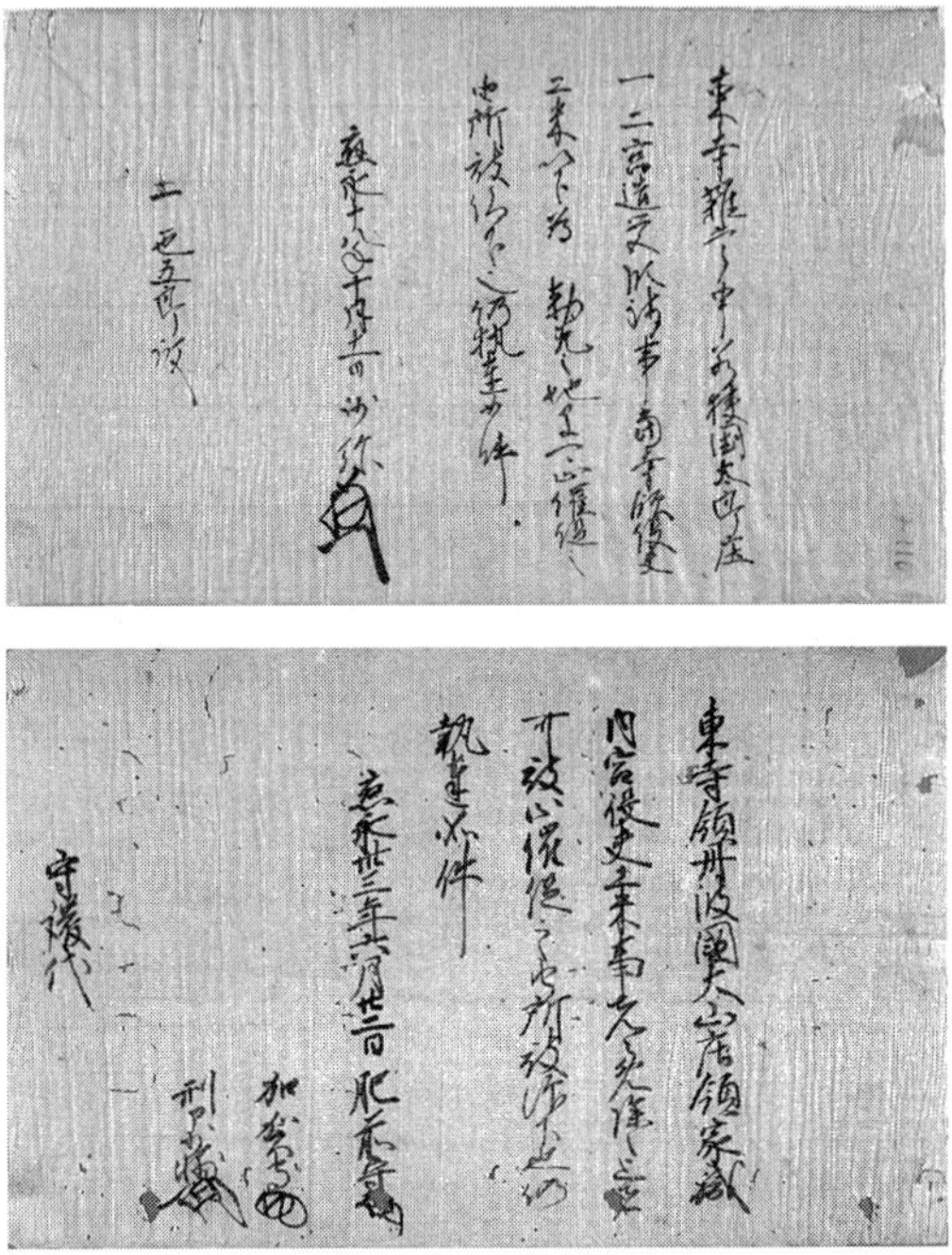

段銭免除の管領奉書（上）と奉行人連署奉書（下）
（東寺百合文書，京都府立京都学・歴彩館蔵）
管領奉書に畠山満家の署判，奉行人奉書には左から太田康雄・斎藤基貞・飯尾為種の連署がある。

ある〔今谷：一九八二〕。しかしその初見が七六～七七頁で述べた東寺と寒川元光の相論で、応永二〇年（一四一三）奉行衆が当時の管領細川満元に「寒川に理あり」と上申した意見だった点は、やはり重視すべきである（『東寺鎮守八幡宮供僧評定引付』一二月六日・一三日条）。代始め徳政で惹起した複雑な訴訟案件の処理を名目に、奉行衆への諮問が始められたと考えるべきだろう。その結果、細川満元は被官の寒川を逆転勝訴させることに成功したのであり、決裁の法的正当性を担保するのに意見制の有用性が証明された。室町幕府の奉行人制度は、徳政を発端に相次いだ問題に対処する過程で鍛え上げられ、応永二〇年代に整備されていったのである。

連絡の緊密化

禅院に関する案件でも、同様のことがいえる。二六頁で述べたとおり五山禅院の人事・訴訟については、相国寺鹿苑院主の僧録が室町殿に披露・決裁を仰《あお》いでいたが、やがて僧録の執務を補佐する蔭凉職《いんりょう》の禅僧がこれらの取次役となり、八代将軍義政の長禄・寛正年間（一四五七～一四六六）には、僧事の諮問にあずかり大きな権能を有することになる。その濫觴《らんしょう》もやはり応永二〇年代に確認でき、いまだ蔭凉職の名は見られないものの、仲方中正《ちゅうほうちゅうしょう》という学芸に優れた禅僧が義持と僧録の間を仲介しはじめた〔玉村：一九七六〕。すなわち応永二一年五月一八日に仲方は、京都西郊の地蔵院という禅院から預かった、近江国高島郡横山郷一切経保田に関する証文を義持に披露して、翌日これを地蔵院に返却したことが知られる（「西山地蔵院文書」二―一七）。これは延暦寺青蓮院に属する尊勝院からの知行回復要求を受けて、地蔵院の異議申し立てを義持に取り次いだものだった〔早島：二〇一五〕。尊勝院の提訴は代始め徳政の機運を捉えたものとみられ、五山禅院領をめぐる訴訟も徳政をきっかけに増加したことがうかがえる。こうした状況下、義持は僧録との連絡を強化するため、蔭凉職の前身となる五山禅院専属の取次制度を設けたと考えられるのである。

雑訴興行の方針は、公武交渉のあり方にも影響をおよぼした。応永二五年に義持は、三条坊門第に参仕した家司の広橋兼宣に対して、後小松上皇が真偽を糾明しないまま院宣を濫発していることを難じ、院宣の発給前に問題ないかチェックするから自分に知らせるよう、伝奏として後小松の近臣たちに触れ遣わせと命じた（『康富記』八月一三日条）。裏松重光の没後、広橋兼宣は義持の家司筆頭であるのと同時に、後小松に仕える伝奏でもあり、朝廷と幕府に両属する立場から、双方より命令を受け伝奏奉書を発給していた。ここで義持は家司の伝奏を介して、朝幕間における連絡の緊密化をはかったのである。応永二七年に兼宣はじめ廷臣の多くが義持の不興を買い、三条坊門第への出仕をとどめられると、後小松は義持の近侍として残留した勧修寺経興《かじゅうじつねおき》を伝奏に任じた。朝幕間の意思疎通にあたれる廷臣が、伝奏の任務をまっとうできる必須条件とされたことがわかる〔家永：二〇一三〕。

周囲の口添えにまかせ院宣を濫発した後小松は、わがままで子どもっぽい面があったことが、残された複数のエピソードからうかがえる〔横井：一九七九〕。たとえばこの少しまえ、称光天皇が自分に仕える新内侍《しんないし》の懐妊を我が子と認めず、これを聞いた後小松は中納言松木宗量《まつきむねかず》の讒奏《ざんそう》を信じ込んで、「伏見宮貞成が不義密通を犯した」と義持に言い立てる騒動があった。義持は広橋兼宣を使者に立て貞成から事情を聴取して事実無根と冷静に判断、なおも後小松が共謀の疑いで勾当内侍《こうとうないし》を宮中から追放しようとするのを、理不尽と諫止《かんし》してとどまらせた（『看聞日記』七月二〜二二日条）。また応永二七年九月には、同じく密通罪で追放された御所侍が赦免を求め仙洞御所に押しかけたところ、激昂した後小松によって捕らえられ六条河原で斬られる事件がおきた。公家法では反乱に参加した場合を除き、死罪を適用しないのが原則であり、公刑として最も重いのは通常だと流罪だった。このときも義持は広橋から後小松の意向を伝えられ、先例では流罪が妥当と諫めたが聞き入れられず、しかたなく斬首を命じたのだった（同九月二〇日条）。後小松には理性よりも感情を優先させてしまうところがあり、その後始末に義持が奔走させられることも多かった。

　それでは応永二五年のタイミングで、ことさら院宣の信頼性が問題視されたのはなぜか。翌年一〇月二〇日、山城国植松荘港所《こうしょ》をめぐる東寺と中御門宣輔《なかみかどのぶすけ》の相論について、奉行人の松田直頼《まつだなおより》から披露された義持は、東寺から提出された証文を重視して、宣輔が所持する院宣の精査を広橋兼宣に指示したことが指摘されている〔松園：二〇〇八〕。軽率に出された院宣は実際に訴訟を惹起させていたのであり、この撤回が相次げば上皇の権威を失墜させる恐れがあった。義持が院宣の点検を応永二五年八月から開始したのは、雑訴の興行にあたり予想される混乱を未然に防ごうとしたのだろう。崇賢門院《すうけんもんいん》（広橋仲子）領の丹波国井倉《いのくら》山に関しても、同年やはり審理を経ないまま院宣が発給されてしまい、一二月一四日これを執行する管領奉書の発給手続きを進めたとして、幕府奉行人の松田貞清《まつださだきよ》が義持の怒りを買い籠居《ろうきょ》させられた（『康富記』）。たとえ後小松の祖母の荘園であろうと、義持は厳格な審理を求めたのである。これは義持が奉行人に起請文を書かせた六日後の出来事であり、奉行人の倫理規定と朝幕間の連絡強化は別個の事柄でなく、ともに「理非」を重視する第二次徳政に向けた環境整備だったことが判明する。

都鄙の制度再編

深刻化する社会不安への対処は、財政の再編も促進させた。慢性的な天災・凶作を契機に、国家安寧・五穀豊穣を願う既述の祈年穀奉幣をはじめ、南北朝の内乱以来、停滞していた朝廷の祭祀が、この前後に義持の資金援助を得て次々と復興された。だが明との断交によって巨額の貿易利潤を見込めないなかで、ふくれ上がった財政支出をまかなうには、どうしても既存の財源を見なおさざるを得なかったのである。応永二六年（一四一九）祈年穀奉幣の再興では、計上された総費用二八一貫七〇〇文のうち、一一〇貫八〇〇文が土倉役、残りは守護の国役から拠出された（『兼宣公記』）。これを機に室町幕府は土倉酒屋役を恒常財源の主軸にすえ、臨時財源である守護役で拠出の補塡を行うようになる。二二頁で述べた、土倉酒屋役の徴収を請け負う土倉方一衆の有力者数名は、その主要財源化にともない応永二〇年前後に幕府の公方御倉《くぼうおくら》に抜擢され、納銭方《のうせんかた》として政所の下で現銭の管理・出納をゆだねられた（桜井：二〇〇二、早島：二〇〇三）。宋希璟に随行した通事の尹仁甫《いんじんほ／ユンインボ》が朝鮮に帰国後、幕府財政について「国に府庫《ふこ》なく、ただ富人をして支待《したい》せしむ」と報告したのは、これらを視察してのことだった（『李朝実録』世宗二年一〇月癸卯《八日》条）。

こうした災異徳政下の危機対応は、中央機構にとどまらず地方制度の再編をも促した。朝儀の費用を捻出するため、室町幕府が朝廷財源である段銭の徴収を肩代わりしたことは一〇頁で述べたとおりだが、伊勢神宮の造営費である役夫工米の場合は古式にのっとり、朝廷の造宮使やこれに属する大《おお》使《つかい》がいまだ徴収に参与していた。ところが応永二六年一〇月に造宮使から現地で徴収にあたる大使に免除が伝達されたのを最後にその活動は確認できなくなり、代わって同二九年二月には幕府の意を受けた守護方より納付を命じる配符が荘郷に入れられた。これらにより役夫工米は応永二六〜二九年の間に、大使から造宮使に対してではなく、守護から幕府に納銭されはじめたと推定されている〔百瀬：一九六七〕。ちょうど中央では、段銭奉行や公方御倉の改革が進められていた時期であり、これらと役夫工米納入経路の変化は一連のものと考えるのが自然だろう。

幕府が段銭などの朝廷財源の催徴を行うようになる点について、かつては朝廷の権限を幕府が奪取するという権限吸収的な視角から説明されてきたが、近年では序章で述べたように内乱で衰微した朝廷機能の代行と捉えなおされる傾向にある〔松永：二〇〇六、早島：二〇〇六〕。よって役夫工米が応永末年になって守護から幕府に納入されはじめるのも、朝廷との権限争奪の帰結としてではなく、別の理解が必要となってくる。享徳二年（一四五三）東寺は造営費用に越前の段銭を充てることを幕府から許され、現地に大勧進を派遣して徴収を試みたが不調に終わり、この結果たとえば永享五年（一四三三）外宮役夫工米では諸国の未進額が数千貫文にのぼることもあり、賦課に対する在地の抵抗は根強かった〔百瀬：一九六七〕。したがって、義持が守護に役夫工米の催徴を任せて幕府に納入させたのも、天災の続くなか幕府主導で伊勢外宮を速やかに造替するため、徴収の強化・徹底をはかったものと理解できる。

在地支配の間接化

義満晩年の応永初年には守護が段銭や御家人役の催徴を請け負いはじめていたが、ここに役夫工米も含めて種別を問わず守護に委任されるところとなり、地域社会の富が守護を介して京都に吸い上げられる収取方式の完成をみた。義持の応永末年に室町幕府は在地に直接関与せずとも、土倉・酒屋に商業税を上納させて京都の富を、また守護職を兼ねる在京大名に命じて地方の富を、それぞれ吸収できる「都市依存型財政」へと転換をとげることになった〔早島：二〇〇三〕。この時期に諸役賦課のあり方が都鄙間全体で体系的に再編・整備されていったことがわかるが、徳政を直接の契機として守護の役割が拡大された点に注目したい。七二〜七四頁で論及したとおり代始め徳政でも、闕所の給与にさいして混乱を避けるべく、応永一五年の法令で複数存在した闕否の照会先が守護に一本化されており、やはり義持の政策を推進する必要から守護への業務委託がなされていた。

また義満期には室町殿が出す裁許や安堵の執行は、管領施行状を受けて出される守護の遵行状によって地方に伝達され、現地で守護方から対象所領を引き渡す沙汰付《さたしつけ》がなされた。しかし応永二〇年前後に義持は、前述の安堵状による失地回復を警戒して、守護に沙汰付を命じる積極的なものから、申請者に安堵を認めるだけの消極的なものへと、管領施行状の内容を変化させ、守護の安堵遵行を抑止する方針をとりはじめていた。ところが守護は安堵を獲得した人々の求めに応じて、管領からの指令を受けることなく独自の判断で遵行状を発給するようになる。応永一九年三月一二日、石見守護山名《やまな》教清《のりきよ》の奉行人は、幕府から安堵を得た同国の国人益田兼家《ますだかねいえ》に書状を出して、「当知行地のことなので、本来ならば遵行状をお渡ししないのですが、教清様の特別のおはからいにより発給しました。忠節を尽くされましたら、教清様も喜ばれましょう」と述べている〔「益田家文書」五一九〕。こうした状況は、

「御成敗条々」の⑩で管領の安堵施行が完全に打ち切られたことで加速し、守護は幕府の施行制度を介せず直接在地における知行保証能力を高めていった〔吉田：二〇〇四〕。このように徳政時の混乱や危機を打開するため、義持が断行した諸政策により守護の職権は強化されることになったのである。

守護の職権拡大は、観応の擾乱期を第一段階とするならば、義持期は第二段階の画期といえるが、前者が内乱時のなし崩し的な変化であったのに対して、後者は政策・制度的な整備の要素が強い点で差異がある。第二章で既述したように、奥州・関東・九州といった遠国を除く畿内近国の守護職は、在京大名に兼任されており、室町殿は彼らを介して地方の国々と間接的につながる傾向を強めていった。やがて一五世紀後半になると、大名は自身の財源として守護段銭の賦課を任国で恒常化させるとともに、守護管国内の知行秩序を一元的に保証するようになる〔田沼：一九六五、川岡：一九八六〕。ただし守護不入特権を有する室町殿直属の国人（直臣）は守護の統制外にあり、幕府―守護―一般国人、幕府―直属国人（直臣）を二本柱とする平時の諸役賦課ルートは、義持期から戦時の軍役賦課・指揮系統にまで転用されはじめる。これにより守護は一般国人の動員・指揮を請け負う一方、室町殿に直属する直臣は守護の指揮下に属さず一軍を率いる、幕府軍制の枠組みも確立することになった〔吉田：二〇〇三b〕。義持期に展開した都鄙にわたる機構・制度改革は、その後の室町幕府の基本構造を規定する重要な岐路であったといえる。

不安定な皇位継承

応永二八年（一四二一）夏を過ぎると疫病の猛威は沈静化へと向かい、幕府は餓死者・病死者を追善するため、六月一五日に五山禅院で大施餓鬼《だいせがき》法会を企画した。ここに応永の大飢饉は、一応の終息を迎えることになった（清水：二〇〇八）。だが息つくまもなく、義持は次なる難問に直面する。「御成敗条々」発布と同年の応永二九年、気丈だが病弱な称光天皇が三月下旬から体調を崩し、満済ら護持僧の平癒祈禱も験なく、六月八日には医師もさじを投げるほどの重態となった（『兼宣公記』、『満済准后日記』）。称光が生死の境をさまようなか、八月五日ごろ義持は後小松上皇の仙洞御所を訪れ、何気なく彦仁《ひこひと》王の名を口にした。彦仁はこの三年前に生まれた伏見宮貞成の嫡子で、父に将来を嘱望《しょくぼう》された崇光院流待望の継嗣であった（七頁系図参照）。義持は称光を見放したわけではなく、九月一八日には後小松の代官として伊勢に参宮するほど熱心に本復を願ったが、天皇の危篤で皇太子の不在が問題となり、万一に備えて彦仁に関心を示したようである（『看聞日記』）。

もっとも当年二二歳の称光には、三つ下の同母弟がいた。この二宮《にのみや》は兄以上に気性が荒く、二年前の応永二七年正月三日、仙洞御所で屠蘇《とそ》を飲む御薬《みくすり》という新年の祝賀行事が催されたさい、妹を蹂《じゅう》躙《りん》して後小松の逆鱗に触れ御所を飛び出し、義持の取りなしで一〇月ようやく勘当を解かれ、勧修寺経興の小川邸に移り「小川宮《おがわのみや》」と称されていた問題児だった（『看聞日記』）。この騒動などから、小川宮は精神を病んでいたとの指摘もある（桜井：二〇〇二）。『薩戒記』応永三二年二月一六日条に、「儲君《ちょくん》（皇位継承者）として、近ごろ勧修寺経興が養育していた」とあることから、小川宮が称光の世継ぎとして皇太弟に決まったのは勧修寺邸への移住後で、かつ称光が重態となり皇位継承候補について話し合われた、応永二九年八月ごろのことと考えられる。義持が彦仁を話題にしたのは、情緒不安定な小川宮の素行を懸念したためだろうが、後小松の後光厳流を存続させることが優先課題であり、この段階で伏見宮家の崇光院流による皇位継承は現実的ではなかった。

一二月になり称光天皇は奇跡的に回復したが、小川宮の異常な行動は皇太弟になってからも改まらなかった。応永三〇年二月一六日には、童姿か女房姿に変装して武器を持ったまま内裏に潜入しようと計画していることが、世話係である勧修寺経興の通報により露顕し、内裏と仙洞御所は大騒ぎとなった。女性関係のもつれによる報復が動機らしいが、後小松は常軌を逸した我が子の行動を歎きつつ、翌日よくよく義持の方から小川宮に教訓してもらいたいと伝え、厄介ごとを丸投げする始末だった。小川宮は企てを阻止された腹いせか、二二日に兄の称光が愛育していた羊をねだり取って撲殺してしまい、兄弟仲の不快が世間で話題となった（『兼宣公記』、『看聞日記』）。義持は後小松父子の間を周旋し関係改善に向けて尽力したが、その一方で彦仁の存在を視野に入れていたことは注目される。先行き危うい後光厳流が万一断絶したならば、崇光院流に皇位を継がせる選択肢が、おぼろげながら義持の念頭をよぎったのも、幕府の改革が大詰めを迎えた応永二九年のことであった。

将軍退任と出家

皇位継承問題に腐心する義持は、同時期に足利家の将来についても考えなければならなかった。飢饉が一段落した応永三〇年（一四二三）三月九日、将軍職を一七歳の嗣子義量に譲りたいと、義持から後小松上皇に申し入れがあり、一八日には義量に対する将軍宣下の儀が行われた。義持は広橋兼宣に命じて宣下を取り寄せ、三条坊門第内の新持仏堂で読みあげさせたのち、折り返し後小松に礼物を捧げた（『兼宣公記』）。勅使が後小松の伝奏と義持の家司を兼ね、

足利義量木像
（栃木・鑁阿寺蔵，栃木県立博物館提供）

また宣下の披露が義持のプライベート空間で行われ、さらに称光天皇や義量といった形式的な当事者は表舞台に登場せず、後小松と義持の間で朝幕の合意形成がなされた点は、当時の政治構造の特徴をよく反映している。

　こうして義持は三八歳の壮年で将軍職を退き、翌四月二五日の深夜に洛北等持院《とうじいん》に到り、院主元璞慧《げんはくえ》珙《きょう》を剃手《そりて》として、釈迦三尊・夢窓疎石・絶海中津ら祖師の絵像を前に出家した。これは義満の晩年にならい、俗界を超越した立場で奔放に政治を行うことが目的ではなく、義満も父義詮の享年にあわせて三八歳で出家していることから、直接にはその先例を意識したものであるらしい〔桜井：二〇〇一〕。義持の意識を探るうえで参考になるのは、等持寺で毎年挙行されている義満追善の法華八講に加えて、この一年前に義詮追善の八講が再興され、出家の当日には尊氏追善の八講も再興された点である。法華八講は先代一人を対象とするのが通常であり、今回のように歴代を供養するのは異例とされる〔細川：一九九八〕。義持の出家は、後小松上皇や称光天皇の反対を予想して直前まで隠密にされていたが、『満済准后日記』同日条には「去年より計画されていた」とあるから、尊氏・義詮の追善供養はこれを見越して再興されたことになる。義持は父義満ばかりでなく、曾祖父尊氏・祖父義詮に対する「孝養」を周囲にアピールすることで、治世を正統に受け継ぐ「君子」の出家としてセレモニーを演出したといえる。

義量への政権移譲の環境は、着々と整えられていた。九七～九八頁で述べたとおり義量のもとには、応永一七年の四歳時に伊勢党の面々が世話係として送り込まれ、一一歳になった同二四年の元服を機に畠山持清が中次として分遣された。また元服後には廷臣の家司も配属され、裏松重光の嫡子で義量のいとこにあたる義資《よしすけ》が、義量にも奉仕して公家関係の申次役を担当した。将軍襲職までに義量の近臣団は編成されていたのであり、幕府後宮に連なる裏松・伊勢・畠山のグループがその中核として結集していた。御方御所の義量に近侍する近臣団は「御方衆《おかたしゅう》」と呼ばれ、畠山・伊勢以外では大館持《おおだちもち》房《ふさ》・上野持頼《うえのもちより》・曾我持康《そがもちやす》・三上持高《みかみもちたか》・三淵持清《みぶちもちきよ》ら、のちに親衛軍の奉公衆に名前を連ねる精鋭が構成員だった。義量近習の筆頭であった畠山持清は、義量に取り次ぐ申次役をほぼ独占したほか、義量出座のもと自邸で供奉人を選定する評定を開き、また義量御所の門役配備を近臣団に通達する地位にあった〔青山：一九八八、家永：一九八八〕。

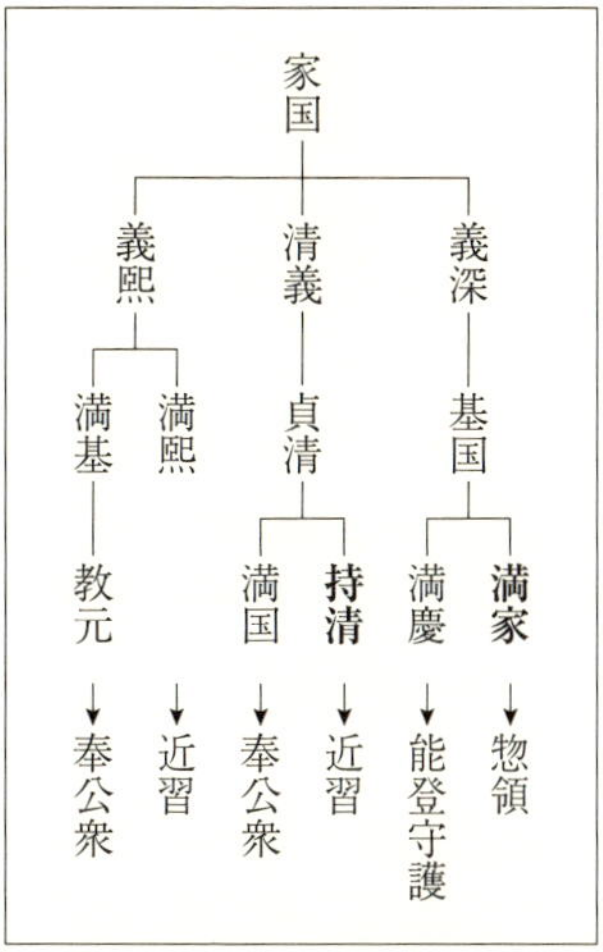

畠山氏略系図
（〔家永：1988〕を参考に作成）

義量近習の中枢に畠山持清があらわれるのに対応して、同じころ新たに義持近習の筆頭に登用されたのは赤松持貞《あかまつもちさだ》であった。持貞は春日部《かすがべ》流と呼ばれる赤松庶家の人物で、室町幕府の草創期、尊氏に貢献した赤松則村《のりむら》の子貞範《さだのり》を祖父

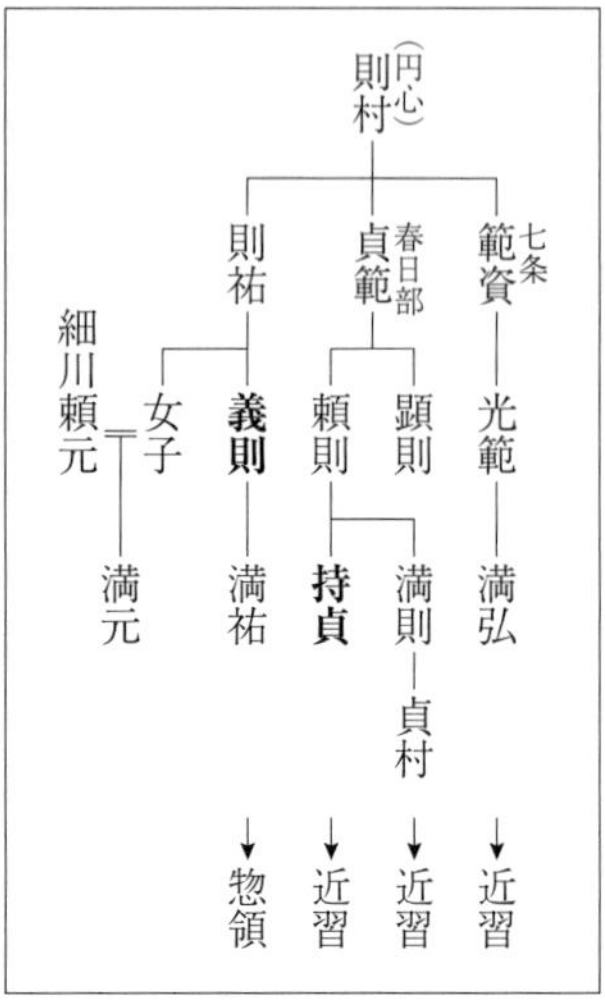

赤松氏略系図
（〔高坂：1970〕を参考に作成）

とする。義持近習としての初見は『看聞日記』応永二三年一〇月七日条とされ、このころは他の近習とともに義持の行列に供奉するにすぎなかったが、富樫満成なきあと義持の寵臣として頭角をあらわし、応永二八年末ごろ申次として義持と外部の間を取り次ぐようになり、同二九年には義持の日常的な意思を伝達する奉書の発給も行いはじめ、義持近臣団を統轄する地位にのぼりつめた〔森茂暁：二〇〇一、家永：一九八八〕。このように応永三〇年前後には、かつての「北山殿」義満と「室町殿」義持の併存時のように、「大御所（室町殿）」義持と「御方御所」義量とに近臣団は分属され、それぞれを赤松持貞・畠山持清がまとめる構成がとられるようになった。

出家後の将来構想

ただし義満の晩年と異なり、義持は北山第のごとき壮麗な別御所を建造せず、義量と三条坊門第で起居した点は、両者の相違点として注目される。これまで義量は三条坊門第の北対屋に居住していたが、将軍宣下の翌年八月四日に同敷地内の東小御所へと移り、そこに住んでいた義持側室の徳大寺俊子《とくだいじとしこ》が逆に北対屋に退いた〔『花営三代記』、九一頁図参照〕。東小御所には三条坊門第内を横切らずに、東上土門を通り伺候する必要があったことから、この建物は義持の御所から区別した独立御所のように見たてられていた（川上：一九六七）。将軍就任にともない、付属建物である北対屋よりも独立性の高い東小御所が、義量の居所に宛てられたのだろう。御台所の裏松栄子は、既述のごとく御方御所の近習を使役したことから、実子の義量と同居していたようであり、義量の死後も東小御所を住まいとした（『看聞日記』永享七年五月六日条）。義持が新第を造営しなかったのは、持ち前の倹約志向が直接的な要因としてすぐに思い浮かぶが、これに加えて義満とは異なる将来構想が背景にあったと考えられる。

義持の政治思想をうかがえる逸話として、この二、三年前に、博学で知られる摂関家の一条兼良が、和歌集の奥書に「柳営《りゅうえい》」と自署して義持の逆鱗に触れ、謹慎させられる出来事があった。当時兼良は左近衛大将の官職にあり、その唐名のつもりで「柳営」の語を用いたのだが、義持はこれを「将軍の号を犯すものだ」と激怒したのである（『兼宣公記』応永三〇年三月二一日条）。義持が将軍の称号にこだわりをもっていたことがわかるが、このことは「将軍の地位と天下の裁断とは不可分」とする、清原良賢の持論を想起させる（『建内記』正長元年五月一四日条）。第一章で述べたとおり儒学者の良賢は、教育係として義持の幼少時より近侍し、その思想形成に多大な影響を与えた人物である。これまでに本書に登場した後小松や義満、また斯波義将のように、中世には天皇家・将軍家・大名家などの家長が、制度的な「ポスト」から離れたのちも実権を行使するのが一般的だったが、応永三〇年当時の義持は宋学の名分論的な立場から、師匠の良賢に近い政治思想を懐《いだ》いていたのだろう。小川宮の諡号《しごう》を「龍樹寺宮」と定めるさい、将軍を指す「大樹」と重なると懸念されるほど、公家社会ではこのことに神経をとがらせていた（『看聞日記』応永三二年二月一六日条）。

義持が新第を造営せずに、自身と義量の御所を三条坊門第に内包させたのは、こうした考えを背景に、かつての北山第と室町第のごとき二極分化を避ける狙いがあったと思われる。三条坊門第は義持の将軍退位後も、将軍御所として政権所在地であり続けたのである。このころおきた「応永」改元問題にも、同様の志向性が認められる。前近代の年号で最長を記録していた「応永」は、三〇年にして代始めを理由に改元が検討された。称光天皇の践祚は同一九年で間があくことから、この代始め改元は義量の将軍就任を祝して、後小松上皇が義持の歓心を買おうと提起したものらしい〔森茂暁：二〇一一〕。だが義持は、これを止めた。将軍の交替で改元された例は過去になく、後小松の申し出を畏《おそ》れ多いと考えたのだろう。類例として亡父義満に対する尊号追贈の辞退を想起させるが、愛息義量を寿《ことほ》ぐ代始め改元も謝絶したところをみると、義持の判断は愛憎から発した感情的なものではなく、身分秩序を重んじる宋学の政治思想にもとづき一貫していたといえる。

このように義持は治世を義量に引き継ぐレールを周到に敷き、本格的に信仰生活に入るつもりでいた。出家の前月に義持は石清水八幡宮の神前で権俗別当《ごんのぞくべっとう》職に就任し、その補任状を満済に預けて醍醐寺の金剛院経蔵に大切に保管させた（『満済准后日記』三月二一日条）。石清水の権俗別当は、俗体で神事に奉仕する従五位相当の一神官にすぎず、これに義持が執着したのは神仏に傾倒していく兆候として注目されている〔大田：二〇〇九a〕。義持は出家前にどうしても、この職に就任したキャリアを残しておきたかったのだろう。また義持は出家後つねに黄衣を身にまとい、京童に陰で嘲笑されていた（『看聞日記』応永三二年九月一三日条）。黄衣とは禅の高僧間で人気を博した中国渡来の元風僧衣のことで、中国趣味の義持もこれを愛用して「五山長老」のようにふるまっていた〔清水：一九九九〕。さらに義持は石清水・北野・伊勢のほか、因幡堂・清水寺・清和院などにも頻繁に参籠していたが、出家後とくに北野社での滞在日数が年間三〇日を超過するまでに急増し、松梅院禅能《ぜんのう》の住坊に入りびたるようになった〔桜井：二〇〇五〕。出家した義持は名実ともに宗教界に足を踏み入れ、これまで以上に信仰生活に没頭しようとしていた。

3　応永三〇年の危局

鎌倉公方の暴走

隠遁生活にあこがれる義持だったが、応永三〇年（一四二三）出家後まもなく直面した難局の処理に追われ、政界に踏みとどまらざるを得なくなる。その問題の淵源は、上杉禅秀の乱後も安定しない東国情勢にあり、同年八月に義持は鎌倉府攻めに踏み切ることになる。前章で論じたとおり、幕府と鎌倉府との対立を前提視する通説に対して、見なおしを試みる研究も近年あらわれている〔亀ヶ谷：二〇一五〕。そこでまず、「応永三〇年の危局」と呼ばれる、東西決裂に至るまでの経過をたどってみる。

既述のごとく鎌倉公方の足利持氏は、氏憲（禅秀）残党の掃討に熱意を傾けたが、幕府に敵対するつもりなど毛頭なかった。たとえば応永二五年六月一三日、常陸の小栗満重を攻撃中も、使節を京都に遣わして義量の元服を賀している（『満済准后日記』）。その一方で持氏は氏憲与同者を執拗に追いつめ、翌年三月三日に上総本一揆を攻め、八月一五日に恩田美作守らを探索、応永二七年七月二〇日には氏憲子息の捕殺を命じた（「烟田文書」、「武州文書」、「松平基則氏所蔵文書」）。だが義持の側はこれを咎《とが》めるどころか同年一二月に持氏を従三位《じゅさんみ》に推挙し、応永二八年正月二四日に御礼のため上洛した持氏の使節を迎え、三月四日には三条坊門第で歓待している（『公卿補任』、『喜連川判鑑』、『花営三代記』）。この間に西国では、朝鮮軍の対馬襲撃や応永の大飢饉がおきており、これらの対応に追われていた義持は、旧氏憲派の残党狩りを黙認し、持氏との協調関係を保とうとしたとみられる。

ただし昇進御礼の進物を捧げてきた持氏に対して、義持は四月二八日付の礼状でこれを謝したのに続けて、「①甲斐のことは武田信重《たけだのぶしげ》に申し付けたのに、持氏から両使が現地に派遣されたと聞く。早々に召し返してもらいたい。②また常陸守護に山入与義を何度も推挙しているのに、いまだに履行されず心もとない。速やかに補任するように」と釘をさし、鎌倉府の管轄下にある甲斐・常陸の守護人事が懸案になっていたことがわかる（『昔御内書符案』）。まず①に関して義持は、一六五頁で述べた甲斐守護の武田信元が四年ほどで没すると、彼の兄信満の遺児で京都に亡命中の信重を登用することにしたが、正式の守護補任については鎌倉府の承認を待っていた〔杉山：二〇〇二〕。そのさなかの持氏による介入は、「甲斐に在国する武田信長《たけだのぶなが》という信重の弟に謀叛の噂があり、鎌倉から使節が派遣された」とする『喜連川判鑑』の記事に相当しよう。この使節は信長が陳謝して九月に鎌倉に帰還したとあるが、粘着質の持氏があっさりと引き下がったのは、義持の苦情に配慮した結果とも考えられる。

当初このように交渉による解決がはかられていたのだが、持氏に対する義持の心象を決定的に悪くしたのは②の常陸問題である。一五四頁で既述したように常陸では、山内上杉家から佐竹惣領家の養子に入った義憲と、これに反発する山入与義はじめ佐竹一族との間で争いが絶えなかった。義持としては常陸を安定させるため②の方針を固めたのだろうが、持氏の立場からすれば上杉氏憲にくみした与義の守護補任は受け入れがたく、二年半にわたり義持の推挙を拒み続けていた。こうした状況下で持氏に後援される佐竹義憲が、応永二八年一〇月に常陸における幕府御料所の年貢進納を急いだのは、これを履行することで常陸守護としての正統性を義持にアピールしようとするものだった〔杉山：二〇一四〕。この前月①に関して甲斐への干渉を中止した持氏は、②についても義憲に年貢を京進させることで義持の歓心を買い、譲歩を引き出そうと試みたと考えられる。持氏の側も、むやみに義持の提案を無視し続けたわけではなく、妥協点を探る努力をしていた。

しかし翌応永二九年に小栗満重が所領削減を恨み再び蜂起すると、持氏は六月一三日に軍勢を常陸に派遣したが鎮圧にてこずり、呼応を恐れ閏一〇月一三日ついに山入与義を鎌倉で誅殺してしまい、かえってその子息祐義《すけよし》らの反乱をまねき事態の収拾に失敗してしまう（「松平基則氏所蔵文書」、「鳥名木文書」、『喜連川判鑑』）。義持が東国政策を一気に硬化させたのも、常陸守護に推挙していた与義の横死に刺激されてのことだった。一一月二日この報告に接した義持は、面目をつぶされ「言語道断、楚忽《そこつ》の沙汰か」と激怒、上洛した持氏の使僧に半年間も対面を許さず、応永三〇年六月五日そのまま追い返した。同時に義持は小栗攻めに持氏みずから出陣したとの情報を得て、下野の宇都宮持綱に「鎌倉府の命令に従うな」と指示する一方、持氏に無断で武田信重を甲斐守護に、また山入祐義を常陸守護に任じた（『満済准后日記』）。義持がこれまでの交渉を打ち切り、鎌倉府の指揮を無効として事実上の断交を決意したのは、待望の出家をとげた約一か月後のことであった。

対鎌倉府の攻囲網

鎌倉府との直接対決は、父義満が避けたほどのリスクをともない、治世の根幹を揺るがしかねない大事であった。このことは義持も十分わきまえていたようで、軍事行動にあたり慎重に戦略を練った。すなわち応永三〇年（一四二三）七月四日に宇都宮持綱から幕命に従うとの密使を受け、満済に関東静謐の祈禱を開始させ、翌日には管領畠山邸に、細川、斯波、山名、赤松、一色、今川ら諸大名を集め今後の対応について諮《はか》り（大内盛見は病欠）、満済をして意見の聴取にあたらせた（『満済准后日記』）。満済が協議の場に遣わされたのは、醍醐寺領の多い上総の守護である宇都宮方との連絡を内々に取り次いでいたからだろうが、これを機に室町殿と大名衆議の仲介役として政治の表舞台でも重用されることになる。

さて義持の諮問は、第一に持氏が出陣した今となっては子細を問う使僧の派遣は無益ではないか、第二に常陸の山入・大掾《だいじょう》・真壁《まかべ》ら「京都御扶持者共《きょうとごふちのものども》」を積極的に援助してはどうかという内容で、両条とも諸大名の支持するところとなった。使僧を遣わすことは前回の大名衆議での決定事項であり、諸大名があっさり撤回したことを義持は不審がり、腹蔵なく意見を申し述べよと再確認している。鎌倉府との断交に神経をつかい、諸大名と何度も協議を重ねていたことがわかる。複数の大名に軍役負担を強いる重大事には彼らの協力が不可欠であり、義持は管領・諸大名に納得いくまで合議させ、出された結論をくみ入れて判断を下していた。大名衆議が室町殿の諮問機関として、この時期に最も円滑に機能していたのは、義持の「石橋を叩いて渡る」政治姿勢も多分に影響している。

いつもは腰の重い諸大名が賛意を示したのは、常陸の親幕勢力に支援を約束する御教書だけ送り、

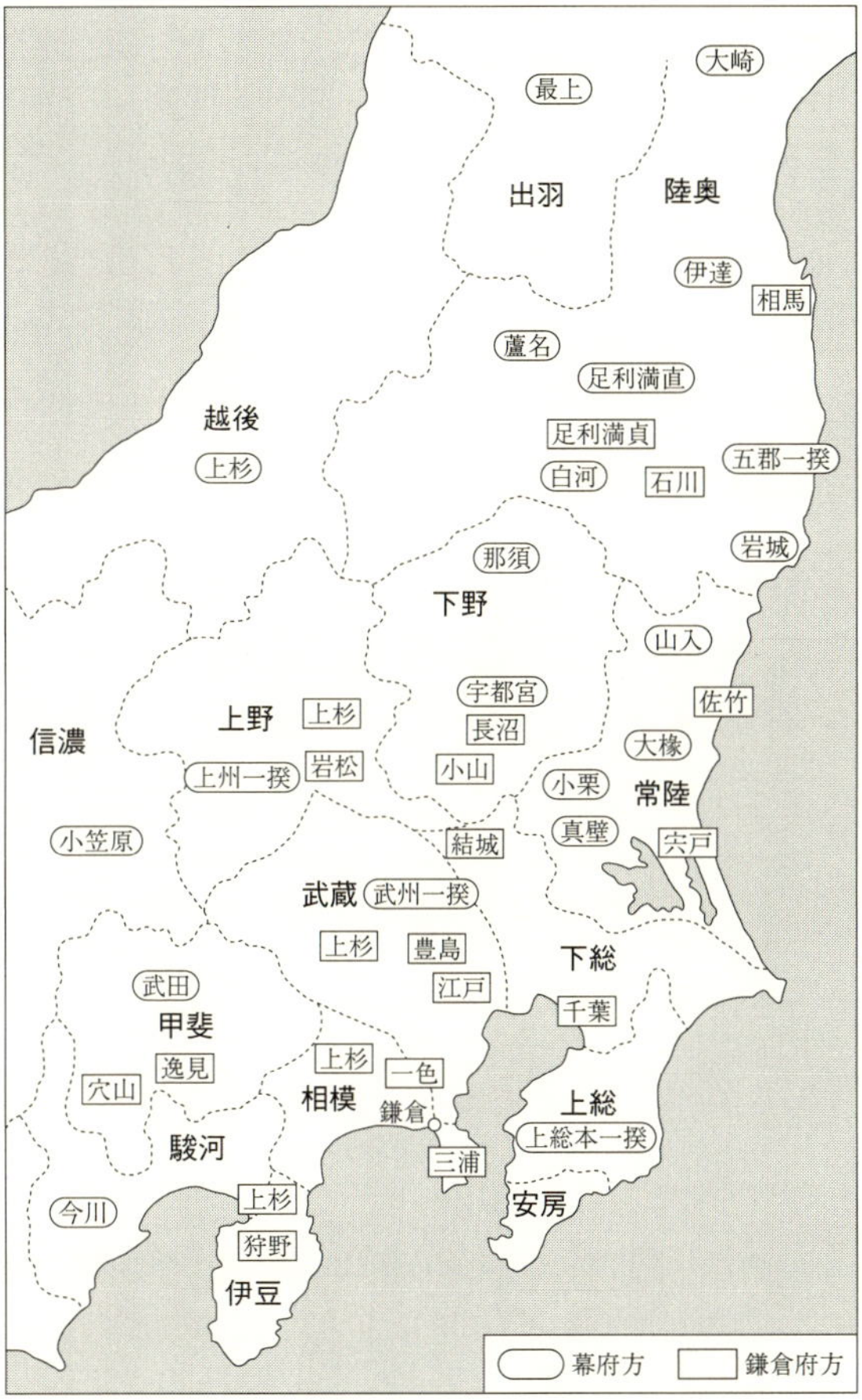

義持晩期の関東・南奥武士（〔伊藤喜良：2008〕より）

当面は様子を見るつもりだったことが理由にあげられる。禅秀の乱では東国勢の呼応が勝因となった経験から、在京大名は自兵を援軍に差し出す事態にまではならないと楽観していたふしがある。実際に右の方針が決した七月五日に甲斐の武田一族に対して守護武田信重に従い出兵を命じる義持の御内書が、七月一〇日に幕府料国である信濃の国人市河頼房《いちかわよりふさ》に代官細川持有《ほそかわもちあり》・小笠原政康《おがさわらまさやす》のもと常陸出陣を指示する管領奉書が出され、さらに同日には庶流の結城光秀を下野守護に登用して、持氏に忠実な下総結城一族の切り崩しを狙うなど、東国勢力に対する工作は迅速に進められた（『昔御内書符案』、「市河文書」、『満済准后日記』）。だが一三日に「関東討手下向事」で評定が開かれると、はたして諸大名は「一同難儀」と申し立て、在京大名の派兵は七月には見合わされた（『看聞日記』）。

　幕府の足並みがそろわないなか、持氏は「京都御扶持衆」を各個撃破していき、八月二日ついに小栗・真壁の両城を陥落させ、九日には宇都宮持綱をも自害に追い込んだ（「鳥名木文書」、「烟田文書」、『宇都宮系図』）。これに対して義持は、一一日ようやく駿河守護の今川範政らに牙旗を授け「逆賊征伐」の体裁を整えたが、一七日になり「京都より扶持の輩、大略滅亡」といった東国の戦況が伝わると、さすがに在京大名もことの深刻さに気づき、一九日から二三日にかけて斯波被官の遠江守護代甲《か》斐《い》祐徳《ゆうとく》・尾張守護代織田《おだ》常松《じょうしょう》と、一色被官の三河守護代氏家《うじいえ》近江《おうみ》入道《にゅうどう》が相次いで任国へと下向した（『看聞日記』、『康富記』）。また氏憲の子で京都に亡命していた上杉憲顕《うえすぎのりあき》・教朝《のりとも》兄弟も、禅秀の乱での雪辱を晴らそうと、駿河沼津・伊豆三嶋を荒しまわり、相模へと侵攻した（和氣：二〇〇七）。八月一八日に山入祐義に宛てた義持の御内書には、「牙旗を桃井宣義《もものいのぶよし》と上杉憲顕の子憲久《のりひさ》に授け、上杉勢は伊豆方面から、信濃勢は上野方面から進軍予定であり、関東武士の大半は出陣に応じる請文を提出した」と記されている（『足利将軍御内書并奉書留』）。

さらに持氏の叔父で南陸奥に駐在する篠川御所の足利満直や、上野・武蔵の小領主連合である白旗一揆（上州一揆・武州一揆）も軍勢催促の御内書を受け、参陣に応じる請文を連絡役の細川満元に提出

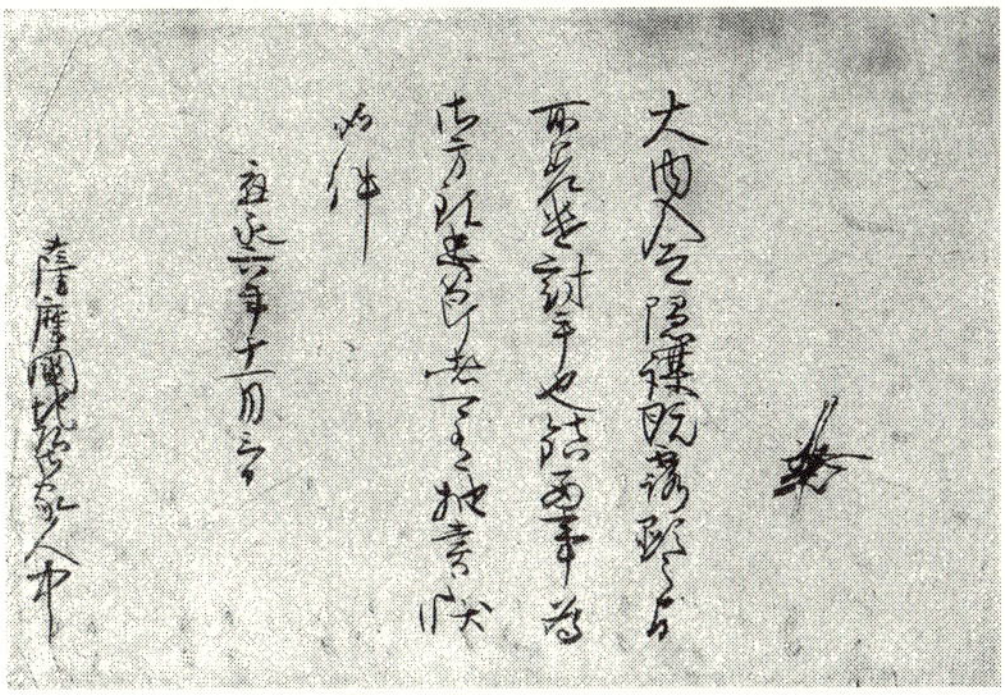

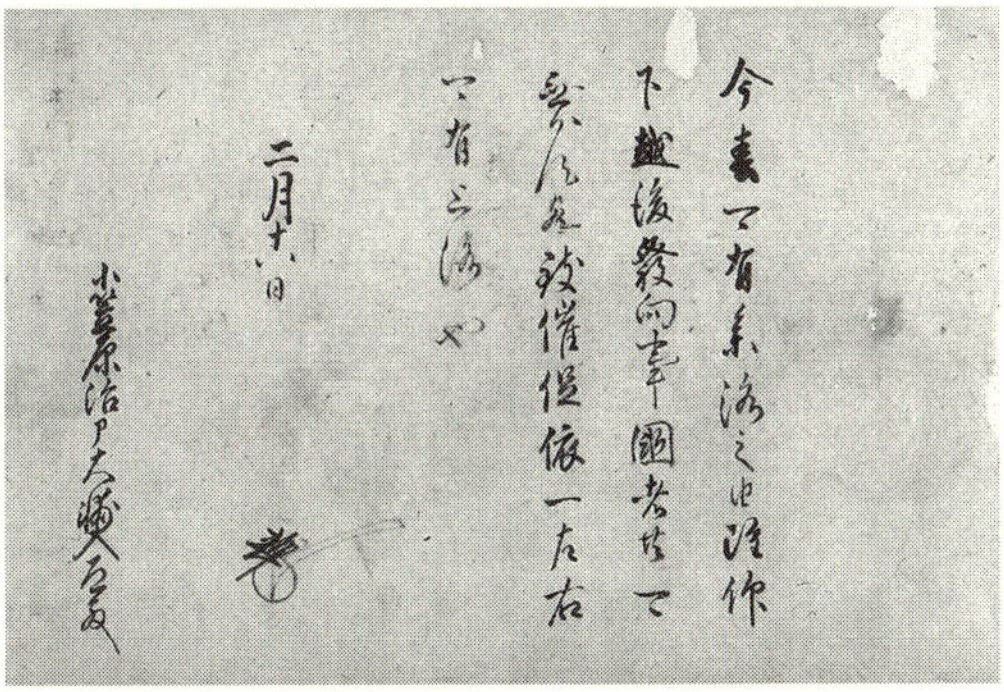

出兵を命じる義満の御判御教書（上）と義持の御内書（下）
（島津家文書，小笠原文書，東京大学史料編纂所蔵）
御判御教書は薩摩国地頭御家人（不特定多数）に，御内書は小笠原政康（個人）に宛てている。

した（『満済准后日記』応永三一年正月二四日条）。こうして義持は戦陣を立てなおすべく、東海・甲信・奥州・関東にわたる攻囲網を構築し、持氏に圧力を加えていった。ここで見られるように、義持の時期から室町殿が花押をすえる直状様式の軍勢催促状は、一斉に広く回覧させて参陣者を募る従来の公的な御判御教書に代わり、個別に送られる内々の書状から派生した御内書がもっぱら採用され、これを受けた参陣予定者に前もって承諾の請文を幕府に提出させるようになった。義持は個々の参陣者を事前に把握して、各戦線の状況に目配せしながら軍事行動を進める方式に切り替えたわけである。このような義持期の動員方式は、以後の室町幕府にも引き継がれることになる〔吉田：二〇〇三b〕。

都鄙の和睦交渉

応永三〇年（一四二三）八月二四日、義持は後小松上皇に対して、「関東・筑紫（九州）兵革蜂起、伊勢国司（北畠満雅）南方宮を取り申し義兵を揚ぐと云々《うんぬん》」と奏上し、来月一〇日に予定されていた三条坊門第に後小松を迎える御幸《ごこう》の延期を申し出た。九州の兵乱については『北肥戦誌』という近世の編纂物に、少弐満貞が同年五月に探題渋川義俊を攻め潰走《かいそう》させたとあるが、同年八月七日に渋川が少弐と菊池の争いを調停している事実が一次史料の「広福寺文書」で確認でき、探題の没落はこの年ではないことが明らかにされている〔本多：一九八八〕。ただし、このころ九州で紛争が頻発していたのは確かで、前年の五月一六日に管領畠山満家は「鎮西（九州）錯乱事」として、豊後大友親著《おおともちかつぐ》と肥後菊池《きくち》兼朝《かねとも》の合戦を制止せよという、義持の命令を上使小早川則平に伝えたが効果なく、大友と菊池は二一〇頁で述べた阿蘇一族の内紛に介入して、応永三一年九月になっても肥後で陣を構えていた（「阿蘇文書」二―二〇七・三七七・三八〇頁）。義持が後小松に語った九州の兵乱とは、このことを指すのだろう。禅秀の乱では九州勢の動員が計画されたが、今回はその余裕がなかったのである。

　北畠満雅の挙兵については、詳細がわかっていない。鎮圧軍派遣の史料が確認できないことや、「云々」という伝聞表現からすると、「南朝皇胤を擁して挙兵するらしい」という幕府のキャッチした未確認情報だった可能性が高い。応永三〇年八月一六日に南朝皇胤の上野宮が義持のはからいで相応院に入室させられたのは、これを用心しての処置と考えられる（『看聞日記』）。一一六〜一一七頁で述べたように、南北朝の講和条件である両統迭立を破棄した義持だが、門跡寺院に入れてしかるべき待遇を与えるなど、のちに断絶政策をとった弟義教に比べると穏健な手段で、旧南朝（大覚寺統）による皇位継承の可能性を断った〔森茂暁：一九九七〕。前回の北畠満雅の乱において、旧南朝の後亀山法皇を放置して不測の事態をまねいたことを反省し、今回いち早く手を打って南朝皇胤が政治利用されるのを未然に防いだといえる。

　このように関東出兵中に九州と畿南が不穏な情勢にあったのに加え、幕府膝下の京都も緊迫した空気に包まれていた。応永三〇年九月一八日、義持は諸大名を従え清水寺にこもり、京都市中に残した越後守護の上杉頼方《うえすぎよりかた》を討とうとして、細川満元と赤松義則に諫止される騒動がおきたのである（『看聞日記』）。越後上杉家では、禅秀の乱鎮圧で活躍した房方が応永二八年一一月一〇日に京都で逝去、跡を継いだ嫡男朝方《ともかた》も翌年一〇月一四日わずか一年で病死してしまい、二男の頼方が朝方の遺児幸《こう》龍丸《りゅうまる》を抱えこんで越後守護となり、国元の守護代長尾《ながお》邦景《くにかげ》と対立を深めていた。一六五頁で触れたように、越後上杉家は持氏を補佐する関東管領上杉憲実の実家であり、頼方はその実兄にあたるため、義持に鎌倉府との内通を疑われたようである。九月二五日、義持は細川・赤松の取りなしで頼方を赦免すると、これに反発して鎌倉府に接近した長尾邦景を討つべく、頼方に越後出兵を命じた（山田邦明：一九八七）。邦景討伐は越後方面から持氏を圧迫する攻囲網の一環でもあったが、現守護の頼方を援助する細川満元・赤松義則と、嫡流の幸龍丸を支持する畠山満家が対立して、越後上杉の家督問題をめぐり、幕閣の派閥抗争が表面化する事態になっていた（『看聞日記』応永三一年一一月二六日条）。

義持は鎌倉府との交戦中いくつもの不安材料を抱えていたわけだが、その一方で頼方を赦免した前日の九月二四日、分裂状態にある東北勢力をまとめるため、奥州探題大崎満持《おおさきみつもち》に篠川御所足利満直への合力を命じており、このころ北方から持氏に圧力を加える攻囲網をほぼ完成させた（『足利将軍御内書幷奉書留』）。稲村御所の足利満貞は持氏側につき、南陸奥で鎌倉府の防波堤としての役割を担っていたが、翌年一一月に鎌倉への帰還を余儀なくされたところをみると、孤立して劣勢だったらしい（杉山：二〇〇三）。京方の軍勢に包囲される形となった持氏は、この段階で常陸における軍事行動の目的を達成していたこともあり、和平を乞うため応永三〇年一一月二九日に使僧を上洛させ、さらに翌応永三一年二月三日には誓文を提出した（『満済准后日記』）。持氏としては、禅秀の乱で危機を救ってくれた義持と対決するつもりなどなく、『鎌倉大草紙』によると義持に咎《とが》められて驚き「京都に対し奉《たてまつ》り一切私曲《しきょく》を致さず、自今《じこん》以後は無二忠節をぬきんずべし」という趣旨の誓文を送ったらしい。故上杉憲基に対するように、頑固だが恩人には弱い持氏の性格がうかがえる。

これを受け義持は、二日後に細川満元と畠山満家を召して和睦受入れの意思を伝え、二月七日になり鎌倉府の使僧を相国寺鹿苑院で引見した。しかし実際の和睦成立までには時間がかかり、五月二九日に鎌倉府の使僧として上洛した芳照《ほうしょう》は、八月二二日に関東に戻るまでの三か月間、満済ら京都側の要人と何度も会見して話をつめ、持氏が武蔵から鎌倉へと帰陣したと京都に伝えられたのは一〇月一四日のことであった（『満済准后日記』）。和平にあたって持氏は、上杉氏憲の遺児憲顕・教朝に対する支援の打ち切りを幕府に求め、これが折衝の焦点になっていた〔和氣：二〇〇七〕。氏憲残党を許せない持氏は、紛争の原因が彼らの悪逆にあると訴え、義持から譲歩を引き出したとみられる。義持が誓文の内容を「いささか不本意」と述べつつも了承したのは、既述した京都側の不安要素や、飢饉・疫病による畿内近国の疲弊に配慮して、戦争を長引かせるのは得策ではないと思案してのことだろう。義持の大局的判断により、京都・鎌倉間の軍事衝突は泥沼化する前に決着がはかられたが、軋轢の原因である甲斐・常陸の守護問題は棚上げにされ、以後も尾を引くことになる。

徳政の曲がり角

持氏の誓文を受けて、去年以来の関東調伏《ちょうぶく》祈禱が結願《けちがん》した応永三二年（一四二四）二月一三日、義持は新たに「東夷いよいよ猶《なお》上意のごとく」なるよう祈念せよと満済に命じた（『満済准后日記』）。このころを画期として、義持の花押は二四一頁写真のように右へ大きく張り出すようになる〔上島：二〇〇四〕。これは持氏の誓文提出と時期的に重なることから、父義満も回避した鎌倉府との直接対決を幕府優位のもと制したという、義持のみなぎる自信が花押の変化に見て取れる。しかし一見すると順風満帆に思えるその裏で、応永末年には「仁政」を標榜する義持の治世に歪《ひず》みが生じていた。

すなわち応永二〇年代後半になると、天災・飢饉や朝鮮軍の対馬侵攻、鎌倉府との交戦などで祈禱の頻度が激増し、満済はじめ武家護持僧が盛んに動員されていた。さらに応永二九年から上皇・天皇に加え、義持・義量・栄子を守護する「三所祈禱」が始まり、公武密着による護持対象の増加にともない祈禱は飽和状態となる。対応しきれなくなった護持僧の辞退が相次ぎ、激怒した義持は諸僧を責め伏せ無理やり参勤させることもあった。親政開始当初の諸行事の簡素化と、これらは明らかに異なる方向性である〔大田：二〇〇九a〕。仏事・法会の盛行は人々を苦しめ、応永三〇年四月二五日に尊氏追善の法華八講が再興されたさいには、「重畳《ちょうじょう》真俗計会」といったように、繰り返し負担を強いられる僧俗の困窮が伝えられている（『看聞日記』）。同じころ攘災を目的として宝幢寺の壮大な伽藍《がらん》再建や、伊勢神宮造替費の徴収徹底が行われたことは既述したが、対外関係の緊迫化などを背景に地域寺社もどんどん復興されていく。これらは危機を利用して寺社側が守護方に要請し、在京大名が義持に働きかけた結果であり、義持の寺社再興事業は中央だけでなく、在京大名たちを介して全国的な広がりをみせていた〔大田：二〇〇九b〕。

このような過熱する寺社再建ブームも、初政期の「質素倹約」路線から逸脱している。義満晩年まで続けられ、義持親政の開始で中止された北山大塔の造営は、応永二五年九月九日に再開され、心柱《しんばしら》上部の九輪《くりん》に使う木材が鳥羽より北山に曳《ひ》かれた（『康富記』）。京都五山の一つで鎌倉末の元応元年（一三一九）に焼失した東福寺も、その三門にかかげられた義持自筆の扁額（二三九頁写真）裏面にある応永三二年の墨書銘から、やはりこのころ再建が果たされたことが判明する〔京都府教育庁指導部文化財保護課編：一九七八〕。大規模造営事業の復活は、地域社会に過重な負荷をかけた。畠山満家が守護を務める紀伊では、荘郷に対して守護役が増徴され、この圧力に抗すべく応永末年には各地で荘家の一揆が頻発していた〔伊藤俊一：二〇〇二〕。天皇護持・攘災祈願のため次々と再興された朝廷祭祀の費用も、守護役から拠出されたことはすでに述べた。地方の富が京都に流入する社会構造の確立は、大飢饉で飢民が食料を求め京都になだれ込む原因にもなっていた〔早島：二〇一〇〕。地域社会の動揺が応永末年に表面化するのは、こうした中央の政策と連動させて考えると理解しやすい。

東福寺三門（上）と足利義持筆三門扁額（下）
義持の時代に再建されたこの三門が，禅宗寺院としては現存最古のものである。

　しかしこれらは義持の嗜好性が、質素から華美へと豹変《ひょうへん》したことを意味していない。応永三二年四月二四日、後小松上皇は父後円融の三十三回忌で参列者に金銀の捧物《ささげもの》を望んだところ、義持が銅を用意したことで周囲もこれにならうことができたとして、諸人の窮乏を思いやる「御善政」と満済は日記に書き残した〔『満済准后日記』〕。もっとも『仙洞御八講記』という別の史料によって、実際は義持も銀の捧物を用意したことが明らかにされている〔井原ほか：二〇一〇〕。満済の記録は事実に反するわけだが、伏見宮貞成の『看聞日記』同年三月二八日条には「綾小路《あやのこうじ》信俊《のぶとし》の知らせによると、室町殿《（義持）》の捧物は金銀の枝葉だが、ただ金銅をもって沙汰せよと室町殿は申されているという。よって近臣はみな、金銅の捧物を進上するらしい」とあり、翌日条にも「信俊が捧物のことについて申すには、室町殿のご意向により、ほとんどの者は塗り物で用意するということだ」と記されている。迷った貞成が仏事の設営役である奉行の廷臣に問い合わせたところ、後小松の意向はあくまで金銀だということで結局これに従ったのだが、右の経緯から義持の指示は実際にあったと考えてよかろう。これらを整合的に理解するならば、義持はみずから銀を捧げて後小松をなだめる一方で、人々には銅でもよいと困窮に配慮する粋《いき》なはからいをしたのだろう。

　このように義持の倹約志向は晩年にも一貫していたが、その政治目標である徳政は、前述のごとく寺社造営や祈禱・祭祀・儀礼の増大をもたらし、社会を疲弊させるという皮肉な結果をまねいていたのである。

第六章　応永の黄昏——四〇代前半

1　晩年の光と影

宮廷のスキャンダル

関東の騒擾が一段落したのちも、義持を悩ませる事件が続いた。応永三一年（一四二四）五月六日に発覚した伊勢守護世保持頼《よやすもちより》と院に仕える女官の情事は、仙洞御所に出入りする廷臣と女房らの密通疑惑に発展し、一二日にはヒステリーをおこした後小松上皇が祗候の人々にかたっぱしから嫌疑をかけ、起請文を強要する騒ぎとなった。橘知興、中山有親、松木宗量が密通の罪を恐れ次々と逐電するなか、後小松は日野西資子《すけこ》にも執拗に起請文の提出を求め、母をかばう称光天皇の嘆願で六月四日ようやく免除した。もう一人、これを免れた女性がいた。義持と男女の関係にあった、上臈局である（『看聞日記』）。二〇人以上の妻妾を確認できる父義満に比べると、義持の女性関係は派手ではなかったが、正室の裏松栄子《よしこ》と側室の徳大寺俊子《とくだいじとしこ》のほか、小兵衛督局

応永34年（1427）義持42歳の花押

という愛人がいた〔伊藤喜良：二〇〇八〕。上臈局もその一人だったわけだが、義持は後小松と共通の愛人をもっていたことになる。

実は彼女の伯母にあたる三条厳子《さんじょういつこ》も上臈局と称され、後円融天皇に仕えて後小松を産み、その退位後に義満との密通を疑われ、後円融の逆鱗に触れる事件が過去にあった。上臈は厳子の代から、治天の君と室町殿の媒介を重要な任務とし、義満や義持の参内時その世話をしたことから、こうした公武の密着構造が宮廷スキャンダルの温床にもなっていた〔小川剛生：二〇一二〕。だが注目すべきは不祥事にさいして、義持のとった態度が父義満と対照的な点である。義満の場合は後円融上皇と軋轢を深め、仙洞御所に誰も寄りつかなくなり、上皇を自殺未遂に駆り立てるほど孤立させた。これに対して義持は、事件の発端である持頼の追討を美濃守護土岐持益《ときもちます》に命じる一方、毎日のように院参して大酒を飲んだ。これは陪席した廷臣を酔わせ密通の言質《げんち》をとる計略だと噂され人々を恐怖させたが、後小松の不興で廷臣が仙洞御所に近づけなくなっていたことからすると、純粋に機嫌なおしのため廷臣を強制参加させ連夜の酒宴におよんだようだ（『看聞日記』五月六日、六月四日条）。

実際に義持は騒動のさなか後小松のもとに足繁《あししげ》く通い、「誰であろうと仙洞御所に遅参してはならぬ」と厳命、それでも遅れた広橋兼宣、日野有光、裏松義資を謹慎処分とした。また兼宣以下の廷臣らに、院参時における自身への蹲踞《そんきょ》をとどめ、さらに今後は呼ばれなければ三条坊門第に参勤する必要はないと命じ、承服の請文まで提出させている（同六月五日・八日条）。廷臣に対する出仕の制限と主従の礼たる蹲踞の停止は、いずれも「廷臣は天皇・上皇に仕える本来的あり方に返るべきである」

という方針にもとづくもので、これを機に公武間の取次は複数の室町殿家司から、既述の伝奏を兼ねる家司に限定され、その地位はやがて「公武間申次《こうぶかんもうしつぎ》」と呼ばれるようになる〔桃崎：二〇〇九、家永：一九九〇〕。

以後の公武交渉のあり方を規定する制度が、不祥事で揺らぐ後小松の権威を支えるため、義持により確立された意義は大きい。かつて父義満は対立した後円融上皇を孤立させ、明徳四年（一三九三）彼が没すると後小松を後見する准父として法皇待遇を獲得した。これとは異なり今回の仙洞御所への遅刻厳禁は後小松に奉公する廷臣の緊張感を高め、同所における蹲踞停止は後小松に対する義持の謙譲《けんじょう》姿勢を廷臣に示し、三条坊門第への廷臣の出仕制限も仙洞御所の無人化を防ぐ目的が看取できる。義満が准法皇という前人未踏の破格の立場で強引に公武社会を束ねたのに対して、宋学を信奉する義持は後小松の権威を守ることで礼節秩序の維持をはかったといえる。この方策は、補佐役として天皇家に密着する室町殿の地位も、あわせて安定化させることにつながった。明けて応永三二年、広橋兼宣が准大臣の拝任を機に尊貴性を象徴する裏築地《うらついじ》を自邸に建てたところ、後小松は義持に「裏築地を構築できるのは天皇・上皇・室町殿の御所のみ」と語り撤去させた（『薩戒記』六月二日条）。これは権勢を誇る日野流の掣肘《せいちゅう》とともに、室町殿が天皇・上皇と並ぶ隔絶した統治者であると、後小松から承認されたことを意味する〔桃崎：二〇〇四〕。

第三章で述べたように変動し続けた足利家の家格は、廷臣の筆頭たる摂関家相当に定位すべく試みられてきたが、応永末年ようやく確固たるポジションに落ち着くことになった。足利家の歴代家長が受け継いだのは、安定的に維持するのが困難な義満の法皇待遇ではなく、義持が穏当な手法で獲得した摂関家以上・天皇家未満という、摂関家をも凌駕する人臣最高の地位であった。

応永の石清水騒乱

応永三一年（一四二四）六月一四日には、石清水八幡宮の神人が強訴のため八幡山上の護国寺に閉籠《へいろう》したと、社務の田中融清《たなかゆうせい》から注進があり、宮廷スキャンダルの処理に追われる義持にストレスを加えた。義持は一九日に諸大名の軍勢を八幡に送り社頭を警固させたが、立てこもる神人らとにらみ合いとなり、対策を協議する二五日の評定で、「神人の占拠する薬師堂が焼失しても構わないから、強行突入して彼らを責め殺し、その宅が集まる八幡山下を焼払え」と諸大名に指示するほど、苛立《いらだ》ちをあらわにした。もっとも実際には八幡を包囲して神人の補給路を絶つ兵糧攻めが行われ、翌日の小競り合いで岩屋堂という山上の小堂と社務所近くの在家が焼亡する程度ですんだ。七月八日に神人側との交渉を任された管領畠山満家は、側近被官の内衆遊佐国《ゆさくに》盛《もり》を八幡に向かわせた（『満済准后日記』、『看聞日記』）。

実はこのころ満家は、再三にわたり管領職の辞意を表明していた。足利家ゆかりの下野国足利荘の代官には、管領の被官が着任する慣わしだったが、強訴のさなか人手不足を理由にこれも拒否した。身辺で仕える気の利く者は五〜六人にすぎず、この者たちを足利荘に下したら、京都の業務に支障をきたすというのだ。被官の派遣については渋々了承したものの、なおも管領辞退を懇願する満家に対し、義持は後任に有用な人材がいないとして何とか慰留した（『満済准后日記』七月一九日〜二四日条）。かつて斯波・細川間で争奪された管領職に就任するのを忌避する動きが目立ちはじめるのは、この時期からのことである。のちに満家の後任に指名される斯波義淳も、在京の経済負担に耐え切れず下国未遂をおこしており、斯波家の窮乏は義持の進めた寺社本所領保護政策のしわ寄せで、多くの所領を手放したことによるとの指摘もある〔桜井：二〇〇一〕。畠山も管領職を投げ出そうとしたところをみると、今回の強訴も含めた徳政を契機とする訴訟などのトラブル増大で、処理にあたる管領の業務負担が重くなり、これに見合う利点が少なくなったことも要因だろう。前章で述べた、幕府機構の拡充や守護役の増徴とも関わる、一連の動きといえる。

さて石清水神人の要求は一三か条におよび、八幡社務の改替を求めたほか、①他郷の者が八幡で米を買占め入手できなくなった、②彼らは「新座」と号して種々雑多なものを八幡で安く仕入れ高く売りつけている、③社殿にこもり精進潔斎する安居頭《あんごのとう》を出す八幡四郷の負担を四人から六人に増やされた、これら三か条の禁止要求がおもな内容であった（『満済准后日記』六月一四日、『看聞日記』同一九日条）。社務の改替については、宣下を出す後小松が難色を示して最後まで難航したが、七月四日ついに田中融清から西竹保清《にしたけほうせい》に改められ、そのほか五か条の訴訟も聞き入れられた神人は一四日ようやく退散し、諸大名の軍勢も包囲を解き帰京した（『兼宣公記』、『看聞日記』）。注目したいのは①と②が、商業に関わる要求だった点である。北野社の西京神人や延暦寺の日吉《ひえ》神人のように、資本の豊富な大寺社に属す神人は、これを元手に商業にたずさわった。石清水の神人も例外ではなかったが、①と②にあるように他郷の新興商人に圧迫され、膝下の利権すら危うくなっていたことがわかる。

これに対して室町期に一躍急成長をとげたのが、離宮八幡宮《りきゅうはちまんぐう》の山崎神人であった。淀川対岸の山崎に位置する離宮八幡宮は、本宮である石清水の一段下に格づけされていたが、永和二年（一三七六）住京神人五五人の設置を朝廷に認めさせ、山崎に集積した物資を京都で売りさばく拠点の確保に成功した。山崎神人の活動は油商売が有名だが、米・酒・金融など多様な業種におよび、活発に諸国まで出向いて商品を大量に仕入れていた。室町幕府の安定化にともない諸大名が恒常的に在京しだすと、その莫大な消費を満たす必要から京都は国内随一の商品市場として求心力を高めていき、いち早く朝廷・幕府から庇護を受けた山崎神人は、この時流にうまく乗ったのである。山崎神人の商圏は、九頁で掲げた在京大名の分国範囲と、ほぼ重なることが明らかにされている〔早島：二〇一〇〕。義持も応永二一年八月一三日に、山崎神人の諸役を免除していた〔「離宮八幡宮文書」〕。今回①②で糾弾された他郷商人は、石清水神人が膝下の縄張りを荒らされても自力で排除できず幕府に強訴したことからすると、厚く保護されている山崎神人を含むとみて大過あるまい。大飢饉後のビジネスチャンスを狙い、彼らは米の買占めに奔走していたようである。

石清水神人にとって③の負担増に加え生業の動揺は死活問題だったが、義持の崇敬を逆手にとり何十条もの要求を強引に押し通そうと、国家的神事である石清水放生会の妨害すら辞さない彼らの過激な行動は、同時代人の共感を得られなかった〔桜井：二〇〇一〕。石清水神人は同応永三一年一〇月一四日にも一〇〇人余りの大勢で上洛し、八幡権別当東竹照清《ひがしたけしょうせい》との諍《いさか》いを直訴、義持の指示で八幡奉行飯尾為行《いのおためゆき》の邸宅に列参したところ、これを捕らえにきた侍所京極為数や太田康雄らの手勢と合戦となり、討ち取られる惨事となった〔『兼宣公記』、『看聞日記』〕。通常の訴訟手続きによらない強訴に、理非を重んじる義持は嫌悪感を抱いていた。一三一頁で述べたごとく一色義範が、侍所所司と山城守護を二五年ぶりに兼ねるのも、激化する石清水神人の強訴取締りを契機としていた（『看聞日記』応永二五年一〇月二三日条）。義持の信心深さは、禅僧に高いモラルを強要したように、「本来あるべき姿」を追求する原理主義に近かったから、みずからの理想に反するものには容赦なかった。義持の心象を悪くしたことは、かえって石清水神人の政治・経済的地位を低下させ、山崎神人の台頭を許す結果となった〔早島：二〇一〇〕。室町期の物流を担う旗手も、応永末年までに定まったのである。

継嗣問題の再発

応永三二年（一四二五）四〇歳の不惑《ふわく》を迎えた義持に、将来設計を狂わせる凶事が相次いで襲った。二月一六日に皇太弟小川宮が二二歳で、二七日には将軍義量が一九歳で急逝してしまい、次世代の朝廷・幕府を担うべき二人の若者を相次いで失ったのだ。小川宮は日ごろエネルギーをもてあますほど元気だっただけに、世話係の勧修寺経興による毒殺がまことしやかにささやかれた。単なる噂にすぎないが、小川宮の体は紫に変色していたというから、尋常な死でなかったことは確かである。皇位継承者の頓死《とんし》に、父親の後小松上皇は呆然とするばかりであった（『看聞日記』、『薩戒記』）。病弱で危篤を繰り返す称光天皇のほか、後小松には皇位を継ぐべき男子がいなかったのだから無理もない。

こうした思いを味わったのは、義量を失った義持も同様であった。義持には男子三人、女子五～六人いたが、そのうち義量以外の男子は幼少時に夭折し、今また義量も若死にしてしまったのだ〔伊藤喜良：二〇〇八〕。義量は父から大酒をいましめられたことから、「酒色にふけって短命」という不名誉な人物像が流布しているが、前述したように禁酒には義持の政策的志向が背景にあった。実際の義量はイメージと違い、寺社参詣にいそしむ信心深い青年だった〔清水：一九九九、二木：一九七五〕。義量は二、三年前から内臓を痛め、昨年六月一四日に大病をわずらって以来、慢性的な体調不良に苦しんでいたが、その原因は義嗣の怨霊とも、石清水神人を殺害した神罰とも噂されていた（『薩戒記』）。応永三二年二月二九日、義量は洛北の等持院で荼毘《だび》にふされ、最愛の息子を失った栄子は「悲嘆に堪えず存命定かならず」というありさまだった（『看聞日記』、『満済准后日記』）。義量には長徳院殿《ちょうとくいんでん》の院殿号が贈られたが、菩提をとむらう塔所《とうしょ》をどこにおくか容易に定まらず、相国寺の大幢院を長徳院と改称することでようやく落ち着いた〔細川：一九九八〕。義量の早すぎる死は、予期せぬ出来事であったことがわかる。

公武の将来を託された若者二人の唐突な死は、政界に多大な影響をおよぼした。まず小川宮の死去で、後光厳流の断絶が現実味をおびてきた。子に恵まれない称光天皇は、これを重圧に感じていたらしく、同年六月二八日に内裏から脱出を試みる騒ぎとなった。ことのきっかけは、前日に称光が琵琶法師を内裏に召そうとしたところ、後小松に「先例にない」と止められて立腹したことにあった。激昂した称光は父に日ごろの不満をぶちまけ、「帝位に執心《しゅうしん》などありませんから、譲位させてもらいます」とたんかを切り、翌日の出奔騒動となったのだ。北野社に参籠中だった義持は後小松からの急報に驚き、内裏に駆けつけ称光に本音を尋ねて後小松に報告し、その手紙を再び称光に届けて慰留した（『薩戒記』）。天皇家の確執を調停できるのは、義持をおいて他になかった様子がうかがえる。この騒動の背景には、小川宮を失った父は伏見宮家の貞成を皇嗣にするつもりだと、称光が疑ったことにあった。まだ二五歳の称光は皇子誕生を父に見限られたと、自暴自棄になっていたのである〔横井：一九七九、石原：二〇〇七〕。

閏六月三日、いきり立つ称光をなだめるため、後小松は貞成を無理やり剃髪《ていはつ》に追い込んだ。だが、またも称光の重篤により、七月二八日に義持は貞成の嫡子彦仁を新帝候補にあげ、八月一日ついに後小松も同意して称光譲位と新帝即位の準備を指示した。このころ旧南朝が皇位を望んでいると噂が立っており、皇嗣の未定は政情不安に直結した。八月二〇日には、三条という老女官が旧南朝の後亀山法皇と気脈を通じ称光を呪詛しているという密告もあり、義持が糺明にのりだす騒ぎとなる（『看聞日記』、『薩戒記』）。称光は一〇月かろうじて一命をとりとめたが、彦仁を後小松の猶子に迎え擬制的な親子関係を結び、名目的に後光厳流の存続をはかる窮余の一策は、小川宮の死により定まった。内乱期から続いた崇光・後光厳両流の軋轢は、義持の斡旋でやっと落着の目途がついたのである。

将軍空位の時代

一方で義量の急死は、鎌倉府との和睦交渉で棚上げにされていた問題を、はからずも進展させた。常陸・甲斐守護に関する義持からの要請受諾を渋り続けた足利持氏が、応永三二年（一四二五）閏六月になって突然、常陸は佐竹義憲と山入祐義の折半で守護に任じ、甲斐も在京している武田信重の在国を条件に守護として認めると、大幅な譲歩を申し入れてきたのである。甲斐の反対派を恐れ下国しようとしない武田信重の説得や、常陸に駐留している鎌倉府の軍勢を撤兵させるなど、この妥協案にはつめるべき課題もあったが、義持はこれを受諾した（『満済准

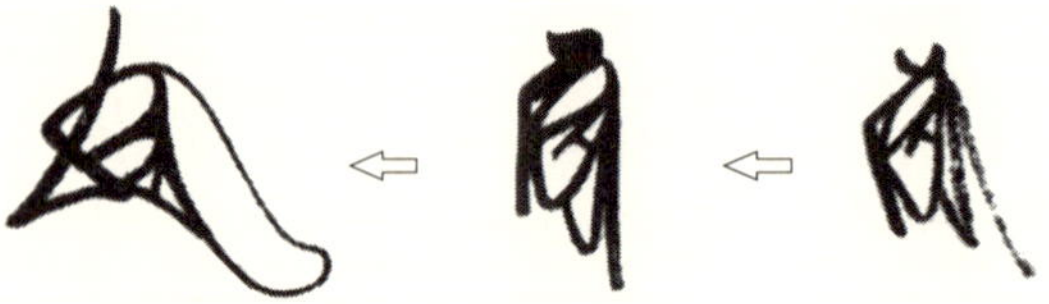

足利持氏の花押変化（〔佐藤博信：1983〕を参考に作成）

后日記』閏六月一一日、七月五日条）。和睦から一年後の時期に、いきなり持氏が態度を軟化させたのには理由があった。一一月三〇日、持氏は芳照を再び使僧に立て、義持の猶子となり上洛・奉公したいと願い出たのである（『看聞日記』）。右の譲歩はその地ならしとして、義持の歓心を得ようとする下心があったと思われる。

持氏は義量の早逝によって、義持から後継指名を受ける期待を高めたわけだが、無謀に思えるこの請願は当時の政治状況を踏まえたものだった。実は応永三〇年の関東出兵のおり、義持は篠川御所の足利満直を鎌倉公方の座に約束していた（『満済准后日記』正長二年九月二〇日条）。和睦の成立でこの約諾は留保されたものの、幕府が満直を新鎌倉公方に承認した以上、将軍職が空席になったいま、その次期候補として上洛することも可能と持氏は判断したのである〔亀ヶ谷：二〇一五〕。義持は当然この提案を「難儀」として使僧と対面しなかったが、その後も継嗣を曖昧なままにしたことで、持氏にあらぬ期待を抱かせる結果となった。翌年正月に持氏は、花押を足利嫡流のものに似せて改めた。これは持氏が京都に熱い視線を向けだす、意識変化のあらわれとされる〔佐藤博信：一九八三、森茂暁：二〇一一〕。将軍職に対する持氏の強い意欲は、義量早世後の継嗣未定が直接のきっかけになったといえる。

もちろん持氏を煽《あお》る目的で、継嗣が未定とされたわけではない。義量の早逝後、義持は石清水八幡宮の神前において男子出生の可否を鬮《くじ》で占い、生まれないなら義詮伝来の宝刀を奉納すると誓ったところ、「納めなくてよい」との鬮を引き、その夜に男子誕生の夢をみた。これは神託だと深く信じて、猶子を定めなかったという（『満済准后日記』応永三五年正月一七日条）。義持が嫡男誕生に向け積極的に動き出すのは、義量の一周忌を終えた応永三三年のことである。この年の四月三日、紀伊の粉河寺《こかわでら》に奉納する戸帳の願文を起草させたのは、尊氏の先例にのっとり男子出生を祈願するためであった（高岸：二〇〇三）。二月二七日に義持は等持院での義量一周忌法要に出席しない代わりに、その年最初の石清水八幡宮参拝を行っており、これ以外に一か月後の戸帳奉納まで八幡に参向していないから、義量の一周忌にあわせ嗣子誕生を占う前述の鬮を引いたのかもしれない（『満済准后日記』）。一〇月一日夜には、出家後はじめて御台所栄子を訪ね、「若公誕生の奇瑞」と幕閣たちを喜ばせた。愛息を失い悲嘆に暮れた栄子にとっても、気持ちを整理するのに一年余りの時間が必要だったのだろう。当時の義持は四一歳、また栄子は三七歳で、再び世継ぎが誕生する可能性も皆無ではなかった。

実権は足利家の家長たる室町殿が掌握していたから、政務に混乱はなかったものの、数年間にわたり将軍職が空位であったのは、室町時代でもこのときだけである。前例のない事態が人々に許容されたのは、新たな嗣子の誕生を期待してのことだろうが、前述のとおり将軍職を大義名分的に重視する義持にとって、これは本来の政治ポリシーからの逸脱を意味した。応永三〇年代は室町幕府の諸制度が確立する一方、初政期の理想や構想が破綻していく、義持晩年の光と影が鮮明になる時期であった。

2　閉塞感の増幅

九州探題の没落

小川宮と義量の死去をはじめとして、応永三二年（一四二五）は義持にとって災難の年であった。この年の七月一三日、頼みとする大内盛見が西国に下向した。盛見は応永一六年に周防から上洛して以来、一五年の長きにわたり義持政権を支えてきたが、九州で蜂起した少弐満貞と菊池兼朝を鎮圧するため、現地に遣わされることになったのである。九月一三日ごろ三条坊門第の門前に、「相撲よりとめたき物は二あり、大内のくたり御所の黄衣」という落書が立てられた（『看聞日記』）。以前に公武関係を相撲にたとえた落書が立てられ立腹した義持は、諸大名に相撲の開催を禁止していた。これを京童は、「相撲より止めたいのは盛見の下向と義持の黄衣だ」と痛烈に皮肉ったわけだが、盛見みずから陣頭指揮をとらざるを得ないほど、九州の情勢は深刻なものになっていた。

肥前の少弐氏は博多の権益をめぐり探題渋川氏と競合し、肥後の菊池氏も探題の合戦調停に不服従の態度をとり続けていたが、応永三二年ついに対立が表面化して、渋川義俊は少弐・菊池連合軍の猛攻により博多を追われた〔本多：一九八八〕。薩摩の島津氏は、この年正月に久豊が日向の伊東祐立《いとうすけはる》と抗争中に死去、嫡子の貴久《たかひさ》が跡を継いだばかりで、豊後の大友氏も、二年前に親著《ちかつぐ》がいとこの持直《もちなお》に

大内盛見像
（山口・常栄寺蔵，山口市教育委員会提供）

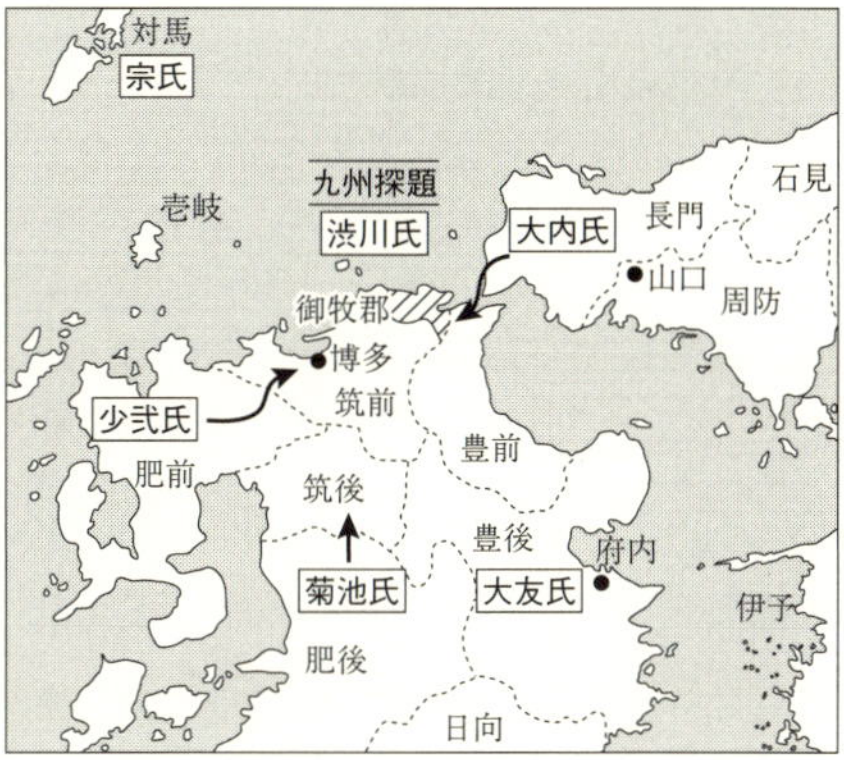

北部九州の勢力要図

家督を譲り、応永三二年九月これを恨んだ嫡子の孝親《たかちか》に攻められていた〔新名：二〇一五、外山：一九九五〕。島津・大友両氏とも頼りにできない状況下、義持は大内盛見を援軍に派遣する一方、渋川義俊の父で昨年末に隠居・帰京していた満頼にも、七月一〇日に筑前御牧《みまき》郡内の料所を与え支援させたが、渋川一族は博多を奪還できないまま分裂してしまった〔黒嶋：二〇〇七〕。

九州探題は対外交渉の拠点博多を放棄したことによって、同地の貿易商人からの支持を失い、国内外における影響力を急速に低下させた。探題の御用商人だった宗金は、大友氏の庇護下で対朝鮮交易を行うようになる。また少弐氏を主家に仰ぐ対馬宗氏は、対朝鮮交渉における探題の優位をくつがえし、その担い手の地歩を占めていった。探題を補佐して応永末年まで盛んに行われた上使小早川の対朝鮮通交も、正長元年（一四二八）から寛正元年（一四六〇）の三二年間、中断することなる（田村：一九六〇、川添：一九七八）。一〇月二八日に大内勝利の一報が京都に届き、少弐勢の進撃はくい止められた（『看聞日記』）。だが室町幕府はこの事件をきっかけに、探題を主軸とした九州統治をあきらめ、代わって大内氏を介して北九州の間接統治をはかりはじめる。義持の応永末年は、幕府の九州政策が大きく転換される画期であった。

相国寺の炎上

大内盛見の西国下向から一か月後の、応永三二年（一四二五）八月一四日、相国寺の乾徳院から出た火は、またたく間に鹿苑院・常徳院・雲頂院といった塔頭《たっちゅう》や、僧堂・惣門・方丈・法堂・仏殿・浴室・法界門などの伽藍《がらん》を焼き尽くした。大火は近隣の人家を呑み込み、内裏・仙洞御所にも迫る勢いであった。清和院に参籠中だった義持は延焼を防ぐため、侍所所司の京極持光に急ぎ密集家屋の破却を命じ、発生から約六時間後の酉刻《とりのこく》終り（午後七時）ようやく鎮火した。義満が永徳二年（一三八二）に草創した相国寺は、応永元年に一度焼失して再建が進められながら、いまだに周備していないほどの壮麗な大寺院で、室町幕府の権威の象徴であった（『薩戒記』）。若きころ義持は寺域の火災を聞くや、一目散に現場に駆けつけたというエピソードが示すように、禅の根本道場たる相国寺をこよなく愛していた（八九頁）。だが今回の火災では、八月一七日に見舞いにやって来た満済に対して、「炎上する運命だったのだ。どうすることもできなかった」とつぶやき、「今度は前よりも、いささか小さめに再建するつもりだ」と語った。焼亡後はじめて相国寺を訪問したのも、一か月以上もたった九月二九日のことである（『満済准后日記』）。

右の言葉から察せられるように、このころ義持は一種の諦観を抱いていた。義量が死んでも義持の日常生活にさしたる変化はなく、嫡系断絶の危機に直面しても達観《たっかん》の境地にあったと指摘されている。出家後の義持は北野社に入りびたり、同年の暮れだけでも一一月二四日から一二月一日までの参籠後、そのまま禅能の松梅院に宿泊して二日連続で参詣を行っている。北野でお気に入りの増阿弥《ぞうあみ》に田楽を演じさせ、見物するのを楽しみにしていた。晩年の義持は北野のように、緊張した気持をほぐせる居心地のよい空間を求めていたようである〔桜井：二〇〇五、伊藤喜良：二〇〇八〕。泰然自若と取りつくろう義持だが、実は内心ストレスを溜め込んでいた様子を窺知できる。

大酒の度合が増していくのも、このことと無関係ではあるまい。禁酒令をたびたび出した義持だが、発令期間中も出家後も大宴会を頻繁に催しており、禁欲的なイメージからかけ離れた私生活を送っていた〔清水：一九九九〕。ただし「御沈酔」「大飲御酒」といった二日酔い・鯨飲《げいいん》の記録を抽出してみると、次頁表のように対外関係や大飢饉の緊張が高まる応永二四年から二七年に目立ちはじめ、応永二九年から三三年の当該期にはピークに達する。これに付きあわされる家司の広橋兼宣が、「身堪えず、これを如何《いかん》せん」とうんざりするほど、この時期の酒宴は異常な開催頻度であった〔『兼宣公記』応永三一年三月九日条〕。連日のごとき鯨飲も、頻繁な大寺社造営や仏神事催行と同様に、義持の治世全般ではなく、晩年に集中してみられる現象であることに、注意する必要がある。みずからが発した禁酒令を遵守できないのは、義持の人間的な弱さのあらわれだが、それは絶え間なく続く緊張状態に身をおくことによる極度のストレスも関係しよう。義持は過酷な現実を受け入れる努力をしつつも、のしかかる重圧に葛藤《かっとう》を抱えていたとみられる。

義持の大酒（大飲・沈酔）記事

年　次	月　日
応永15年(1408)	10/26(言)
16年(1409)	1/17(言)
17年(1410)	—
18年(1411)	—
19年(1412)	9/27, 10/21(興)
20年(1413)	—
21年(1414)	—
22年(1415)	7/12(兼)
23年(1416)	—
24年(1417)	8/24, 8/26(兼)
25年(1418)	11/9, 11/10(満)
26年(1419)	4/10, 8/23, 11/22(満)
27年(1420)	8/3, 8/21(満)
28年(1421)	—
29年(1422)	3/2, 3/3, 3/23, 3/22, 3/24, 5/9, 5/18, 5/20, 6/2(兼), 11/20(満), 12/19, 12/20(兼)
30年(1423)	1/11(満), 3/1, 3/3(兼), 3/16(満), 3/18, 3/21, 8/1, 8/3, 8/9, 8/27(兼), 11/27(薩)
31年(1424)	2/23, 2/27, 3/9, 3/11, 3/16(兼), 6/4(看), 8/3, 8/30, 9/1, 9/2, 9/11(兼), 9/14(薩), 9/25, 9/26, 10/17, 10/18, 10/21, 10/25, 11/10, 11/14, 12/10, 12/11, 12/21, 12/23(兼)
32年(1425)	2/10(看), 2/11, 4/1, 5/9(薩), 6/29(満), 閏 6/3, 閏 6/12, 9/11, 11/1, 11/9, 11/21(薩), 11/30(満)
33年(1426)	1/11(満), 2/3, 3/17(薩), 3/22（満）, 3/24, 6/1, 6/27, 10/1, 11/30（薩）

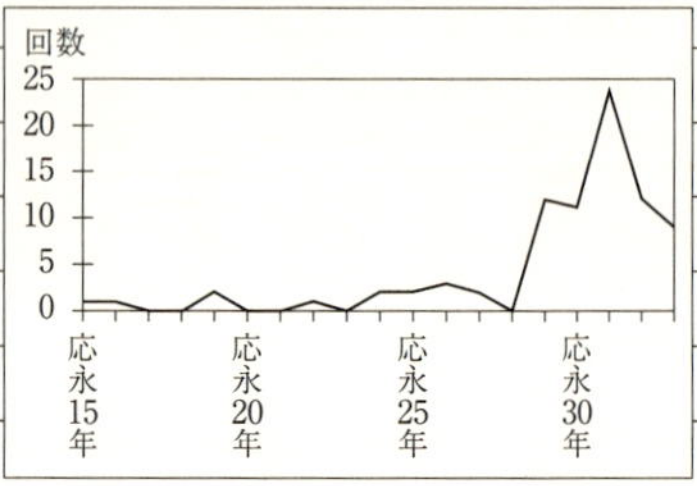

典拠：言＝『教言卿記』, 興＝『教興卿記』, 兼＝『兼宣公記』, 満＝『満済准后日記』, 薩＝『薩戒記』, 看＝『看聞日記』

灰燼《かいじん》に帰した相国寺の再建は、火災から二か月後の応永三二年一〇月七日に着工されたが、財政難のため遅々として進まず、義持死後の永享九年（一四三七）ようやく完成することになる〔原田：二〇一六〕。ここで気になるのは、義持が小ぶりな復興計画を指示した事情である。義持の倹約嗜好がすぐに思い浮かぶが、治世後半には大がかりな造営が繰り返されたことを考えると、やはり財政的制約の厳しさも理由にあげなければならない。義満による応永元年度の相国寺復興は、その巨額の再建費用を賄うため段銭とともに、諸国の全所領に年貢・公事物の一〇分の一を供出させるという、前例にない規模の大きさで造営役の徴収が実施された〔伊藤俊一：二〇一〇b〕。それに比べて今回の復興事業では、このような相国寺造営役が大々的に課された形跡は見あたらない。この年には前述した東福寺の復興が成しとげられたばかりであり、ちょうど伊勢役夫工米の賦課とも時期が重なっていた。これらのことから、すでに諸国に対して過重な負荷をかける状況下、義満の前例を踏襲することは困難と判断されたのだろう。

貸借関係法制の整備

応永末年までに地域社会は打ち続く役負担に加え、飢饉や洪水などの自然災害により疲弊の色を濃くしていた。京都近郊でも窮乏にあえぐ荘官や農民の債務がふくれ上がり、社会の逼迫《ひっぱく》は皮肉にも土倉の金融業に活況をもたらしたことが指摘されている〔早島：二〇一四〕。応永三二年（一四二五）九月二六日に義持が発布した、「洛中洛外酒屋土倉、付《つ》けたり地下人《じげにん》等、負物《ふもつ》の事」と題する法令には、「借状《しゃくじょう》ありと称し、或《ある》いは寺社に寄進と号《ごう》し、或いは人を語《かた》らい譴責《けんせき》の輩《ともがら》、近年繁多《はんた》」とあり、土倉などによる強引な負物（借銭）の取立てが頻発していたことがわかる。こうしたトラブルに義持は、「訴訟を致して御成敗を蒙《こうむ》るべし」といましめ、幕府の裁許を仰ぐよう本法令で定めた（「室町幕府追加法」一七九条）。債権・債務に関わる訴訟を雑務沙《ざつむざ》汰《た》と呼ぶが、この法令を出発点に室町幕府は、おおむね当事者間で解決させてきた貸借問題に介入し、これを統制しようと法制の整備に乗りだしていく〔中島：二〇〇三〕。

なぜ応永末年になって貸借関係法制が整備されだすのか、従来その要因は判然としていなかったが、地域社会の疲弊・困窮を踏まえると理解しやすい。各地を襲った災異を鎮めるべく断行された義持の徳政は、すでに論じたように寺社復興・造営ブームを巻きおこし、地域社会に過大な役負担を強いた。これにより被災の疲弊に加え、さらに困窮した地域社会が土倉への負債を累積させた結果、このころに貸借をめぐるトラブルが頻発して幕府も看過できなくなるという、皮肉な状況におちいったのである。こうした応永末年の社会情勢を背景とする構造的な問題に対して、義持の措置は根本的な解決にはほど遠かったものの、雑務沙汰改革の第一歩がこの時期に着手されたことの意義は少なくない。

義持が土倉の盛況ぶりを注視していたことは、同時期に土倉酒屋役の増税を断行した点からもうかがえる。右の法令発布から一か月後の一〇月二七日、京都南郊の伏見荘で土倉に対する課税額が引き上げられ、領主の伏見宮貞成から訴えを受けた伝奏勧修寺経興は、「洛中土蔵課役の法」を幕府奉行人に確認すると返答している。一一月三日この件は義持に披露されることになったが、撤回されたとの記事を確認できないところをみると、洛中における土倉役に準拠して、洛外土倉への増税は予定どおり実施されたと考えられる（『看聞日記』）。さらに義持は応永三四年四月二〇日、「洛中洛外酒屋土倉条々」という法令を出し、①酒屋土倉闕所《けっしょ》のこと、②借銭のこと、③諸土倉沙汰のこと、以上の三項目をあげた。まず①で経営者が罪科などで不在となった土倉は、二一六頁で述べた幕府の納銭方に付与して経営を続行させると規定した（「室町幕府追加法」一八〇～一八二条）。土倉の破綻《はたん》を回避して、営業税の減少をくい止めようとする、義持の政策意図が読み取れる。義満期に見込めた対明交易の莫大な利潤が途絶え、疲弊した諸国への賦課も限界に達しつつあった状況下、室町幕府は主要財源として土倉酒屋役に対する依存傾向を強めていた。

営業税を安定的に確保するため、義持は土倉の経営を保護する施策も打ち出した。②では強引な債権回収を規制すると同時に、負債者が困窮にかこつけ満額返済せず借書を破棄し強談《ごうだん》におよぶことも禁じて、幕府の裁断に従うよう命じている。③においては、金融の実務を担当する土倉沙汰人《どそうさたにん》が、オーナーの土倉本主《どそうほんしゅ》から預かった運用資金を横領して、これを元手に「洛中辺土《へんど》ならびに田舎」で勝手に開業した場合、盗犯罪を適用して追放刑に処すと定めた。

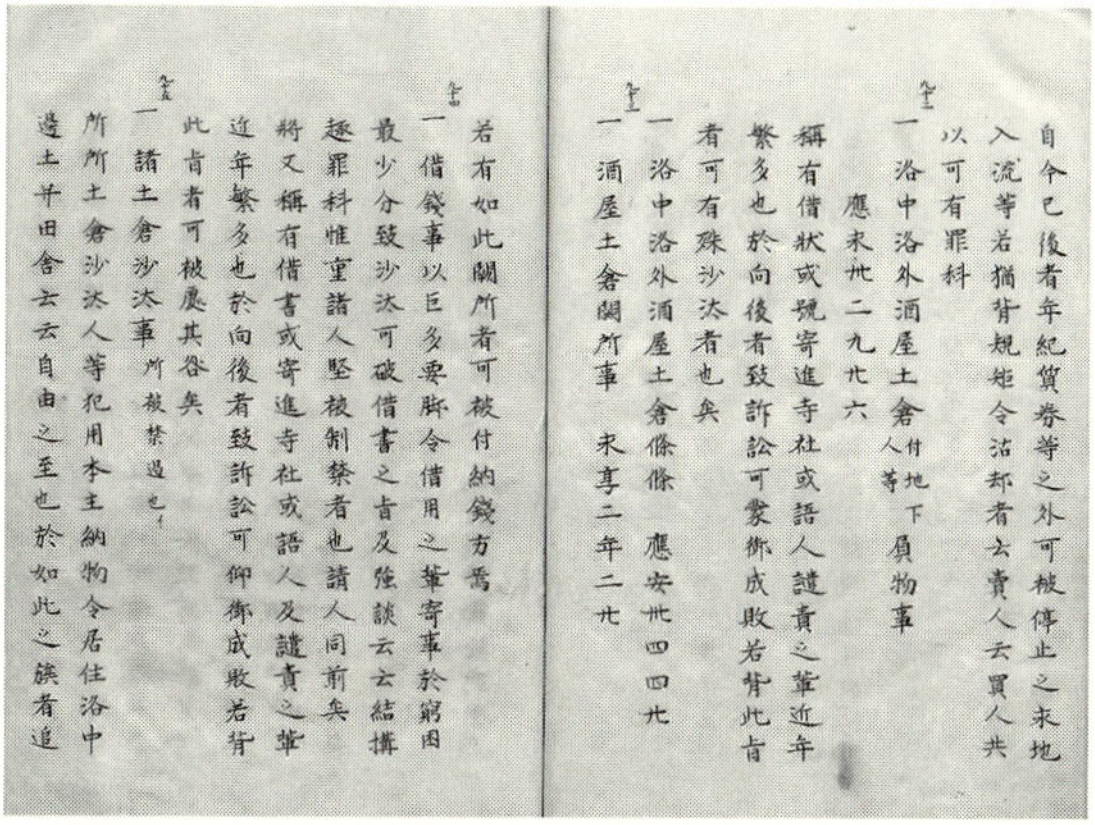
自今已後者年紀質券等之外可被停止之永地
入流等若猶背規矩令沽却者云賣人云買人共
以可有罪科
一　洛中洛外酒屋土倉付地下人等負物事
應永卅二九廿六
稱有借状或號寄進寺社或語人譴責之輩近年
繁多也於向後者致訴訟可蒙御成敗若背此旨
者可有殊沙汰者也矣
一　洛中洛外酒屋土倉條々　應安卅四四廿九
一　酒屋土倉闕所事　永享二年二廿
若有如此闕所者可被付納錢方焉
一　借錢事以巨多要脚令借用之輩寄事於窮困
最少分致沙汰可破借書之旨及強談云云結構
趣罪科惟重諸人堅被制禁者也請人同前矣
將又稱有借書或寄進寺社或語人及譴責之輩
近年繁多也於向後者致訴訟可仰御成敗若背
此旨者可被處其咎矣
一　諸土倉沙汰事所被禁遏也
所所土倉沙汰人等犯用本主納物令居住洛中
邊土并田舍云云自由之至也於如此之族者追

洛中洛外酒屋土倉負物事（4行目）と洛中洛外酒屋土倉条々（9行目）（『式目追加』国立公文書館蔵）

馬借（『石山寺縁起』国立国会図書館蔵）

当時の土倉業界では、土倉本主が親類などから資金を集め、これを土倉沙汰人に預け運用する従来の経営形態とは別に、土倉沙汰人が不特定多数の出資者を自分で募り、土倉本主から独立して新規開店するケースが相次いでいた。彼らは地域社会の窮迫をビジネスチャンスとばかりに、京都郊外に進出して支店を構え、資金を融通していた〔下坂：一九七八、早島：二〇一四〕。義持は③で土倉沙汰人の独立自体を禁じたわけではなく、横領した出資金で不正に開業することを問題視した。新たな土倉の開店ラッシュを野放しにして、旧来の土倉が被害を受け退転してしまうのを警戒したものと考えられる。

京都の周辺地域に金融市場が拡大した点に、この時期の画期性を見いだせるが、②にあるように負債者が借銭証文を強引に破棄するという、徳政一揆の予兆ともいえるトラブルが多発していたことも、こうした状況と表裏の関係をなす応永末年の特徴といえる。正長元年（一四二八）に勃発した史上初の徳政一揆、世にいう正長の徳政一揆は、米の輸送販売業に従事する馬借《ばしゃく》の蜂起が先駆けとなったが、その前提も応永末年にさかのぼることが確認されている。正長の徳政一揆の二年前にあたる応永三三年六月七日、近江坂本の馬借が京都に乱入して北野社などを襲撃するとの風聞が流れ、義持は用心のため諸大名に北野社はじめ要所の警固を命じた。この一か月前にも馬借は日吉社の祭礼で女官の内侍車《ないしぐるま》を抑留《よくりゅう》して強訴におよび、その罰として義持の命令で住居を破壊されるという騒動がおきていた（『満済准后日記』）。

そもそも強訴の発端は、義持が北野社松梅院の禅能に請われ、同社門前の西京神人に酒麹製造の独占を許した結果（一九八頁）、酒の原料となる米の価格が暴落してしまい商売にならないとして、馬借たちの不満が爆発したことにあった〔清水：二〇〇三〕。大飢饉後には、八幡で見られたような投機的な米の買占めもあり、莫大な利益をめぐる商人間の軋轢は激しさを増していた。今回の北野社襲撃計画は未遂に終わったが、北野社の麹専売は否定されることなく、馬借たちの鬱憤はくすぶり続けた。前章で触れたとおり酒麹の専売化には飢饉対策としての側面があったが、こうした義持の政策は馬借が蜂起する機運を醸成《じょうせい》することにもなった。馬借が京都に乱入して、これに困窮した人々が債務破棄を求め合流する正長の徳政一揆の下地《したじ》は、応永末年すでに準備されていたのである。

越後応永の乱

応永三三年（一四二六）一〇月一六日、前管領の細川満元が四九歳でこの世を去り、細川京兆《けいちょう》家の家督・所領と、摂津・丹波・讃岐・土佐の守護職は、二八歳の嫡子持元《もちもと》に継承された。幕政顧問の満済は、満元の危篤に「天下の重人」「御政道等のこと一方の意見者」と気遣い、臨終にさいして「平生一義神妙の仁（人）」と悼《いた》んだ（『満済准后日記』一〇月八日・一六日条）。満元が気骨ある人物で、「御意見番」としての役割を果たしてきた点は、これまでに述べた諸事件での態度からもうかがえよう。訃報に接して義持もおおいに歎き悲しんだが、満元の死により政権内のパワーバランスは崩れることになる。

その影響は越後上杉家の家督問題で、まずあらわとなった。越後守護の上杉頼方が幕府の鎌倉府出兵に便乗して、守護代長尾邦景ら対立勢力の一掃をはかったことは第五章で述べた。だが「越後応永の乱」と呼ばれるこの合戦で、頼方は邦景にくみする国人らの頑強な抵抗にあって苦戦を強いられ、さらに幕府と鎌倉府の和議が成立した結果、はしごをはずされる格好となった。そうしたなか両府和睦直後の応永三一年一一月二六日、畠山満家は前当主上杉朝方の嫡子幸龍丸を頼方から奪取して後ろ盾となり、頼方を支持する細川満元や赤松義則と確執を深めていた（『看聞日記』）。その後しばらく膠着《こうちゃく》状態が続いたが、越後の戦況を注視していた義持は、細川満元が没した一か月後の応永三三年一一月一七日に満済を呼び、「（頼方に代わり現地で指揮をとる）上杉頼藤の戦いぶりは全然だめだ」とぼやき、越後に関する指示を管領畠山満家に伝えさせた（『満済准后日記』）。

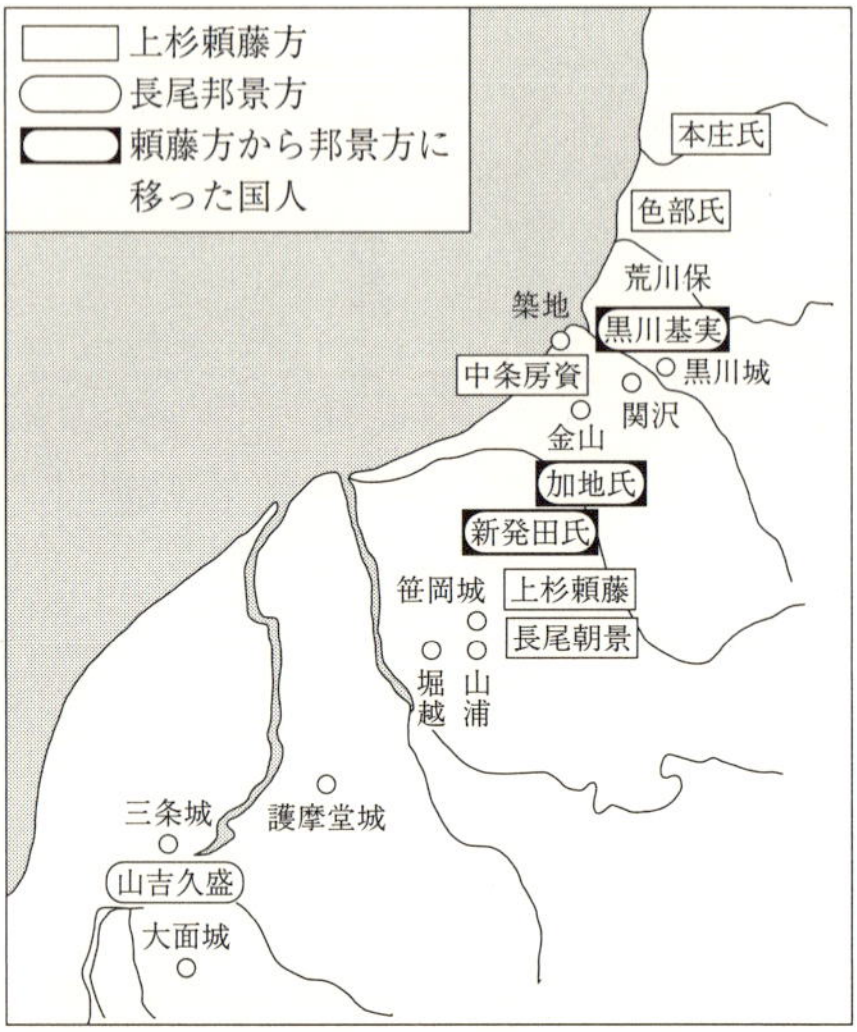

越後応永の乱要図（〔山田邦明：1987〕より）

指示の詳細は不詳だが、越後守護を上杉頼方から幸龍丸へと更迭するとともに、長尾邦景を討つ方針を撤回することで、混乱の収束をはかる内容と推測されている。頼方は没落を余儀なくされ、越後で抵抗を続けた頼藤も、まもなく邦景に降伏した〔山田邦明：一九八七〕。室町時代には、任国統治の実体をともなわなければ、守護職の更迭もやむを得ないという政治思想があり、室町殿が大名家の家督相続に介入するさいの大義名分にもなっていた〔川岡：二〇〇二〕。今回もこの原則が適用されたわけだが、このタイミングで義持が思いきった決断を下せたのは、細川満元の死去で頼方の支持派が弱まり、畠山満家の押す幸龍丸を守護と認める動きが一気に加速したためだろう。翌応永三四年一一月一三日、畠山満家は「越後国のこと無為《ぶい》珍重」を祝して、満済のもとを訪れた（『満済准后日記』）。「無為」とは平穏を意味しており、越後をめぐる問題は満家の満足いく形で、このころ収束したとみえる。一五六頁でも述べたように、現地の情勢を踏まえなければ事ゆかない現実を、満家は熟知した政治家だった。これより越後は在国する長尾邦景に取りしきられ、在京大名の畠山満家を仲介役として京都と緩《ゆる》やかに結びつくことになる〔吉田：二〇一〇〕。

赤松満祐下国事件

もう一つ、細川満元の死去がおよぼした影響として、播磨赤松家の家督問題があげられる。応永三四年（一四二七）九月二一日、播磨・備前・美作の守護赤松義則が七〇歳で天寿をまっとうした。義則の跡目は、すでに四五歳に達していた嫡子の満祐《みつすけ》に、問題なく継承されるはずであった。しかし義則の三十五日忌にあたる一〇月二六日、清和院に参籠中だった義持は、東山龍徳寺で仏事を営んでいた満祐に使僧を遣わし、「播磨は幕府直轄の御料国として、しばらく近習の赤松持貞に預け置く」という、満祐にとって青天《せいてん》の霹靂《へきれき》ともいえる命令を伝えた（『満済准后日記』）。義満・義持の二代にわたり仕えた宿老の義則は、とりわけ先代義満の君寵を深く受け、その反動か義持が家督を相続したころ、これをないがしろにする態度をとり、政局においても何かと楯ついたことは、これまでに述べたとおりである。赤松家と姻戚・盟友関係にあった細川満元が逝ったいま、義持は義則生前のしっぺ返しを気兼ねなくできる状況となったわけである。

この事件の背景には義持の専制志向や、赤松惣領家・庶子家の軋轢が指摘されている〔高坂：一九七〇、青山：一九七三、森茂暁：二〇〇一〕。ただし、これらが表面化する直接の原因として、義持と赤松義則の個人的関係も考慮する必要がある。嫡子の満祐にとって不運だったのは、細川満元という強力な後ろ盾を相続前に失っただけでなく、継目安堵を保留にされたまま父が他界したことにある。大名家の継目安堵は、重篤の大名が見舞いに訪れた室町殿に申しおき、その場で認められるのが普通で、斯波義重や細川満元も生前この手続きを終えて死去している（『看聞日記』応永二五年八月一八日、『満済准后日記』同三三年一〇月一四日条）。死にぎわ最後の頼みとあっては容易に断れるものでなく、継目安堵は円滑になされる場合が多かった。これも既述の大名邸への御成《おなり》と同じく、情誼的に結びつく当時の室町殿と大名との関係を象徴する慣習といえる。ところが今回、赤松義則が没したとき義持は伊勢に参宮中で、京都に帰還したのはその三日後であり、この手続きがとられていなかった（『満済准后日記』）。赤松家の継目安堵について、義持は何の約束もしていなかったのであり、先述の慣習に拘束されず裁断を下せる好機に恵まれたことも、事件の直接的契機として注意しなければならない。

赤松満祐は義持の過酷な処遇を伝えられると、「播磨は代々の忠節奉公により拝領した国ですので、どうかご容赦ください」と二度にわたり嘆願したが、聞き入れられる余地がないと察するや、龍徳寺を出て屋形に帰り簡単な酒宴を設け、雑人《ぞうにん》に邸内の財宝を好きなだけ取らせたのち、一〇月二六日の酉刻初め（午後五時ごろ）屋形に火を放ち、覚悟を決めた様子で丹波路から本国の播磨へと引き上げていった。翌日、義持は参籠先の清和院で満済から報告を聞き、「無断で下国するとは短慮の至り」と激怒、残る備前・美作も近習を勤める赤松庶家の満弘《みつひろ》と貞村《さだむら》に分け与え、播磨に帰国した満祐を追討せよと息巻いた（『満済准后日記』）。畠山はじめ与党で占められた幕閣の支持を、義持は得られるものと楽観していたようだ。このとき義持みずから進発するとの沙汰があり、家司の廷臣らも供奉のため甲冑《かっちゅう》を用意したが、これは明徳・応永の乱時に裏松重光が義満に従った故事によるものだった（『建内記』正長元年六月一六日条）。義持は明徳・応永の両乱にならい、播磨攻めを華々しく成功させるつもりでいたのである。

山名時熙像（兵庫・楞厳寺蔵）

一〇月二八日、参籠先から三条坊門第に戻った義持は、近習赤松貞村・満弘ら直属軍をただちに出陣させ、山名時熙（但馬・備後守護）と一色義範（丹後・若狭・三河守護）らには来月四日の発向準備を命じた。さらに細川持元（摂津・丹波・讃岐・土佐守護）にも動員をかけ、守護軍と直属軍の二本柱の陣容で海陸から赤松分国を攻囲する大がかりな作戦をたて、翌日には早くも備前守護代の小寺・小川が降参したとの注進に気をよくしていた。ところが一一月三日になって、管領畠山満家が播磨一国の安堵を条件に赤松満祐の赦免をとりなし、さらに今回の陣立てを軽率と諫言して、軍事行動にこだわる義持と衝突した。明徳の乱で赤松に美作守護職を奪われた山名時熙のみが、失地回復のチャンスとばかりに好戦的だったが、一色義範は進発予定日に急遽出陣を取りやめ、細川持元も義持から連日の催促にもかかわらず、六日になっても四国勢の未到を口実に軍を動かそうとしなかった（『満済准后日記』）。

赤松持貞の切腹

ふだん従順な満済ですら「楚忽《そこつ》の御成敗」と非難したように、畠山満家や一色義範といった義持の寵臣も、今回の播磨攻めには批判的だった。とりわけ畠山満家は、自身の家督相続時に義満の干渉にあった苦汁を味わっていた。満家にとって赤松家は政敵の立場にあったが、義持のとった措置が先例化すれば、今後ほかの大名家にも波及しかねず、他人事ではない深刻な問題であった。事態が急転したのは、一一月一〇日のことだった。この日、畠山満慶邸への御成を終えた義持の行列が、三条坊門第の門前にさしかかったとき、一通の書状を捧げる遁世者《とんせいしゃ》がいた。高橋殿からの書状ということで、近習の畠山持重《はたけやまもちしげ》がこれを取り上げ義持に見せたところ、播磨を拝領した赤松持貞の不義密通について記されていた。激怒した義持は賀阿弥《かあみ》に尋問させ、持貞が潔白を訴え起請文で誓約しようとすると、「罪状は明白」と一蹴した。持貞に泣きつかれた満済が一二日に三条坊門第を訪れ、「まずは事実確認を」と諫めても、「かの女中に尋ね究明ずみだ」として取り合おうとしない。満済は翌日また三条坊門第に参って助命を嘆願したが、義持は死罪を神に誓ったことを理由に拒絶し、賀阿弥を上使に遣わして持貞に切腹を命じた（『満済准后日記』）。

赤松持貞に詰腹《つめばら》を切らせた経緯には、不可解な点が多い。キーパーソンに浮上するのは、持貞の

「淫行」を密告した高橋殿と、その書状を義持に取り次いだ畠山持重である。高橋殿は故義満の愛妾で、義満死後も零落することなく、裏松栄子と親密な関係にあった点は二〇二頁で既述した。義持が子細を尋ねた「女中」とは、高橋殿と考えられている〔松岡：二〇〇九〕。また畠山持重の背後には惣領家の満家がおり、事件直前に義持を歓待した弟満慶などの庶流家と協力して、持貞の失脚を仕組んだとされる〔家永：一九八八〕。ただしこの陰謀を成功させるには、畠山満家と高橋殿の密接な連携が必須となる。両人と親しい接点として、注目されるのは裏松栄子である。世渡り上手の高橋殿が、それほど深い関係にない満家と組んで危ない橋を渡ったのは、その背後に栄子の意向が働いていたからではないか。理不尽な相続介入を危険視する満家が、大名間で高まる不満を彼女の耳に入れ、夫の孤立を聞かされた栄子が、その窮状を救うべく高橋殿を動かしたと考えると、事件のキーパーソン二人は自然と結びつく。

　義持がこれを了解していたのか不明だが、身近に召し使う遁世者を上使として、赤松持貞の尋問・処分を急がせたことから、この事件を迅速かつ内々に処理しようとしたのは確かである。これまで持貞は寺社との連絡役を職務とし、義持の祈禱命令を伝えるため満済とも頻繁にやりとりをしていた〔森茂暁：二〇〇二〕。満済が持貞を助けるため奔走したのは、仕事上のつきあいでその人柄を熟知していたからだろう。この事件は富樫満成の失脚と似ているが、満成が自身の権力伸長をはかって四面楚歌となり自滅したのに対して、持貞にはそうした精力的な野心は見受けられず、播磨攻めを中止するためのスケープゴートにされたと考えられている〔桜井：二〇〇一〕。一一月二五日になって義持は赤松満祐を赦免し、翌月一八日には畠山満家につきそわれ参上した満祐と対面した（『満済准后日記』）。腹心の畠山と一色も抗議する予想外の反発に驚いた義持は、結果的に持貞を犠牲にすることで、体面を保ちながら矛を収めることができた。

うやむやとなった今度の播磨攻めが、義持にとって最後の軍事行動となった。これまで述べてきたように、義持の討伐戦は政治的配慮から曖昧な形で中断されることが多く、恩賞にまわせる敵方の没収地も数が限られていた。このため義持期を境として、幕府による恩賞地の宛行は急速に減少していく。一方で前線指揮にあたる守護は、闕所地給与手続きにおける役割を拡大させ、その恣意的処理が可能となるなか、配下の一般国人に対する所領給付を維持した。たとえば今回の播磨攻めに関係して、義持は備後国人の村上吉資《むらかみよしすけ》に勲功を讃える感状を与えたが、同国田島地頭職を給分として与えたのは守護の山名時熙であった（「村上文書」）。感状は主従の精神的紐帯を再認識するうえで重要なものだが、南北朝の内乱終息後、敵方の所領を大量に没収する機会が減少したこともあり、室町殿直臣を除く一般国人への所領宛行については事実上放棄され、もっぱら守護に一任されるようになる（吉田：二〇〇二）。これにより主従制の根幹に関わる分野も守護にゆだねられ、政治・経済・軍事にわたり幕府―直属国人（直臣）と、幕府―守護（大名）―一般国人の系列化が確立することになった。

3　苦闘の果てに

義持はもともと短気なところがあったが、とくに応永末年にはストレスの蓄積が原因か、満祐追討や持貞粛清でみられたように激昂しやすくなっていた。義持の逆鱗に触れ没収された所領の多くは神社に寄進され、困窮する人々が跡を絶たなかったが、こうした過分な神領寄進も義持の治世全般ではなく、後半の特徴であった〔大田：二〇一四〕。「仁政」をスローガンに掲げ出発した義持の政治は、いまや「苛政《かせい》」の様相を呈しつつあったが、暴走を本格化させる前に忽然と幕引きとなる。

不慮の重篤

これまで元気だった義持は、応永三五年（一四二八）正月七日に風呂で尻の傷をかきむしって高熱を発し、一一日の評定始には介助されて何とか臨席したものの、病状の悪化で年始恒例の御成をほとんどキャンセルし、一五日には危篤におちいったのだ。典医久阿弥《きゅうあみ》の診察では、患部が腐り手の施しようがなかったという。容体からして病原細菌が外傷より血液中に入り、全身に広がって重症に至る敗血症《はいけつしょう》と推測されている〔今谷：二〇〇三〕。

翌一六日、快復の吉例にちなんで近習三三人が七観音像を進めたが、三度目の奇跡はおこらなかった（『師郷記』）。義持は平癒祈禱のため満済を呼び出したが、死期を悟った様子で「四三歳で死んでも不足はない」と語り、心静かに最期を迎えようと禅の工夫（瞑想）に努めた。周囲の人々にとって気がかりなのは、義持が継嗣を指名していないことだった。不安に思った管領畠山満家、斯波義淳、細川持元、山名時熙、畠山満慶は、一七日そろって法身院に押しかけ満済に取りなしを求めた。義持は等持院と等持寺の両長老にこのことを確認されても、「自分としては、相続人を定めるつもりはない。管領以下の面々が談合して、よきにはからえ」と答えるばかりで、明確な意思を示そうとしなかった。これを聞いた満家は重大事を丸投げされて困惑し、再三にわたり満済のもとを訪ね、今すぐ義持に面会し真意を尋ねるよう懇願した。諸大名にせかされ満済が三条坊門第におもむいたとき、義持は近習と末期《まつご》の酒を酌《く》み交わしていたが、満済の用件を察した細川持常に請われ人払いを命じ、満済が全員の退室を見届けて話を切り出すと、おもむろに口を開いた(『満済准后日記』)。

義持　たとえ実子がいたとしても、後継指名はしなかったと思う。ましていないのだから、なおさらである。ただともかくも面々が相はからい、しかるべきように定めおけ。

満済　仰せは諸大名に伝えますが、彼らは何度でも嘆願する覚悟でいます。幸いご兄弟がおられるのですから、そのなかから適任者をお選びください。それも難しければ、ご兄弟四人の名を記した御鬮《みくじ》を八幡宮の神前で引き、定められてはいかがでしょう。

義持　ならば、御鬮で決せよ。ただし、存命中は許さぬ。その理由は義量の早世後、新たに男子が出生しないなら祖父義詮の宝刀を奉納する、もしも生まれるのなら奉納しない、という御鬮を二つ作り八幡宮の神前で引いたところ、「奉納せずともよい」との結果が出た。その夜に男子出生の霊夢を見たので、今までこれを深く信じ、猶子のことも定めなかったのだ。よって今度の御鬮は、自分の死後に取るようにせよ。

義持が後継指名を拒んだ理由については、かつて「自身の跡継ぎも決定できない権力の弱さ」と考えられてきた。権大納言万里小路時房《までのこうじときふさ》の伝聞情報によると、義持は満済との右の問答中、「たとえ後継者を指名しても、おのおのがその人物を認めなければ、うまくいくはずがない」と語ったとされる（『建内記』応永三五年正月一八日条）。これを従者の衆議によって主人が支えられる室町時代の慣行として普遍化し、さらに進めて儒教的革命思想にもとづく政治思想上の社会変化を想定する見方もある〔佐藤進一：一九六三、今谷：一九九二〕。その実例として斯波義将ら有力大名に義持自身が擁立されたほか、駿河の守護今川家や安芸の奉公衆小早川家における相続争いで、幕府は裁定にあたり、親の遺志よりも一族・従者の意向を重視した事実があげられる（『満済准后日記』永享五年四月一四日条）。だが義将がキングメーカーとなりえたのは、第二章で述べたごとく義満急死の賜物《たまもの》で不測の事態といえる。また家督問題で一族・従者の意向が聴取されたのも、関東と九州で緊張が高まるなか、軍事戦略上、幕府の橋頭保《きょうとうほ》となる今川・小早川両家の内紛を回避させるためにとられた緊急措置だった〔吉田：二〇〇一、呉座：二〇一〇〕。

継嗣選定の遺言

結局のところ、嫡子誕生の鬮引き結果を八幡神の託宣と堅く信じ、これと矛盾する行動を厳に慎んだ義持の敬神が、最後まで継嗣を定めなかった理由として近年あげられている〔西山：二〇〇一、酒井：二〇〇一、桜井：二〇〇二〕。幕閣の狼狽ぶりをみても、大名衆議による継嗣選定は非常事態として受けとめられており、慣行化していたとは言いがたい。ただし結果的に鬮に落ち着いたものの、神託を信じて継嗣を定めないことと、その後の対処を衆議に任せることとは、本質的に別の論理にもとづくものであって、直接の因果関係にない。「実子がいたとしても後継指名はしなかった」という義持のセリフは、義量に着々と権力移譲の準備を進めたことからすれば、どこまで本心か疑わしいが、ポーズだとしても、たしかに宋学の徳治主義に通じる側面がある。

人々に認められた徳ある君子が世を治めるべきだという、孟子による禅譲《ぜんじょう》放伐《ほうばつ》の徳治・革命思想は日本にも伝わり、鎌倉後期までに政治思想として為政者の一部に受容されていた（村井：一九九五）。義持も『孟子』を学んだことは、三九頁で指摘した次第である。徳治主義の傾向は、右の社会風潮を前提にして、禅味《ぜんみ》・敬神と並ぶ儒学愛好といった、義持の個性的要素があらわれたものと思われる。「たとえ後継者を指名しても、おのおのがその人物を認めなければ、うまくいくはずがない」という、『建内記』にある義持の言葉は伝聞ながら、事後処理が衆議にゆだねられたこと自体は事実であり、彼の儒教的徳治主義を象徴する表現といえる。死の床に就いた義持の遺言には、臨終の覚悟（禅宗）・継嗣の保留（敬神）・徳治の理想（宋学）といった、彼のアイデンティティを支える三本柱の思想が、複合しながら如実にあらわれていたのである。

管領以下の諸大名は、戻ってきた満済から子細を聞き、鬮による選出を了承したものの、義持が死んでからでは混乱も予想されるので、まだ息のある間に秘かに神前において鬮を取り、開封は没後にすることで衆議一決した。さっそく準備に取りかかり、満済が鬮に義持の弟義円《ぎえん》、義昭《ぎしょう》、永隆《えいりゅう》、義《ぎ》承《しょう》四人の名前を書いて密封し、細川満元・赤松義則なきあと長老格に昇った山名時熙がその紙継目に花押を書いて封印した。そのさい尊満《そんまん》が除かれた事情については、一九〜二〇頁で述べたとおりである。一七日の酉刻半ば（午後六時ごろ）、義持は人事不省《じんじふせい》におちいった。一刻の猶予もなく、管領畠山満家が用意された鬮を持ち八幡に到着したのは戌刻終り（午後九時ごろ）、神前においてこれを引き、折り返し帰着したのは亥刻終り（午後一一時ごろ）であった。鬮取りの場所として『満済准后日記』にある「八幡」は、石清水八幡宮のほか、石清水末社の三条八幡宮や六条八幡宮とする説もある。だが足利家の家督を決する重大な鬮を末社で行うとは考えられず、また三条坊門第から至近の三条と六条の八幡宮では逆に時間がかかりすぎていることから、満家は石清水八幡宮まで早馬で駆けて往復したとする説が妥当と思われる〔今谷：二〇〇三〕。

これほど早く義持の病状が悪化するとは誰も予想しておらず、この日に万里小路時房は年賀の挨拶に出向いた仁和寺において、従者の青侍からの急報であわてて三条坊門第に駆けつけ、世継ぎ時代から義持に仕える参議高倉永藤《たかくらながふじ》に病状を確認し、その足で仙洞御所に参り後小松上皇に子細を奏上した。広橋兼宣からも今夜には危ないとの報告があり、後小松は義持の死が目前に迫っていることを知り愕然とした。三条坊門第への御幸も予定されたが、義持の取り乱した姿は上皇に対して恐れ多いと中止になった（『建内記』）。畠山満家が石清水へと出発したころには、危篤の知らせは京中に広まって大混乱となった。公家・武家・僧侶が三条坊門第に群参してごった返すなか、満済は静かに修法《しゅほう》の手を止め、本尊・仏具一式を撤収させた（『満済准后日記』）。義持の息は今にも絶えそうな状態で、もはや平癒祈禱の効験《こうけん》を期待できないと、満済もさじを投げたのである。

臨終、周囲の反応

応永三五年（一四二八）正月一八日巳刻半ば（午前一〇時ごろ）、義持は三条坊門第の常御所にて息を引き取った。享年四三歳。諡《おくりな》は禅僧の長老らが相談して、勝定院殿《しょうじょういんでん》と決まった。これは三七頁でも論じたとおり、突然の死去で義持の菩提をとむらう塔所をどこにおくか定められておらず、急遽すでにあった相国寺勝定院が選ばれたことを意味する。義持の師は絶海中津だったから、その塔所が適任とされたらしい（細川：一九九八）。諸大名は義持の遺体に焼香後、一堂に会して鬮を開封し、「青蓮院殿」（義円《ぎえん》）とあるのを確認した。この鬮の結果には作為説もあるが、公正に行われたとする説が近年では有力である。万里小路時房の『建内記』にある、「鬮は三度引かれ、三度とも義円とでた」というイカサマを思わせる伝聞記事は、前代未聞の措置を「神意」として世間に納得させるため意図的に流布された言説と推測されている（今谷：二〇〇三、榎原：二〇〇三）。翌一九日の寅刻（午前四時ごろ）、義持の遺体は洛北の等持院に移された。その後すぐ管領以下の諸大名は青蓮院におもむいて義円に継嗣選定の経緯を伝え、要請を受けて義円は裏松邸に入り足利家の家督を継いだ。このときすでに三六歳、還俗《げんぞく》して義宣《よしのぶ》、まもなく改めて義教《よしのり》と名乗る。

足利義教像（愛知・妙興寺蔵）

訃報に接した万里小路時房は義持の死を悼み、その日記において「累葉《るいよう》の武将を継ぎ、一朝の重臣たり。徳風草を靡《なび》かせ、天下の政務を布《し》くこと二十か年なり。春秋《しゅんじゅう》（年齢）至らず天命を知る。纔《わずか》かに四十三歳、惜《お》しみて余りあり、歎《なげ》きて足らざるものなり。万民考妣《こうひ》（父母）を喪《うしな》うが如《ごと》し」と評した（『建内記』応永三五年正月一八日条）。初代尊氏、二代義詮、三代義満の創業を受け継ぎ、また朝廷第一の重臣として公武に君臨し、「仁政」の施政方針を掲げた義持の特徴を集約的に表現している。時房は「若輩だった雲客のころより義持の家司に加わり、権大納言に出世した今まで受けた恩情は浅くない」と述べており、哀惜《あいせき》の念は義持との良好な関係を背景とする。一方で満済の日記には義持を哀悼するコメントはなく、淡々と事後処理についての記事が続く。既述の赤松持貞をめぐる処分で、満済は義持と政治的に決別したと推測されている〔桜井：二〇〇一〕。愛憎こもごもの思いは、義持に対する評価の難しさでもある。

後小松上皇も複雑な胸中で、義持の死を見つめた一人だった。義持死去の知らせを受け、後小松が悲嘆する様子は尋常ではなかったという。しかし亡くなる直前の一七日、義持への准三后宣下を万里小路時房から勧められても勅許しなかった。序章で述べたように准三后宣下は、すでに足利家で義満に先例があった。これまでの功労を思えば義持にも十分資格があると時房は考えたのだが、後小松は義持が内大臣以上の昇進を辞退したことを理由に許さなかったのだ。二二日になって太政大臣を贈官したが、これは管領畠山満家以下が内談して、幕府の総意として求めてきたことによる。准三后宣下を渋ったのは義持の謙退《けんたい》を忖度《そんたく》したためとも思えるが、後小松の冷めたい仕打ちはこれだけにとどまらなかった。正月二三日に義持の遺体は等持院で荼毘《だび》にふされ、二五日には執骨仏事がとり行われて、喪主の義教（義円）はじめ、義昭、義承、栄子といった親族のほか、義持の家司だった廷臣も多く参加した。ところが二月二四日になって、後小松は無理やり服忌の適用範囲を拡大させ、義持の葬儀に参列した廷臣の院参を停止し、三〇日間の籠居を命じた。時房もその一人で、「末代の作法、毎事非法の令か」と憤慨《ふんがい》している（『建内記』）。

また翌月に幕府が義持の死去を理由に改元を申請すると、後小松はこれを取り次いだ関白二条持基に、「臣下のことによる改元は、これまでに先例があるのか」と意地悪く尋ね難色を示した。これは応永三〇年に、後小松が義量の代始めを祝い改元を打診したところ、義持に辞退され厚意をむげにされたことへの当てつけだったのである（『建内記』三月条）。結局、四月二七日に年号は「正長」と改元され、三五年の長きにわたった「応永」は、義持の治世とともに幕を下ろすことになったが、このほか義持が死んだ直後の二月から六月にかけて、天王寺別当、石清水検校、伊勢神宮祭主の人事をめぐり、後小松は幕府の意向を尊重せずに素意をつらぬこうとしたことが指摘されている（佐藤進一：一九六八）。これらは公武対立史観にもとづく朝廷側の巻き返しとの見方もあるが、これまで述べてきたように、後小松が奔放にふるまうことは珍しくなく、義持の「正論」によって諫止されてきた一面も考慮する必要がある。

義持という重石がはずれ、後小松に苦言を呈することのできる者がいなくなり、継嗣まもない義教はこれを制御するだけの経験も知識も持ち合わせていなかった。義持に頼りきっていた後小松だが、彼の諫言を口うるさいとも感じていたようである。三年前に後小松は出家を思い立ったところ、義持から禅僧による受戒を執拗に勧められ、「先例にない」と断わり彼の機嫌を損ねてしまい、結局延期する事態になった（『看聞日記』応永三二年正月三〇日条）。この出来事からも、自分の価値観を押しつけてくる義持に、後小松が辟易としていた様子がうかがえる。

義持時代の終焉　二月一九日、義持の四十九日忌法要が、繰り上げて等持院にて行われた（『満済准后日記』）。本来ならば三か月にわたるべきところ、わずか三〇余日に短縮されたのは、義持のための仏事を早く切り上げて執政の開始を望む義教の思惑があり、権力の空白を一日も早く解消したい諸大名もこれに賛同したことによる（桜井：二〇〇一、森茂暁：二〇一二）。法要は義持の親族、廷臣、大名らが参加して盛大に挙行され、南禅寺の惟肖得巖《いしょうとくがん》が高座に上り、故人の性格について次のように紹介した。「天下第一の才人」とうたわれた惟肖は、義持の生前に目をかけられて親交があり、九四頁の「瓢鮎図」にも名前を連ねた高僧である。

「銭財の宝貨は大衆の貪《むさぼ》るところだが、（義持は）これを抜け落ちた毛髪のごとく執着しなかった。つねに分け配ったほか、四方から来た僧に献じようと、これを寺社に喜捨して、少しも手もとに留めなかった。清貧を心がけていたから、災厄をもたらす鬼邪がその家をうかがい見ることもなかった。色白の美女は俗人の眩《くら》むところだが、（義持は）これを地獄にある火の穴のごとく忌避した。袈裟をいつも身にまとい、念珠を厳《おごそ》かに手にしていた。机の席に並べたのは仏教の経典であり、座の隅《すみ》にはべったのは無精ひげを生やした僧侶だった」（『東海璚華集』一）。

財貨に無頓着というのは、八朔の贈り物を惜しげもなく人に与えたという、曾祖父尊氏の逸話を髣《ほう》髴《ふつ》とさせる(『梅松論』)。もっとも、尊氏の寛容が人心を引きつける気前よさであるのに対して、義持の無欲は信仰心の篤さとして語られる点に特色がある。二六九頁で触れた、没収財産をどしどし寺社に寄進したという過度な行動は、こうした義持の「美徳」が先鋭化した負の側面だったといえる。また女漁《おんなあさ》りを慎む姿勢は、側室はいたものの少数に限られ、正室の栄子との間に嫡男をあげようと、最後まで心を砕いたことからもうかがえる。その仲睦まじい栄子のもとに足を運ぶことさえ、既述のように出家後は、義量の死から一年経過するまで慎んでいた。好色な父義満と対照的な女性関係は、義持のバックボーンである禅儒一体の思想が、多分に影響しているのかもしれない。さらに好みの身なりや座右の書・人についても、質朴な禅宗と清貧な禅僧をこよなく愛した、義持の嗜好が如実にあらわれている。

義持の個性を簡潔にとらえた右の文章に続けて惟肖は、かつて義持が一枚の鏡を壁にかけ、禅僧たちに作詩させたというエピソードを披露した。これは中国唐代の仰山慧寂《きょうざんえじゃく》(八〇七~八八三)が、師匠である潙山霊祐《いさんれいゆう》から送られてきた鏡を、潙山のものか仰山のものか修行者に問うたという、鏡を仏心になぞらえた深遠な故事にもとづくものだった〔芳澤:二〇一二〕。これを聞いた法要の参加者らは、禅録に通暁《つうぎょう》した義持の博覧強記《はくらんきょうき》な人柄を偲《しの》んだと思われるが、仏事が終わるとさっさと帰路についてしまい、義持の遺骨を菩提所の相国寺勝定院に安置するのに供奉したのは、自発的に残った細川満久と山名持煕だけだった(『満済准后日記』)。勝定院へと向かう寂しい行列は、義持の治世が終わったことを強く印象づけるものであった。

終章　守成の追憶——死去後

室町幕府の確立

こうして幕切れとなった義持の執政は、次代にいかなる影響をおよぼしたのだろうか。第一にあげられるのは、序章で示した南北朝期以来の諸課題に、解決のめどがついた点である。正長元年（一四二八）七月二〇日、危篤を繰り返していた称光天皇がついに亡くなり、伏見宮貞成の皇子彦仁が、後小松上皇の猶子として践祚した（後花園天皇）。崇光流と後光厳流に分裂していた旧北朝の皇統は、七六年ぶりに合流を果たすことになった。八月に北畠満雅が旧南朝の小倉宮を奉じ伊勢で挙兵する事件もおこったが、義教の嗣立直後にもかかわらず、おおむね円滑に新帝の擁立が行われたのは、義持が後光厳流の断絶を見越して段取りを整えていたおかげである。

また義満の時代、法皇待遇か摂家相当かで揺れ動いていた足利家の家格が、義持によって後者に定位され、天皇家の補佐役としての室町殿の立場が、次代に再生産可能な形で明確化したことは、公武関係の安定化に寄与した。さらに応永の大飢饉による国家的危機を受け統治方式の見なおしが行われ、

後花園天皇像（京都・大応寺蔵）

室町幕府の機構・制度の確立へと至った点も重要である。内乱期から引き継がれていた、一方当事者の請求のみにもとづく訴訟・安堵手続きは、義持の代に改革が実施され混乱の抑止がはかられた。所領・貸借関係の訴訟制度改革は、義教による推進に注目が集まってきたが、その方向性を決定づけたのは義持だった。

しかし訴訟制度改革における義持期の画期性を強調すれば、従来これに積極的に取り組んだとされてきた次代の義教期に対する評価が、逆に不明瞭になりかねない。そこで両期それぞれの意義を明確にするうえで参考になるのは、通常の訴訟手続きでは時間がかかるとして直訴した万里小路豊房《までのこうじとよふさ》に対して、義教が「勝定院殿（義持）のときの延引を、執政を開始したばかりの自分にするな」と突っぱねたエピソードである（『建内記』正長元年五月二一日条）。ここから義持期の訴訟が延滞ぎみだったことが判明するが、それは即決から審理へと訴訟手続きが変化したことに根本的な原因があったと思われる。即決方式から審理重視へと方針転換された結果、以前よりも裁許までに時間がかかることになったのである。したがって、審理にもとづく「理非糺明」の訴訟を維持しながら、いかに多量の訴訟を迅速・効率的に処理するかが、義教に突きつけられた課題となる。義教期に実施された訴訟改革は、義持期の達成点を前提としつつも、そこで表面化した矛盾の解決を目標に展開されたことに注意する必要がある。

このように義持は前代の問題を克服する一方で、次代に新たな課題を残したわけだが、このことが第二にあげる点となる。正長元年（一四二八）九月、「土民蜂起これ初めなり」と称された正長の徳政一揆が勃発した（『大乗院日記目録』）。代始めの徳政を求める民衆が、京都の土倉・酒屋などを襲撃して幕府を震撼《しんかん》させたが、これは京都に富を吸い上げる統治方式が確立した結果、地域社会の負担が増大して疲弊をまねいたことに原因があった。義持の時代に進んだ制度・機構の整備は、このような「負の遺産」も残すことになった。永享四年（一四三二）に対明通交が再開されるものの、頻度・規模ともに義満期を上まわることなく、土倉酒屋役に依存する幕府財政に変わりはなかった〔早島：二〇〇三〕。義持期に確立した「都市依存型財政」は、義教期以降にも引き継がれていく。

新たな「負の遺産」

地方における紛争の火種も、義持の執政期にさかのぼる。九州では正長元年に渋川義俊のいとこ満《みつ》直《なお》が探題に任命されたが、大内盛見の支援なくしてその存立は難しかった。動揺する九州支配に大内を投入する義持晩年の方針は継続され、永享元年末に義教は筑前を幕府料国とし盛見に管理をゆだねた。だが公然と北九州支配に乗り出した盛見は、少弐・菊池に大友らも加えた地元勢力の激しい反発を買って合戦となり、永享三年六月に五五歳で敗死してしまう〔柳田：一九七六〕。北九州の争乱は大内を支援する義教の介入で泥沼化するが、その萌芽は大内を九州政策の要《かなめ》にすえた義持期に醸成されていた。また大和でも、義持が幕府の裁定を仰ぐよう南都に厳命した結果、義教は興福寺側の要請によって筒井と越智・箸尾の紛争調停に乗りださざるを得なくなり、永享元年から約一〇年間におよぶ大和の内戦（大和永享の乱）に引きずり込まれていった〔大薮：二〇一三〕。

さらに関東において鎌倉公方の足利持氏が反幕府の旗幟《きし》を鮮明にするのも、義教が鬮で次期室町殿に選出されて以後のことである。これまで持氏は、恩人である義持に対して低姿勢を崩さなかったが、義量死後に空位となった将軍職に過剰な期待を寄せた反動で、義持の後継に選ばれなかったことを深く恨《うら》み、義教を対等なライバルとみなして敵視するようになる。先述した北畠満雅の蜂起も、武力上洛を画策する持氏との共謀が噂された（『満済准后日記』八月三日条）。義持期における幕府・鎌倉府の協調路線は破綻し、義教期に東西の緊張が一挙に高まるのは、義量急死にともなう将軍空位の措置に遠因があったといえる。東国を対象とする幕府の訴訟裁許は、管領から関東管領に宛てた遵行依頼の形式で伝達されていたが、応永三〇年の危局後このような管領発給文書は確認できなくなる〔吉田：二〇〇三a〕。和解に向けた交渉は活発になされたものの〔亀ヶ谷：二〇一五〕、義持急死にともなう両府間の対立激化により、こうした従来の日常的な伝達制度も機能不全に陥ったまま、永享一一年二月に持氏は四二歳にして義教に攻め滅ぼされるに至る（永享の乱）。

払拭される遺風

義教にとって不幸だったのは、幕府内の権力基盤が脆弱な状況で、先代の末期に育まれた難局にのぞまなければならなかったことである。後小松上皇への対応からも窺知されるように、継嗣当初の義教は政務経験の不足が目立った〔石原：二〇〇八〕。これは義持から義教に至る治世の引き継ぎが、スムーズになされなかったことの証左でもあり、これこそが第三にあげる点となる。義持や義量のケースでみたように足利家の家督継承は、世継ぎの決定段階で帝王学がほどこされ、将軍就任後には近臣団が配属されるなど、円滑な権力移譲に向け時間をかけて準備された。ところが突然家督を継ぐことになった義教は、執政の心がまえたる帝王学を修得せず、頼りにできる近臣団もなく、まったく何の用意もないまま、事実上その身一つで幕府に迎えられた。義教は義持の同母弟でありながら、兄自身の口から後継者に指名されなかったことを不満に思っていたらしい。家督を継承して早々に義教は、義持の怒りを買い神社に寄進された没収地の返還を命じるとともに、訴訟の裁許などをとおして義持時代に失脚した人々の名誉を回復した。義持によって年三度とされた等持寺八講も年一度に戻し、八月の贈答儀礼である八朔の制限も撤廃するなど、兄義持の前例を嫌って父義満の先例を万事尊重した〔桜井：二〇〇一・二〇〇五〕。

　権力基盤の構築をはかる義教にとって、何かと煙たい存在だったのが、義持のことを慕う前御台所の裏松栄子と側近の遺臣たちだった。義教は栄子の斡旋でその姪宗子《むねこ》を御台所に迎えたが、先代の外戚として権勢を誇る裏松勢力の圧迫を狙って、裏松義資の所領を次々と奪い、栄子から「我が一流を滅ぼされるおつもりか」と猛烈に抗議されるなど、継嗣当初から栄子との対立が目立った〔『建内記』正長元年五月二八日条、四五頁系図参照〕。永享三年七月二七日に栄子が四二歳で他界すると、義教は亡兄の遺風を一気に払拭しようと、そのわずか一か月後に宗子に代えて愛人である上臈局の三条尹子《さんじょうただこ》を正室に昇格させ、義満ゆかりの室町第跡への移住計画を発表した。義持時代を象徴する三条坊門第は、ここに棄却された。このころ政所執事の伊勢貞経が義教の治世を批判したとして更迭されたのを皮切りに、義持・栄子夫妻に忠実だった旧近臣に対する粛清も本格化していった〔家永：一九八八、榎原：二〇〇六〕。永享六年六月九日には裏松義資が義教に暗殺され、この噂を広めたとして高倉永藤が配流された。永藤は義持の嗣子時代から仕えた、古参の遺臣であった。また義資を警護して一緒に殺された畠山国繁は、義量近臣の筆頭だった持清の子息で、これにより持清も面目を失い所領を没収された（『看聞日記』六月一六日条）。

幕府直轄軍の中核たる奉公衆は、義教の専制と関連づけて論じられることもあるが、義満の時期に成立したことが明らかにされた〔森幸夫：一九九三〕。そのため義教による奉公衆整備の評価は曖昧になったが、彼には継嗣時に近臣団が準備されていなかった事実を踏まえれば、その意義が明確になる。義教は自身の手で、信頼できる近臣団を構築しなければならなかったのである。もっとも義教が批判的な先代の遺臣を排除して、みずからに忠実な近臣団の整備を急いだのには理由があった。先述の地域紛争が永享三年（一四三一）ごろ激化し、義教はこれへの迅速な対応に迫られていた。このころから鎮圧軍の一翼を担い、奉公衆の出陣が増加していく〔吉田：二〇〇三b〕。

また軍議を兼ねる大名衆議も、管領・大名が一堂に会して意見をまとめる方式から、大名が個々に義教から諮問を受け答申する方式へと変更された。個別ばらばらの意見は大名全員のまとまった意見よりも拘束力が弱く、衆議を形骸化させることで、義教は武力介入を主導的に決定できるようになった。義教に比べて義持の時代には、大名衆議が円滑に機能していたとされる所以である。さらに気骨のある畠山満家や満済が、永享五年九月・同七年六月に六二歳と五八歳で相次いで没すると、義教を諫めうる人物はほぼ皆無の状態となってしまう〔吉田：二〇〇一〕。義持に引き立てられた一色義範

（改名して義貫《よしつら》）も、永享一二年五月に大和の陣中において、義教の命により非業の最期をとげた。ときに四一歳。彼は永享二年七月に挙行された義教の右大将拝賀を、一騎打という供奉の先陣に選ばれなかったとの理由でボイコットするなど、義教に対し距離をおいていたことが災いし、分国三河に足利持氏の残党をかくまったとして罪に問われたのである〔桜井：二〇〇一〕。義教は義持の晩年に蓄積された矛盾を背負わされ、強引にこれを克服しようと専制を強めた結果、嘉吉元年（一四四一）六月二四日、播磨守護の赤松満祐に弑逆《しぎゃく》され、四八歳の生涯を閉じることになる（嘉吉の乱）。

義持の歴史的評価

歴史に「もしも」は禁句だが、帝王学の修得や近臣団の分遣などをとおして、次期室町殿としての地歩を着々と固めていた正嫡義量が健在で、義持からスムーズに政権を移譲されていたならば、その後の室町時代史は違った方向に進んでいたかもしれない。義持は父義満にならい世代交代を円滑に行おうとしたが、それを果たせないまま不慮の死を迎え、正統な権力の相承に失敗したといえる。もっとも継嗣問題を仮にクリアできたとしても、「仁政」をスローガンに掲げた義持の治世そのものが、最終的に社会を疲弊させる結果に終わったことに変わりはない。義持の後継者に誰がなろうとも、既述の残された課題に直面しなければならなかった。

このように義持が思い描いた「聖代」実現の夢は、父義満から引き継いだ強大な権力をもってしても、ままならぬ過酷な現実の壁にはばまれ打ち砕かれたわけだが、しかし理想と現実の相克にもがき続けた彼の生涯が、室町幕府の確立に多大な影響を与えたこともまた事実である。義持は自身が憧れたような完全無欠の聖人君子では決してなかったが、禅儒一体の教育で培われた彼の過剰なまでの為政者意識は、「徳政」推進のため「応永の改革」が断行される強いモチベーションとなった。このことが訴訟審理の徹底、奉行人の拡充、財政機構の再編、守護への業務委託など、行政制度の基礎固めにつながった。また義持は、明の永楽帝・朝鮮の太宗・琉球の尚巴志といった、いずれ劣らぬくせ者ぞろいの隣国の「英主」らとわたり合い、試行錯誤を重ねながらも、明一国に依存しない、東アジア規模での貿易ルートを活性化させた。義持によって模索された、この多元的な対外ネットワークは、交易品に対する室町期日本の内需を満たすのに不可欠な礎《いしずえ》となった。

義持の治世は一般に「安定期」とみなされがちだが、以上で論じてきたように、実際にはこの時期にも国内外の難題が相次いでおこっていた。「安定期」といったイメージは、父義満から享受された恩恵だけでなく、義持みずから奮闘のすえ決定的な破綻をくい止めたことにより、結果として形づくられた側面も少なくない。義持は彼なりに相次ぐ国難を真摯に受けとめ、これに対処していく過程で、内乱期以来の不安定要素に解決のめどをつけたことは、本書中で述べてきたとおりである。いくたの課題を次代に残した義持だが、それもまた右の諸問題に取り組むなかで生み出された「負の遺産」であり、これらの両面をあわせ考えてこそ、義持の事績を正当に評価することができる。

参考文献

論文・著書（副題は省略した）

青山英夫「応永三十四年、赤松満祐下国事件について」（『上智史学』一八号、一九七三年）
「足利義量〈御方衆〉考」（『上智史学』三三号、一九八八年）
赤松俊秀「足利氏の肖像について」（『京都寺史考』法蔵館、一九七二年、初出一九四九年）
秋元信英「斯波義重の動向」（木下聡編『管領斯波氏』戎光祥出版、二〇一五年、初出一九六八年）
天野文雄「足利義持の治世と世阿弥」（『世阿弥がいた場所』ぺりかん社、二〇〇七年、初出二〇〇二年）
家永遵嗣「足利義教初期における将軍近習の動向」（『室町幕府将軍権力の研究』東京大学日本史学研究室、一九九五年、初出一九八八年）
「室町幕府奉公衆体制と「室町殿家司」」（前掲書、初出一九九〇年）
「足利義満における公家支配の展開と「室町殿家司」」（前掲書、初出一九九五年）
「足利義満・義持と崇賢門院」（『歴史学研究』八五二号、二〇〇九年）
「室町幕府と「武家伝奏」・禁裏小番」（『近世の天皇・朝廷研究大会成果報告集』五号、二〇一三年）
池田寿子「足利義持筆『布袋図』」（『デ・アルテ』八号、一九九二年）
石原比伊呂「准摂関家としての足利将軍家」（『室町時代の将軍家と天皇家』勉誠出版、二〇一五年、初出二〇〇六年）

「足利義持と後小松「王家」」(前掲書、初出二〇〇七年)
「足利義教の初政」(『日本歴史』七二四号、二〇〇八年)
「足利義教と義満・義持」(前掲『室町時代の将軍家と天皇家』、初出二〇〇九年)
「足利家における笙と笙始儀」(『日本歴史』七六六号、二〇一二年)a
「北山殿行幸再考」(『年報中世史研究』三七号、二〇一二年)b
「足利義嗣の元服」(『東京大学史料編纂所研究紀要』二二号、二〇一二年)c
伊藤喜良「義持政権をめぐって」(『日本中世の王権と権威』思文閣出版、一九九三年、初出一九七三年)
『人物叢書 足利義持』(吉川弘文館、二〇〇八年)
伊藤俊一「紀伊国における守護役と荘家の一揆」(『室町期荘園制の研究』塙書房、二〇一〇年、初出二〇〇二年)
「南北朝~室町時代の地域社会と荘園制」(前掲書、初出二〇一〇年)a
「相国寺の造営と造営役」(前掲書、初出二〇一〇年)b
「応永~寛正年間の水干害と荘園制」(海老澤衷・高橋敏子編『中世荘園の環境・構造と地域社会』勉誠出版、二〇一四年)
井原今朝男・國學院大学院生ゼミグループ「中世禁裏の宸筆御八講をめぐる諸問題と『久安四年宸筆御八講記』」(『国立歴史民俗博物館研究報告』一六〇集、二〇一〇年)
今泉淑夫『人物叢書 世阿弥』(吉川弘文館、二〇〇九年)
今枝愛眞「足利義満の相国寺創建」(『中世禅宗史の研究』東京大学出版会、一九七〇年)a
「禅律方と鹿苑僧録」(前掲書、初出一九七〇年)b
今谷　明「和泉国半国守護考」(『守護領国支配機構の研究』法政大学出版局、一九八六年、初出一九七八年)a

「増訂室町幕府侍所頭人並山城守護付所司代・守護代・郡代補任沿革考証稿」（前掲書、初出一九七八年）b
「室町時代の伝馬について」（前掲書、初出一九八五年）
「室町幕府奉行人奉書の基礎的研究」（『室町幕府解体過程の研究』岩波書店、一九八五年、初出一九八二年）
『室町の王権』（中央公論社、一九九〇年）
『日本の歴史⑨日本国王と土民』（集英社、一九九二年）
「一四―一五世紀の日本」（『室町時代政治史論』塙書房、二〇〇〇年、初出一九九四年）
『籤引き将軍足利義教』（講談社、二〇〇三年）
上島　有「足利義持とその花押」（『中世花押の謎を解く』山川出版社、二〇〇四年）
上田純一『足利義満と禅宗』（法蔵館、二〇一一年）
植田真平「上杉禅秀の乱考」（池亨編『室町戦国期の社会構造』吉川弘文館、二〇一〇年）
「鎌倉公方基氏の成立」（黒田基樹編『足利基氏とその時代』戎光祥出版、二〇一三年）
臼井信義「足利義持の初政と斯波義将」（木下聡編『管領斯波氏』戎光祥出版、二〇一五年、初出一九五四年）
『人物叢書　足利義満』（吉川弘文館、一九六〇年）
江田郁夫「鎌倉公方連枝足利満隆の立場」（『室町幕府東国支配の研究』高志書院、二〇〇八年、初出二〇〇五年）
榎本　渉「書評　檀上寛著『明代海禁＝朝貢システムと華夷秩序』」（『日本史研究』六二九号、二〇一五年）
榎原雅治「一揆の時代」（榎原雅治編『日本の時代史11一揆の時代』吉川弘文館、二〇〇三年）
「室町殿の徳政について」（『国立歴史民俗博物館研究報告』一三〇集、二〇〇六年）
『日本中世史③室町幕府と地方の社会』（岩波書店、二〇一六年）

大田壮一郎「室町幕府の追善仏事に関する一考察」(『室町幕府の政治と宗教』塙書房、二〇一四年、初出二〇〇二年)
「足利義持政権と祈禱」(前掲書、初出二〇〇九年)a
「足利義持の神祇信仰と守護・地域寺社」(前掲書、初出二〇〇九年)b
「摂津国勝尾寺と足利義持政権」(前掲書、初出二〇一四年)
大薮　海「室町時代の「知行主」」(『室町幕府と地域権力』吉川弘文館、二〇一三年、初出二〇〇七年)
「北朝・室町幕府と飛騨国司姉小路氏」(前掲書、初出二〇〇九年)
「室町幕府と興福寺」(前掲書、初出二〇一三年)
岡澤　保「足利義持政権初期と斯波氏」(『奈良歴史研究』八二号、二〇一四年)
岡村守彦『飛驒中世史の研究』(戎光祥出版、二〇一三年、原版一九七九年)
小川剛生『足利義満』(中央公論新社、二〇一二年)
小川　信「畠山基国の活動と管領畠山氏の成立」(『足利一門守護発展史の研究』吉川弘文館、一九八〇年)
落合博志「清原良賢伝攷」(久留島典子・榎原雅治編『展望日本歴史11室町の社会』東京堂出版、二〇〇六年、初出一九八八年)
表　章「義持時代の世阿弥をめぐる三題」(『観世流史参究』檜書店、二〇〇八年、初出一九九九年)
笠松宏至「中世闕所地給与に関する一考察」(『日本中世法史論』東京大学出版会、一九七九年、初出一九六〇年)
「室町幕府法」校注(『中世政治社会思想』上、岩波書店、一九七二年)
「中世の政治社会思想」(前掲書、初出一九七六年)
「中央の儀」(『法と言葉の中世史』平凡社、一九九三年)

金子　拓「初期室町幕府・御家人と官位」（『中世武家政権と政治秩序』吉川弘文館、一九九八年、初出一九九四年）a
「中期室町幕府・御家人と官位」（前掲書、初出一九九四年）b
「室町殿の帝王学」（『歴史』九七輯、二〇〇一年）
亀ヶ谷憲史「足利義持期の室町幕府と鎌倉府」（『日本史研究』六三三号、二〇一五年）
川岡　勉「中世後期の守護と国人」（『室町幕府と守護権力』吉川弘文館、二〇〇二年、初出一九八六年）
「室町幕府—守護体制の変質と地域権力」（前掲書、初出二〇〇一年）
『人物叢書　山名宗全』（吉川弘文館、二〇〇九年）
川上　貢「義持の三条坊門殿」（『日本中世住宅の研究〔新訂〕』中央公論美術出版、二〇〇二年、初出一九六七年）
川添昭二「九州探題渋川満頼・義俊と日朝交渉」（『対外関係の史的展開』文献出版、一九九六年、初出一九七七年）
「九州探題の衰滅過程」（『九州文化史研究所紀要』二三号、一九七八年）
岸田裕之「武田氏と山名氏」（『広島県史』通史Ⅱ、広島県、一九八四年）
岸本美緒・宮嶋博史『世界の歴史⑫明清と李朝の時代』（中央公論新社、二〇〇八年、原版一九九八年）
木下　聡「室町殿袖判口宣案」（『中世武家官位の研究』吉川弘文館、二〇一一年、初出二〇〇五年）
「室町幕府外様衆の基礎的研究」（『東京大学日本史学研究室紀要』一五号、二〇一一年）
教学研究委員会編「『楞厳経』巻六　訳注」（『教学研究紀要』一一号、二〇一三年）
京都府教育庁指導部文化財保護課編『国宝東福寺三門修理工事報告書』（京都府教育委員会、一九七八年）
黒嶋　敏「琉球王国と中世日本」（『中世の権力と列島』古志書院、二〇一二年、初出二〇〇〇年）

「九州探題考」（前掲書、初出二〇〇七年）
「室町幕府と南蛮」（『青山史学』三〇号、二〇一二年）
『海の武士団』（講談社、二〇一三年）
黒田日出男「『髭』の中世と近世」（『週刊朝日百科日本の歴史・別冊〈歴史の読み方1〉』、朝日新聞社、一九八八年）
高坂　好『人物叢書　赤松円心・満祐』（吉川弘文館、一九七〇年）
呉座勇一「室町期武家の一族分業」（阿部猛編『中世政治史の研究』日本史史料研究会、二〇一〇年）
小葉田淳『中世日支通交貿易史の研究』（刀江書院、一九四一年）
小林保夫「室町幕府における段銭制度の確立」（『日本史研究』一六七号、一九七六年）
「足利将軍の両様花押について」（『日本思想史研究会会報』二〇号、二〇〇三年）
佐伯弘次「室町前期の日琉関係と外交文書」（『九州史学』一一一号、一九九六年）
「室町期の博多商人宗金と東アジア」（『史淵』一三六輯、一九九九年）
「応永の外寇と東アジア」（『史淵』一四七輯、二〇一〇年）
酒井紀美『夢語り・夢解きの中世』（朝日新聞社、二〇〇一年）
桜井英治『日本の歴史12室町人の精神』（講談社、二〇〇九年、原版二〇〇一年）
「「御物」の経済」（『国立歴史民俗博物館研究報告』九二集、二〇〇二年）
『破産者たちの中世』（山川出版社、二〇〇五年）
佐藤進一「室町幕府論」（『日本中世史論集』岩波書店、一九九〇年、初出一九六三年）
『日本の歴史9南北朝の動乱』（中央公論新社、二〇〇五年、原版一九六五年）
「足利義教期の幕府政治」（前掲『日本中世史論集』、初出一九六八年）

「将軍と幕府官制についての覚書」（豊田武・ジョン＝ホール編『室町時代』吉川弘文館、一九七六年）
『花押を読む』（平凡社、一九八八年）
佐藤博信「足利持氏の花押について」（『中世東国の支配構造』思文閣出版、一九八九年、初出一九八三年）
設楽　薫「将軍足利義教の「御前沙汰」体制と管領」（久留島典子・榎原雅治編『展望日本歴史11室町の社会』、東京堂出版、二〇〇六年、初出一九九三年）
清水克行「足利義持の禁酒令について」（『室町社会の騒擾と秩序』吉川弘文館、二〇〇四年、初出一九九九年）
「正長の徳政一揆と山門・北野社相論」（前掲書、初出二〇〇三年）
「「御所巻」考」（前掲書、初出二〇〇四年）
『大飢饉、室町社会を襲う！』（吉川弘文館、二〇〇八年）
「足利義持の二つの徳政」（藤木久志編『京郊圏の中世社会』古志書院、二〇一一年）
下坂　守「山門使節制度の成立と展開」（『中世寺院社会の研究』思文閣出版、二〇〇一年、初出一九七五年）
「中世土倉論」（前掲書、初出一九七八年）
末柄　豊「室町文化とその担い手たち」（榎原雅治編『日本の時代史11一揆の時代』吉川弘文館、二〇〇三年）
「足利義稙の源氏長者就任」（『日本歴史』七四八号、二〇一〇年）
杉山一弥「室町幕府と甲斐守護武田氏」（『室町幕府の東国政策』思文閣出版、二〇一四年、初出二〇〇一年）
「稲村公方と南奥社会」（前掲書、初出二〇〇三年）
「室町幕府における錦御旗と武家御旗」（前掲書、初出二〇〇六年）
「室町幕府と常陸「京都扶持衆」」（前掲書、初出二〇一四年）
須田牧子「大内氏の対朝関係の変遷」（『中世日朝関係と大内氏』東京大学出版会、二〇一一年）
「大内氏の在京活動」（鹿毛敏夫編『大内と大友』勉誠出版、二〇一三年）

関　周一「唐物の流通と消費」（『国立歴史民俗博物館研究報告』九二集、二〇〇二年）
瀬田勝哉「伊勢の神をめぐる病と信仰」（『洛中洛外の群像』平凡社、一九九四年、初出一九八〇年）
髙岸　輝「室町殿絵巻コレクションの形成」（『室町王権と絵画』京都大学学術出版会、二〇〇四年、初出二〇〇三年）
高橋　修「足利義満の造形イメージ戦略」（『ＺＥＡＭＩ』四号、二〇〇七年）
「足利義持・義教期における一色氏の一考察」（『史学研究集録』八号、一九八三年）
高橋公明「室町幕府の外交姿勢」（『歴史学研究』五四六号、一九八五年）
高橋典幸「将軍の任右大将と『吾妻鏡』」（『三田中世史研究』一二号、二〇〇五年）
高良倉吉『琉球王国』（岩波書店、一九九三年）
田坂泰之「室町期京都の都市空間と幕府」（桃崎有一郎・山田邦明編『室町政権の首府構想と京都』文理閣、二〇一六年、初出一九九八年）
田中健夫『倭寇』（講談社、二〇一二年、原版一九八二年）
「足利将軍と日本国王号」（田中健夫編『日本前近代の国家と対外関係』吉川弘文館、一九八七年）
田中義成『足利時代史』（講談社、一九七九年、原版一九二三年）
田辺久子『人物叢書　上杉憲実』（吉川弘文館、一九九九年）
田沼　睦「公田段銭と守護領国」（『中世後期社会と公田体制』岩田書院、二〇〇七年、初出一九六五年）
玉村竹二「蔭凉軒及び蔭凉職考」（『日本禅宗史論集』上巻、思文閣出版、一九七六年）
「足利義持の禅宗信仰に就て」（『日本禅宗史論集』下之二巻、思文閣出版、一九八一年）
田村洋幸「北九州地域の対鮮貿易」（『中世日朝貿易の研究』三和書房、一九六七年、初出一九六〇年）
檀上　寛『永楽帝』（講談社、一九九七年）

「明代朝貢体制下の冊封の意味」（『明代海禁＝朝貢システムと華夷秩序』京都大学学術出版会、二〇一三年、初出二〇一一年）
東京国立博物館編『特別展　室町時代の美術』（東京国立博物館、一九八九年）
外山幹夫「守護大名中期の大友氏」（『大名領国形成過程の研究』雄山閣出版、一九九五年）
鳥尾　新『絵は語る5　瓢鮎図』（平凡社、一九九五年）
永島福太郎「興福寺と東寺領」（『社会経済史学』八巻九号、一九三八年）
「下剋上の世」（奈良市史編集審議会編『奈良市史』通史二、奈良市、一九九四年）
中島圭一「室町時代の経済」（榎原雅治編『日本の時代史11一揆の時代』吉川弘文館、二〇〇三年）
中村栄孝「朝鮮世宗己亥の対馬征伐」（『日鮮関係史の研究』上、吉川弘文館、一九六五年）
西山　克「媒介者たちの中世」（中世都市研究会編『中世都市研究8都市と職能民』新人物往来社、二〇〇一年）
新名一仁「応永期における島津奥州家の領国拡大と政治構造」（『室町期島津氏領国の政治構造』戎光祥出版、二〇一五年）
野村茂夫『書経』（明徳出版社、一九七四年）
橋本　雄「朝鮮国王使と室町幕府」（『中華幻想』勉誠出版、二〇一一年、初出二〇〇五年）
「室町殿の《中華幻想》」（前掲書、初出二〇〇七・二〇〇八年）
「対明・対朝鮮貿易と室町幕府―守護体制」（村井章介ほか編『日本の対外関係4倭寇と「日本国王」』吉川弘文館、二〇一〇年）
「《中華幻想》補説」（中島楽章・伊藤幸司編『寧波と博多』汲古書院、二〇一三年）a
「生きた唐物」（池田透編『生物という文化』北海道大学出版会、二〇一三年）b
早島大祐「中世後期社会の展開と首都」（『首都の経済と室町幕府』吉川弘文館、二〇〇六年、初出二〇〇三年）

「公武統一政権論」（前掲書、初出二〇〇六年）
『室町幕府論』（講談社、二〇一〇年）
「一揆と徳政」（『岩波講座日本歴史』八巻〈中世三〉、岩波書店、二〇一四年）
「解説」（京都大学日本史研究室編『西山地蔵院文書』思文閣出版、二〇一五年）
原田正俊「中世五山僧の進退・成敗・蜂起」（薗田香融編『日本仏教の史的展開』塙書房、一九九九年）
「相国寺の伽藍・境内の変遷と火災」（研究代表者西本昌弘『難波・飛鳥・京都の歴史遺産の発掘と活用　成果報告集』関西大学、二〇一六年）
藤井譲治『人物叢書　徳川家光』（吉川弘文館、一九九七年）
藤田明良「東アジアにおける「海域」と国家」（『歴史評論』五七五号、一九九八年）
二木謙一「石清水放生会と室町幕府」（『中世武家儀礼の研究』吉川弘文館、一九八五年、初出一九七二年）
「足利義量」（桑田忠親編『足利将軍列伝』秋田書店、一九七五年）
古野　貢「庶流守護による分国支配構造」（『中世後期細川氏の権力構造』吉川弘文館、二〇〇八年）
細川武稔「足利氏の邸宅と菩提寺」（『京都の寺社と室町幕府』吉川弘文館、二〇一〇年、初出一九九八年）
「足利義満の北山新都心構想」（『中世都市研究』一五号、二〇一〇年）
本郷和人「『満済准后日記』から」（『遥かなる中世』八号、一九八七年）
本田　濟『易』（朝日新聞出版、一九九七年）
本多美穂「室町時代における少弐氏の動向」（『九州史学』九一号、一九八八年）
松岡心平「室町の芸能」（『岩波講座日本通史』九巻〈中世三〉、岩波書店、一九九四年）
「室町将軍と傾城高橋殿」（松岡心平編『看聞日記と中世文化』森話社、二〇〇九年）
松園潤一朗「室町幕府「論人奉行」制の形成」（『日本歴史』七二六号、二〇〇八年）

「室町幕府の安堵と施行」（『法制史研究』六一号、二〇一一年）
松永和浩「室町期における公事用途調達方式の成立過程」（『室町期公武関係と南北朝内乱』吉川弘文館、二〇一三年、初出二〇〇六年）
「室町殿権力と公家社会の求心構造」（前掲書、初出二〇〇八年）
「室町殿権力と朝儀」（前掲書、初出二〇一三年）
三枝暁子「北野祭と室町幕府」（『比叡山と室町幕府』東京大学出版会、二〇一一年、初出二〇〇七年）
水野智之「室町期の家門安堵に関する補遺」（『室町時代公武関係の研究』吉川弘文館、二〇〇五年）
宮崎隆旨「室町初期における伊勢氏の動向」（『史泉』五〇号、一九七五年）
宮本義己「室町幕府の対明断交と日琉貿易」（『南島史学』六二号、二〇〇三年）
村井章介『老松堂日本行録』（校注）（岩波書店、一九八七年）
「易姓革命の思想と天皇制」（『中世の国家と在地社会』校倉書房、二〇〇五年、初出一九九五年）
室山　孝「近習富樫満成考」（『加能史料研究』一三号、二〇〇一年）
桃崎有一郎「「裏築地」に見る室町期公武社会の身分秩序」（『中世京都の空間構造と礼節体系』思文閣出版、二〇一〇年、初出二〇〇四年）
「足利義持の室町殿第二次確立過程に関する試論」（『歴史学研究』八五二号、二〇〇九年）
百瀬今朝雄「段銭考」（寶月圭吾先生還暦記念会編『日本社会経済史研究（中世編）』吉川弘文館、一九六七年）
森　茂暁「光厳上皇院政」（『増補改訂　南北朝期公武関係史の研究』思文閣出版、二〇〇八年、初出一九八二年）
「北朝と室町幕府」（前掲書、初出一九八四年）
『闇の歴史、後南朝』（角川書店、一九九七年）

「赤松持貞小考」（『中世日本の政治と文化』思文閣出版、二〇〇六年、初出二〇〇一年）
『ミネルヴァ日本評伝選　満済』（ミネルヴァ書房、二〇〇四年）
『室町幕府崩壊』（角川学芸出版、二〇一一年）
森　幸夫「室町幕府奉公衆の成立時期について」（『中世の武家官僚と奉行人』同成社、二〇一六年、初出一九九三年）
「足利義嗣の元服に関する一史料」（『古文書研究』七七号、二〇一四年）
柳田快明「室町幕府権力の北九州支配」（木村忠夫編『戦国大名論集7九州大名の研究』吉川弘文館、一九八三年、初出一九七六年）
山田邦明「応永の大乱」（新潟県史編さん委員会編『新潟県史』通史編2中世、新潟県、一九八七年）
山田　徹「室町幕府所務沙汰とその変質」（『法制史研究』五七号、二〇〇七年）a
「南北朝期の守護在京」（『日本史研究』五三四号、二〇〇七年）b
「土岐頼康と応安の政変」（『日本歴史』七六九号、二〇一二年）
山田雄司「足利義持の伊勢参宮」（『怨霊・怪異・伊勢神宮』思文閣出版、二〇一四年、初出二〇〇四年）
山家浩樹「上総守護宇都宮持綱」（『日本歴史』四九〇号、一九八九年）
「太良荘に賦課された室町幕府地頭御家人役」（東寺文書研究会編『東寺文書にみる中世社会』東京堂出版、一九九九年）
「室町時代の政治秩序」（歴史学研究会・日本史研究会編『日本史講座4中世社会の構造』東京大学出版会、二〇〇四年）
弓倉弘年「紀伊守護家畠山氏の家督変遷」（『中世後期畿内近国守護の研究』清文堂出版、二〇〇六年、初出一九九〇年）

芳澤勝弘『「瓢鮎図」の謎』（ウェッジ、二〇一二年）
横井清『室町時代の一皇族の生涯』（講談社、二〇〇二年、原版一九七九年）
吉田賢司「管領・諸大名の衆議」（『室町幕府軍制の構造と展開』吉川弘文館、二〇一〇年、初出二〇〇一年）
「室町幕府の戦功褒賞」（前掲書、二〇〇二年）
「足利義教期の管領奉書」（前掲書、初出二〇〇三年）a
「室町幕府の軍勢催促」（前掲書、初出二〇〇三年）b
「室町幕府の国人所領安堵」（前掲書、初出二〇〇四年）
「室町幕府による都鄙の権力編成」（前掲書、初出二〇〇七年）
「室町幕府の内裏門役」（『歴史評論』七〇〇号、二〇〇八年）
「在京大名の都鄙間交渉」（前掲書、初出二〇一〇年）
「山中両惣領家の活動」（甲賀市史編さん委員会編『甲賀市史』二巻、二〇一二年）
「武家編制の転換と南北朝内乱」（『日本史研究』六〇六号、二〇一三年）
「室町幕府論」（『岩波講座日本歴史』八巻〈中世三〉、岩波書店、二〇一四年）
「室町幕府による闕所処分手続きの変化」（『龍谷史壇』一四二号、二〇一六年）
和氣俊行「応永三一年の都鄙和睦をめぐって」（植田真平編『足利持氏』戎光祥出版、二〇一六年、初出二〇〇七年）
和島芳男「義堂周信と清原良賢」（『日本宋学史の研究　増補版』吉川弘文館、一九八八年、初出一九七七年）

史料典拠

「青木文書」（近江国古文書志四巻、戎光祥出版）

『足利系図』（続群書類従、続群書類従完成会）
『足利家官位記』（群書類従、続群書類従完成会）
『足利将軍御内書并奉書留』（室町幕府関係引付史料の研究、科学研究費成果報告書）
「足利義満以下将軍宣下文書」（大日本史料七編一八冊三七九～三八〇頁、東京大学出版会）
「阿蘇文書」（大日本古文書、東京大学出版会）
「阿多文書」（大宰府・太宰府天満宮史料一二巻六三一頁、太宰府天満宮）
『在盛卿記』（大日本史料七編一二冊一九頁・二二一～二二二頁、東京大学出版会）
「石川県立歴史博物館所蔵文書」（加能史料室町Ⅰ二八〇頁、石川史書刊行会）
『伊勢系図』（続群書類従、続群書類従完成会）
「市河文書」（信濃史料叢書、信濃史料刊行会）
「石清水文書」（大日本古文書、東京大学出版会）
『宇都宮系図』（続群書類従、続群書類従完成会）
『蔭凉軒日録』（続史料大成、臨川書店）
「円覚寺文書」（神奈川県史、神奈川県）
『応永記』（群書類従、続群書類従完成会）
『応永十八年頒暦断簡』（大日本史料七編一四冊五三四～五三五頁、一五冊三四頁、東京大学出版会）
『臥雲日件録抜尤』（大日本古記録、岩波書店）
『花営三代記』（群書類従、続群書類従完成会）
「勧修寺文書」（大日本史料七編一四冊五三五頁、東京大学出版会）
『兼宣公記』（史料纂集、続群書類従完成会・八木書店）

『鎌倉大草紙』（群書類従、続群書類従完成会）
『鎌倉管領九代記』（大日本史料七編二七冊二二九頁、東京大学出版会）
『鎌倉大日記』（続史料大成、臨川書店）
「烟田文書」（神奈川県史、神奈川県）
『看聞日記』（図書寮叢刊、明治書院）
「北野社文書」（大日本史料七編三一冊三六六～三六七頁、東京大学出版会）
「北野天満宮文書」（北野天満宮史料、北野天満宮）
『北山殿行幸記』（群書類従、続群書類従完成会）
『喜連川判鑑』（続群書類従、続群書類従完成会）
『御遊抄』（続群書類従、続群書類従完成会）
『公卿補任』（国史大系、吉川弘文館）
『建内記』（大日本古記録、岩波書店）
『迎陽記』（史料纂集、八木書店）
『迎陽記』迎陽文集（大日本史料七編一〇冊一七二頁・三七六頁、東京大学出版会）
『興福寺日次記』（大日本史料七編二〇冊二一八～二二五頁、東京大学出版会）
「広福寺文書」（大宰府・太宰府天満宮史料一三巻五五～五六頁、太宰府天満宮）
『荒暦』（大日本史料七編二冊五五六頁、二一冊一～三頁、東京大学出版会）
「久我家文書」（続群書類従完成会）
『後愚昧記』（大日本古記録、岩波書店）
『御産所日記』（群書類従、続群書類従完成会）

『後深心院関白記』（大日本古記録、岩波書店）
「小早川家文書」（大日本古文書、東京大学出版会）
『御評定着座次第』（群書類従、続群書類従完成会）
『さかゆく花』（群書類従、続群書類従完成会）
「佐々木文書」（戦国大名尼子氏の伝えた古文書、島根県古代文化センター）
『薩戒記』（大日本古記録、岩波書店）
『慈照院殿諒闇総簿』（大日本史料七編一〇冊九～一一頁、東京大学出版会）
『執事補任次第』（続群書類従、続群書類従完成会）
「島津文書」（大日本史料七編一三冊二六四～二六九頁、東京大学出版会）
『寺門事条々聞書』（大日本史料七編二〇冊二二六～二三〇頁・三八六～三九四頁、二二冊一六一頁、東京大学出版会）
『修史為徴』（善隣国宝記・新訂続善隣国宝記五六〇～五六一頁、集英社）
『常永入道記』（大日本史料七編一六冊五九一頁、一七冊四六頁・五八頁、東京大学出版会）
『称光院御即位散状』（大日本史料七編二〇冊四三一頁、二一冊二〇頁、東京大学出版会）
『称光院大嘗会御記』（大日本史料七編二三冊七五頁・九一頁・一三四～一三五頁、東京大学出版会）
『勝定院殿大将御拝賀記』（大日本史料七編八冊九七二～九七七頁、東京大学出版会）
『勝定国師年譜』（続群書類従、続群書類従完成会）
『諸門跡伝』（大日本史料七編九冊七七三頁、東京大学出版会）
『神輿中門廻廊等造替記録』（北野天満宮史料、北野天満宮）
『禅秀記』（大日本史料七編二二冊一九三頁、二七冊二二八頁、東京大学出版会）

『仙洞御八講記』(『国立歴史民俗博物館研究報告』一六〇集二一四～二一六頁)
『善隣国宝記』(訳注日本史料、集英社)
『即位調進物下行等』(大日本史料七編二一冊七四～七六頁、東京大学出版会)
『尊卑分脈』(国史大系、吉川弘文館)
『醍醐枝葉抄』(続群書類従、続群書類従完成会)
『大乗院日記目録』(大乗院寺社雑事記、臨川書店)
『大嘗会仮名記』(大日本史料七編二三冊一三一～一三二頁、東京大学出版会)
『大通禅師語録』(大日本史料七編九冊四〇六頁、東京大学出版会)
『鎮西要略』(日明勘合貿易史料九四頁、国書刊行会)
『椿葉記』(思文閣出版)
「天龍寺所蔵文書」(加能史料室町Ⅰ三一四～三一五頁、石川史書刊行会)
『東院毎日雑々記』(大日本史料七編四冊一八一頁、一〇冊三一九頁、二〇冊四二六頁、東京大学出版会)
『東海璚華集』(五山文学新集二巻、東京大学出版会)
『当寺規範』(大日本史料七編一五冊二～三頁、東京大学出版会)
『東寺執行日記』(大日本史料七編一〇冊一六頁・三六八頁、東京大学出版会)
『東寺鎮守八幡宮供僧評定引付』(大日本史料七編二〇冊二六四～二五一頁、東京大学出版会)
『東寺廿一口供僧方評定引付』(思文閣出版)
「東寺百合文書」(い函・ハ函・ミ函・マ函＝大日本史料七編三冊八七八～八七九頁、一三冊四七八頁、一五冊三二五～三二六頁、東京大学出版会、チ函＝思文閣出版)
『特賜仏日常光国師空谷和尚行実』(大日本史料七編八冊七二三頁、東京大学出版会)

『土岐家聞書』（群書類従、続群書類従完成会）
『禿尾長柄帚』（五山文学新集四巻、東京大学出版会）
「鳥名木文書」（神奈川県史、神奈川県）
『南方紀伝』（大日本史料七編一四冊三八七頁、東京大学出版会）
「西山地蔵院文書」（思文閣出版）
『如是院年代記』（群書類従、続群書類従完成会）
「禰寝文書」（大日本史料七編二冊一〇四～一〇五頁、東京大学出版会）
『年代記』（大日本史料七編一五冊三五頁、東京大学出版会）
『教言卿記』（史料纂集、続群書類従完成会）
『梅松論』（新撰日本古典文庫、現代思潮社）
『八幡社参記』（大日本史料七編六冊九五頁、東京大学出版会）
『春の夜の夢』（大日本史料七編一冊七五六頁、東京大学出版会）
『武家昇晋年譜』（冷泉家時雨亭叢書、朝日新聞社）
『武家年代記』（続史料大成、臨川書店）
「武州文書」（神奈川県史、神奈川県）
『不知記』（大日本史料七編一五冊三四九～三五〇頁、一六冊五八七頁、東京大学出版会）
『北肥戦誌』（大宰府・太宰府天満宮史料一三巻五三頁、太宰府天満宮）
「益田家文書」（大日本古文書、東京大学出版会）
「松平基則氏所蔵文書」（神奈川県史、神奈川県）
『満済准后日記』（続群書類従、続群書類従完成会）

『明史』（倭国伝、講談社）

『明実録』（中国・朝鮮の史籍における日本史料集成、国書刊行会）

『昔御内書符案』（大館記、『ビブリア』八〇号）

「村上文書」（愛媛県史、愛媛県）

『室町元服拝賀記』（大日本史料七編一冊三四一頁、東京大学出版会）

「室町幕府追加法」（中世法制史料集、岩波書店）

『師郷記』（史料纂集、続群書類従完成会）

『康富記』（史料大成、臨川書店）

『山科家礼記』（史料纂集、続群書類従完成会）

『山田聖栄日記』（大日本史料七編一三冊二五九～二六〇頁、東京大学出版会）

「結城家文書」（白河市史、福島県白河市）

「結城古文書写」（白河市史、福島県白河市）

「離宮八幡宮文書」（島本町史、大阪府島本町）

『李朝実録』（中国・朝鮮の史籍における日本史料集成、国書刊行会）

『老松堂日本行録』（岩波書店）

『鹿苑院殿薨葬記』（群書類従、続群書類従完成会）

『若狭国守護職次第』（群書類従、続群書類従完成会）

『和漢合符』（大日本史料七編一二冊一九頁、東京大学出版会）

あとがき

近年、義持政権に関する研究が飛躍的に進展して、この時期に整えられた制度・機構が、以後の室町幕府に引き継がれていくことが、次々と明らかにされている。筆者もこれまで、室町幕府の権力構造や、南北朝・室町期の政治史を分析する過程で、義持政権の特質について論及してきた。本書では、これらの研究における成果を踏まえ、かつ新たな知見も加えながら、義持とその時代像を描いてみた。従来の通説と異なる指摘をする場合には、原則として根拠とした史料・文献を明示した。

本文で論じた義持の生涯は、およそ次の五つに区分できる。第一期は、至徳三年（一三八六）の誕生から応永一五年（一四〇八）の義満の死去まで（第一章）。この期間は、義満の世継ぎに決まり帝王学の修養に励んだ、下積み・見習いの時代である。第二期は、義満の死から応永一七年の斯波義将の死去までの初政期である（第二章）。義持は親政を開始するが、宿老斯波義将をはじめ義満以来の遺臣の影響力が大きく、斯波路線から脱却できないでいる時期にあたる。第三期は、義将の死から応永二三年の上杉禅秀の乱までの期間であり、義持による親政が本格化し、内政・外交に独自色が発揮されていく時期である（第三章）。第四期は、上杉禅秀の乱から応永三〇年の将軍退職までの期間で、東国の争乱や対外関係で義持が人生最大の危機に遭遇する時期である。第四期については二つに分け、国内で高まる社会不安に連動して緊迫化した対外関係や（第四章）、国家的危機を受け断行された幕政改革に論点をすえて（第五章）、室町幕府の制度・機構が確立していく過程を叙述した。第五期は、将軍退職から義持の死までの期間であり、将軍職を譲った義量が急死して、義持の将来設計が狂うとともに、その治世の功罪が明確になる時期にあたる（第六章）。

本書は以上の時期区分にそった構成となっているが、意図するところは、複数分野にわたる個々の事象がいかなる関係性を有するのか見なおすことによって、義持とその時代像の再構築を試みる点にある。義持の治世を特徴づける京都・鎌倉にわたる政争や戦乱、応永の大飢饉をもたらした天変地異、明・朝鮮・琉球などとの対外交渉について、従来ともすれば個別に論じられがちだったが、それぞれほぼ同時並行に進展していたのであり、義持は次々とおこる案件に対処しなければならなかった。これらを同じ時間軸にのせることで複合的に把握するとともに、諸問題に直面した義持の成長・変化や、さまざまな形で関わった人々の動向にも着目して、当時の政治・社会状況のなかに彼の事績を動態的に位置づけるよう努めた。以前に公表した拙稿〔吉田：二〇一四〕で示唆するにとどまった、日明断交と国内問題との連動性などについて詳細に論じるのは、義持の行実を全体的に総括できる本書のような企画でなければ難しかっただろう。当初の意図がどれだけ貫徹できたか心もとないが、義持論の回顧と展望に少しでも寄与することができれば望外の喜びである。

本書を脱稿した本年は、奇しくも義持生誕六三〇周年にあたる。残念ながら出版計画の都合で刊行は翌年になるとのことだが、こうした節目に執筆の機会をいただいた、ミネルヴァ書房の堀川健太郎氏と大木雄太氏に心よりのお礼を申し上げる次第である。また最後に私事ながら、いつも支えてくれる家族に厚く謝意を表するとともに、上梓を待たず六月に永眠した祖父に本書を捧げることをお許し願いたい。

二〇一六年一二月

吉田賢司

足利義持略年譜

〔　〕内の数字は、本書の関連頁を示す。義持の事跡については、主語を省略した。

和暦	西暦	齢	関係事項	一般事項
至徳　三	一三八六	1	2・12生誕、生母藤原慶子〔15〕。	
嘉慶　元	一三八七	2	正・14異母兄宝幢若君没（3歳）〔18〕。	12・25土岐頼康没（70歳）、土岐康行・同満貞継ぐ〔20〕。
康応　元	一三八九	4		5・4山名時義没（44歳）、時熙継ぐ〔21〕。
明徳　元	一三九〇	5	閏3・―義満、土岐康行を攻める（土岐康行の乱）〔20〕。	【明】燕王朱棣、モンゴルに遠征。
二	一三九一	6	5・8義満、斯波義将に代わり細川頼元を管領に任じる〔20〕。12・30義満、山名氏清・同満幸らを破る（明徳の乱）〔21〕。	【明】倭寇、雷州を襲撃。
三	一三九二	7	8・26異母兄尊満、青蓮院に入室〔18〕。閏10・2南朝の後亀山天皇、京都に帰り、神器を北朝の後小松天皇に譲る（南北朝の合一）〔21〕。	【朝鮮】李成桂、高麗を廃して王位につく（太祖）〔108〕。
四	一三九三	8	6・5義満、管領細川頼元をやめ、斯波義将を任じ	【朝鮮】太祖、明の勧めによっ

			る〔22〕。10・28尊満、出家する〔18〕。11・2矢開の儀を行う〔17〕。11・26義満、土倉酒屋役の賦課を開始〔22〕。	て国号を朝鮮と定める〔108〕。
応永元	一三九四	9	6・13弟義教生まれる、生母藤原慶子〔26〕。12・17元服して諱を授かり、正五位下・征夷大将軍に叙任〔23〕。12・25義満、太政大臣に任官〔24〕。この年、弟義嗣生まれる、生母春日局〔19・50〕。	【明】倭寇、浙東・金州を襲撃。【朝鮮】太祖、開京から漢陽に遷都〔翌年、漢城と改名〕。
二	一三九五	10	6・3従四位下に昇進。6・20義満、出家する〔24〕。11・14義満、九州探題今川貞世を京都に召還〔32〕。この年、義持の小番衆が選抜される〔28〕。	
三	一三九六	11	3・—義満、九州探題今川貞世をやめ、渋川満頼を任じる〔110〕。4・20正四位下に昇進〔24〕。9・12参議に任官〔24〕。10・16読書始を行う〔18・24〕。	
四	一三九七	12	正・5従三位に昇進。3・29権中納言に任官〔36〕。この年、妹聖仙生まれる、生母藤原慶子〔26〕。	5・7細川頼元没〔55歳〕、満元継ぐ〔32〕。
五	一三九八	13	正・5正三位に昇進。6・20義満、管領を斯波義将から畠山基国に交替〔32〕。8・22義満に連れられ北野社に参籠〔16〕。	11・4鎌倉公方足利氏満没〔40歳〕、満兼継ぐ。【明】洪武帝没〔71歳〕、孫の朱允炆即位〔建文帝〕〔40〕。【朝鮮】太祖の五男李芳遠、政治的に対立する重臣

				らを粛清〔108〕。
六	一三九九	14	4・—義満、室町第から北山第に移る〔26〕。5・8生母藤原慶子没（42歳）〔26〕。6・23絶海中津より受衣〔25〕。12・21義満、大内義弘を討つ（応永の乱）〔32〕。	【明】燕王朱棣、挙兵（靖難の変）〔40〕。【朝鮮】太祖、二男李芳果に譲位（定宗）。
七	一四〇〇	15	正・5従二位に昇進〔34〕。正・11初めて評定始に出席〔34〕。12・19御判始を行う〔35〕。	【朝鮮】定宗、弟李芳遠に譲位（太宗）〔108〕。
八	一四〇一	16	3・24権大納言に任官〔44〕。5・13義満、使節を明に派遣〔40〕。	
九	一四〇二	17	正・6正二位に昇進。9・5義満、建文帝の明使を北山第で引見〔41〕。11・19従一位に昇進〔44〕。	【明】朱棣、南京を占領して帝位を簒奪（永楽帝）〔40〕。
一〇	一四〇三	18	2・19義満、明使帰国にあたり使節を派遣〔40〕。3・28石清水八幡宮に初めて参詣〔29〕。	【朝鮮】太宗、永楽帝から冊封される〔108〕。
一一	一四〇四	19	4・24国康のため、白衣観音図を描く〔35・41〕。5・16義満、明使を北山第に迎え、永楽帝から「日本国王」に冊封される〔40〕。	
一二	一四〇五	20	4・5師僧絶海中津没（70歳）〔39〕。7・17准母日野業子没（54~55歳）〔54〕。7・25義満、管領畠山基国をやめ、斯波義重を任じる〔47〕。12・26町資藤から子藤光の烏帽子親に請われる〔49〕。	【明】永楽帝、鄭和の船団を南海方面に派遣（第一次）。

一三	一四〇六	21	正・13偏諱を山科教興の甥教良に授ける（持教）〔49〕。3・28義満に譴責される〔49〕。8・17右近衛大将を兼任〔43〕。12・27義満、後妻裏松康子を後小松天皇の准母となす〔54〕。	正・18畠山基国没（55歳）、二男満慶継ぐ〔34〕。【明】永楽帝、北京の造営開始、安南（ベトナム）出兵。【琉球】尚巴志、中山王武寧を廃して父尚思紹を擁立〔112〕。
一四	一四〇七	22	正・16師僧空谷明応没（80歳）〔39〕。7・19右大将拝賀のため参内〔47〕。7・24正室裏松栄子、嫡男（義量）を産む〔44〕。この年、小早川則平を安芸仏通寺に遣わし、愚中周及の法語を求める〔28・40〕。	【明】永楽帝、安南を交趾と改め布政使司を設置。【朝鮮】太宗、興利倭人との交易を規制〔178〕。【琉球】尚思紹、永楽帝から冊封される〔108・112〕。
一五	一四〇八	23	正・26直衣始を行う〔48〕。3・8後小松天皇、北山第に行幸〔50〕。4・25義嗣、内裏で元服〔54〕。5・6義満没（51歳）〔57〕。5・9義満に対する太上天皇の尊号辞退〔60〕。6・22南蛮船、若狭小浜に来航し象を献ずる〔110〕。6・26室町第から北山第に移る〔61・66〕。7・29赤松義則、大和における紛争で幕命を無視し、興福寺衆徒筒井を援助〔66〕。8・13石清水八幡宮に、山城今福郷を寄進（発給文書の初見）〔68〕。8・16義満の百日忌法要	【明】永楽帝、鄭和の船団を南海方面に派遣（第二次）。義持を「日本国王」に封じる冊封使を派遣〔79〕。

			を行う〔64〕。9・―畠山満慶に代えて、その兄満家に家督を継がせる〔70〕。10・5御賀丸による東寺領大和河原城荘などの競望をとどむ〔70〕。11・3「諸国闕所」に関する法令発布〔72〕。この年、代始め徳政開始（第一次徳政）〔69・72〕。	
一六	一四〇九	24	3・―これより約一か月間、病のため危篤〔105〕。6・7管領斯波義重をやめ、その父義将に還補〔78〕。6・18斯波義将、朝鮮に義持の継嗣を告げる〔79〕。7・5明使周全を北山第で引見、永楽帝から「日本国王」に冊封される〔79・103〕。7・23内大臣に任官〔117〕。8・10管領斯波義将をやめ、その孫義淳を任じる〔78〕。9・10島津元久を薩摩守護に補任〔112〕。10・26北山第より三条坊門第に移る〔82〕。12・11義嗣と北野社に参籠〔62〕。	正・6一色満範没（42歳）、義範継ぐ〔131〕。7・22鎌倉公方足利満兼没（32歳）、持氏継ぐ〔151〕。
一七	一四一〇	25	正・5義嗣、正三位に昇進〔62〕。3・4後亀山法皇、三条坊門第に御幸〔116〕。6・9管領を斯波義淳から畠山満家に更迭〔96〕。6・11薩摩から上洛した島津元久に謁見〔113〕。6・29島津元久の宿所で世阿弥の演能を見物、多くの唐物を献上される〔92・113〕。8・―山名時熙、朝鮮使梁需を詩会にま	5・7斯波義将没（61歳）、義重継ぐ〔96〕。7・5伊勢貞行没（53歳）、貞経継ぐ〔96〕。【明】永楽帝、第一次モンゴル親征。

			ねき、「芭蕉夜雨図」が作成される〔108・109〕。10・—このころ、花押の形状に変化〔96〕。11・27後亀山法皇、吉野に遷幸〔99・116〕。12・23鎌倉公方足利持氏の元服で偏諱を授ける〔153〕。この年前後、「瓢鮎図」「布袋図」が製作される〔94・95〕。	
一八	一四一一	26	2・22象を朝鮮の太宗に贈る〔110〕。7・28姉小路尹綱の追討を命じる（応永飛騨の乱）〔98〕。8・4飛騨富安郷を京極高光に預ける〔100〕。8・23近江守護を六角満高から青木持通に更迭〔100〕。9・9明使王進の入洛を許さず、帰国させる〔103〕。11・25義嗣、権大納言に任官〔62〕。10・14飛騨石浦郷地頭職などを京極高光に預ける〔100〕。10・21朝鮮に大蔵経を求める〔110〕。11・28皇子躬仁の元服で加冠役にあたる〔117〕。12・1五山派禅院に、諸行事の費用節約を指示〔65〕。	正・16上杉憲定、関東管領を辞任〔152〕。2・9上杉氏憲、関東管領に就任〔152〕。8・6島津元久没（49歳）、弟久豊クーデタで家督奪取〔114・115〕。【明】永楽帝、日本に王進を派遣〔103〕。満州経営の前進拠点として、黒竜江にヌルカン都司を設置。
一九	一四一二	27	3・16管領畠山満家をやめ、細川満元を任じる〔117〕。4・22東山常在光院で増阿弥の勧進田楽を見物〔92〕。5・29右近衛大将を辞す〔118〕。6・21南蛮船、若狭に来航〔114〕。8・15石清水放生会の上卿を勤仕〔120〕。8・29躬仁の即位（称光天皇）に	12・18上杉憲定没（38歳）、憲基継ぐ〔153〕。【明】永楽帝、鄭和の船団を南海方面に派遣（第三次）。

			ともない、後小松上皇の院執事となる〔122〕。9・27院参にさいし、廷臣総出の供奉をとどめる〔87・123〕。12・―束帯姿の肖像画を制作させる〔124〕。	
二〇	一四一三	28	10・22奨学院・淳和院別当となる〔128〕。10・23源氏長者となる〔128〕。この年、奉行人意見制の初見〔212・213〕。この前後、土倉方一衆を公方御倉に抜擢〔216〕。	3・16裏松重光没（44歳）、義資継ぐ〔136〕。8・19京極高光没（39歳）、持光継ぐ〔100〕。【明】永楽帝、日本遠征計画を朝鮮に伝える〔107〕。
二一	一四一四	29	正・5義嗣、正二位に昇進〔168〕。6・8斯波満種を高野山に追放〔130〕。この月、小早川則平を上使として九州に派遣〔111〕。7・8興福寺衆徒と大和国民の狼藉をいましめ、起請文を提出させる〔132〕。8・13山崎神人の諸役を免除〔246〕。この月、一色義範を侍所所司に登用〔131・247〕。9・―直衣姿の肖像画を制作させる〔127〕。10・4興福寺の学侶・六方衆の乱行をいましめ、起請文を提出させる〔134〕。11・25琉球尚思紹からの遣使をねぎらう（以後、琉球使船の往来活発化）〔113〕。11・29東大寺領押領の罪で、細川宮内少輔を罰する〔130〕。12・5仙洞御所への方違行幸で、関白に代わり称光天皇に	【明】永楽帝、第二次モンゴル親征。

			近侍〔136〕。12・13神祇官への行幸にさいして、関白に代わり称光天皇に近侍〔137〕。12・19称光天皇の即位式を執り行う〔138〕。このころ、仲方中正に僧録との間を取り次がせる（蔭凉職の前身）〔213〕。	
二二	一四一五	30	4・7北畠満雅征討の兵を発す（北畠満雅の乱）〔144〕。10・14北畠満雅を赦免〔147〕。11・21称光天皇の大嘗会で、関白の役割を代行〔141〕。11・—このころ花押を改変、「騎驢人物図」を描く〔142〕。	4・25上杉氏憲、関東管領を辞職して籠居〔153〕。5・2上杉憲基、関東管領に就任〔153〕。
二三	一四一六	31	6・1相国寺で兵器を所持する僧を捕え、遠流に処する〔136〕。6・19廷臣らに、禁裏小番の強化を命じる〔149〕。7・1仙洞御所焼亡、内裏への延焼を防ぐ〔150〕。8・15石清水神人、強訴のため放生会を妨害〔246〕。9・—後亀山法皇を吉野から迎える〔147〕。10・2足利満隆・上杉氏憲ら、持氏の鎌倉御所を襲撃（上杉禅秀の乱）〔153〕。10・29越後守護上杉・駿河守護今川を持氏の援軍として派遣〔157〕。11・9義嗣を林光院に拘禁し、その側近山科教高・日野持光らを加賀に配流〔158・159〕。12・14称光天皇の実名を、「躬仁」から「実仁」に改めるよう勧める〔159〕。	【明】永楽帝、鄭和の船団を南海方面に派遣（第四次）。【琉球】尚巴志、山北王攀安知を滅ぼす。

二四	一四一七	32	正・10足利満隆・上杉氏憲ら、鎌倉雪下で自害〔160〕。8・15石清水放生会で上卿を勤仕〔162〕。12・1義量を元服させる〔168〕。	4・28上杉憲基、関東管領を辞す〔163〕。6・30足利持氏、上杉憲基を関東管領に還補〔165〕。【明】永楽帝、朝鮮と琉球の使節に日本遠征を告知〔176〕。
二五	一四一八	33	正・24足利義嗣殺害（25歳）〔166〕。この月から、細川満元、伺事をせず〔170〕。2・13~30日野持光・山科教高を配流先の加賀で誅殺〔166〕。5・14叔父足利満詮没（55歳）〔174〕。6・2諸大名、洛中に軍勢を召集〔173〕。6・5明使呂淵、兵庫に来航。入京を拒絶され、島津久豊の使者をともない帰国〔176・177〕。6・13持氏、義量の元服を賀する〔228〕。6・6畠山満慶・山名時熙・世保持頼に義嗣与同の嫌疑〔173〕。8・13事前に院宣のチェック開始、伝奏を介して公武間の連絡強化〔214〕。8・18南蛮国から、沈香・象牙・薬種が献上される〔115〕。9・9北山大塔の造営を再開〔238〕。10・24侍所所司の一色義範を、山城守護に補任（応永元年以来の両職兼帯）〔131・247〕。この月、上使小早川則平、朝鮮に遣使開始、翌月図書を授与される〔111〕。11・24富	正・4上杉憲基没（27歳）、憲実継ぐ〔165〕。4・―宗貞茂没、貞盛継ぐ〔178〕。この月、持氏、上杉氏憲残党の掃討を本格化、以後連年続ける〔165〕。8・18斯波義重没（48歳）、義淳継ぐ〔175〕。この年、九州探題を渋川満頼から同義俊に交替〔179〕。【明】永楽帝、日本に呂淵を派遣〔176〕。【朝鮮】太宗、三男李裪に譲位（世宗）、上王として軍権握る〔178〕。

			樫満成を高野山に追放。この日、細川満元、伺事を再開〔175〕。12・8奉行人に迅速・公正な審理を起請文で誓わせる〔209〕。12・13雑訴以下の訴訟励行を指示（第二次徳政）〔208〕。	
二六	一四一九	34	2・4このころ畠山満家に富樫満成を河内で誘殺させる〔175〕。6・20朝鮮軍、対馬を攻撃（応永の外寇・己亥東征）〔179〕。7・5祈年穀奉幣の再興を指示〔182・198〕。7・—明使呂淵、兵庫に再来航〔106・181〕。8・7少弐満貞から朝鮮軍襲来の注進京着〔186〕。8・15石清水放生会の上卿を勤仕〔183〕。8・29内大臣を辞官〔139〕。9・12西京神人に麹専売特許を認める〔198・261〕。10・9相国寺・建仁寺など五山に断酒を命じる（第一次禁酒令）〔199〕。	11・11裏松康子没（51歳）〔167〕。【明】永楽帝、再び呂淵を日本に派遣〔181〕。明軍、遼東の望海堝で倭寇を大破〔180・185〕。【朝鮮】太宗、対馬攻撃を命じる〔179〕。
二七	一四二〇	35	2・7宝幢寺供養の式場嵯峨での飲酒を厳禁（第二次禁酒令）〔199〕。2・9宝幢寺の再建供養にのぞむ〔198〕。5・15禅院一般に断酒を命じる（第三次禁酒令）〔199〕。6・16朝鮮使節の宋希璟を宝幢寺で謁見〔194〕。7・17飢饉により八朔の礼物をとどむ〔200〕。8・29病で危篤、翌月主治医の高間良覚が狐付きの嫌疑で捕えられる〔200〕。10・23広橋兼宣らを閉居	この年、数年来の天候不順・凶作のため、大飢饉となる（応永の大飢饉）〔197〕。

			させる〔214〕。12・―持氏を従三位に推挙〔228〕。	
二八	一四二一	36	正・―五条河原で飢民に施行を命じる〔201〕。2・21伊勢神宮に参詣して、疫病・飢饉退散を祈願（この年3・11、9・17にも行う）〔202〕。3・16裏松栄子ら、熊野社に参詣〔202〕。6・15餓死・病死者追善のため、大施餓鬼法会を企画〔219〕。7・25嫡子義量に大酒をいましめ、4日後その近臣36人に断酒の起請文を提出させる（第四次禁酒令）〔199〕。8・5ごろ称光天皇の重態にさいし、彦仁王に関心を示す〔220〕。8・14管領細川満元をやめ、畠山満家を任じる〔204〕。9・18称光天皇の病気平癒祈願のため、伊勢に参宮〔220〕。12・7侍所を一色義範から京極高数に交替〔100・204〕。	11・10上杉房方没（55歳?）、朝方継ぐ〔235〕。この年、疫病・飢饉の被害が蔓延〔201〕。【明】永楽帝、鄭和の船団を南海方面に派遣（第五次）。南京から北京に遷都。落雷により紫禁城炎上〔185〕。【琉球】中山王尚思紹没、尚巴志継ぐ。
二九	一四二二	37	2・―このころ、守護に役夫工米の徴収を請け負わせる〔217〕。5・16小早川則平に、大友親著と菊池兼朝の合戦を調停させる〔234〕。7・26「御成敗条々」を定める〔204〕。この年、段銭免除を下達する管領奉書制限、奉行人奉書に一本化〔211〕。	10・14上杉朝方没、弟頼方継ぎ長尾邦景と対立〔235〕。閏10・13持氏、山入与義を討つ〔229〕。【明】永楽帝、第三次モンゴル親征。【朝鮮】太宗没（56歳）、世宗の親政開始〔195〕。
三〇	一四二三	38	3・18将軍職を辞し、義量に譲る〔221〕。3・22石	8・2持氏、常陸の小栗満重を

三一	一四二四	39	清水権俗別当に就任〔226〕。4・25出家、同日に尊氏追善の八講再興（前年、義詮追善の八講再興）〔222・238〕。7・5関東の処置を諸大名に諮る〔230〕。7・10結城光秀を下野守護に補任〔232〕。8・11牙旗を駿河守護今川範政に授け、持氏を討たせる〔232〕。8・16南朝皇胤の上野宮を相応院に入室させる〔235〕。8・24関東・九州の兵乱と、伊勢の不穏な情勢により、三条坊門第御幸を延期〔234〕。9・18越後守護上杉頼方の討伐を命じるも、中止〔235〕。11・29持氏の使者、和睦交渉のため京着〔236〕。この年前後、段銭・訴訟制度を改革〔205・207〕。2・5鎌倉府と和睦、このころ花押を肥大化〔236・237〕。5・6仙洞御所女房に密通した世保持頼の追討を命じる〔241・242〕。6・8廷臣の三条坊門第出仕を制限〔242〕。6・14石清水神人、幕府に強訴〔244〕。6・26八幡に軍勢を遣わして社頭を警固させる〔244〕。7・4石清水神人の要求により、社務を田中融清から西竹保清に更迭〔245〕。10・14石清水神人、再び強訴〔246〕。11・26畠山満家、越後上杉家の家督争いに介入、細川満元・赤松義則と確執	攻め滅ぼし、ついで下野の宇都宮持綱らを討つ〔232〕。【明】永楽帝、第四次モンゴル親征。7・―畠山満家、管領辞任を懇願〔244〕。11・―足利満貞、陸奥稲村から鎌倉に戻る〔236〕。【明】永楽帝、鄭和の船団を南海方面に派遣（第六次）。第五次モンゴル親征の帰途没（65歳）、嫡男の朱高熾即位（洪熙帝）〔185〕。

三二	一四二五	40	〔262〕。このころ、飲酒量がピークに達する〔255〕。2・27嫡子義量没（19歳）、将軍空位（〜一四二九）〔247〕。6・2後小松上皇、室町殿の尊貴性を明言〔243〕。6・28称光天皇と後小松上皇の不和を仲立ち〔248〕。閏6・11足利持氏による、常陸守護に山入祐義と佐竹義憲の分割登用案を受諾〔249〕。7・13少弐・菊池の蜂起により、大内盛見に九州探題渋川義俊を支援させる〔252〕。7・28称光天皇の重篤にともない、彦仁を新帝候補にあげる〔249〕。9・26「洛中洛外酒屋土倉、付けたり地下人等、負物の事」を発布〔257〕。10・7相国寺の再建開始〔257〕。10・27洛外土倉に対する課税額を引き上げる〔258〕。11・30猶子にと請う持氏からの使者に対面せず〔250〕。この年、再建なった東福寺の三門に自筆の扁額をかかげる〔238〕。	正・22島津久豊没（51歳）、貴久継ぐ〔252〕。2・16皇太弟小川宮没（22歳）〔247〕。閏6・3後小松上皇、伏見宮貞成親王に出家を強要〔249〕。8・14相国寺焼亡〔254〕。9・13大友親著、子孝親に攻められる（三角畠の乱）〔253〕。10・28大内盛見、少弐満貞を破る〔254〕。【明】洪熙帝没（48歳）、嫡男の朱瞻基即位（宣徳帝）。
三三	一四二六	41	4・3男子出生を祈願して、粉河寺に戸帳を奉納〔251〕。6・7近江坂本馬借らの京都乱入にそなえ、要所の警固を命じる〔260〕。11・17越後守護を上杉頼方から上杉幸龍丸に更迭〔262〕。	正・―足利持氏、花押を足利嫡流の形状に似せる〔250〕。10・16細川満元没（49歳）、持元継ぐ〔261〕。
三四	一四二七	42	4・20「洛中洛外酒屋土倉条々」を発布〔258・259〕。	9・21赤松義則没（70歳）、満

			10・26赤松満祐の分国播磨を没収し、下国した満祐の追討を命じる〔265〕。11・13赤松持貞を自害させる〔266〕。11・25赤松満祐を赦免〔267・268〕。	祐継ぐ〔263〕。【明】宣徳帝、ベトナムから明軍を撤退させる。
正長 元	一四二八	43	正・7風呂で尻の傷をかき破り、発病〔269〕。正・17後継を鬮で決することを許す〔270〕。正・18死去（43歳）、弟青蓮院義円（義教）継ぐ〔274〕。5・—義教、「非分御寄進の神領」につき諮る〔283〕。8・—北畠満雅、後亀山法皇の皇子小倉宮を奉じて、伊勢で再び挙兵〔279〕。9・18正長の徳政一揆おこる〔281〕。この年から32年間、上使小早川氏の朝鮮遣使中断〔253〕。	4・27「正長」と改元、義持の治世を象徴した「応永」終わる〔276〕。7・20称光天皇没（28歳）、彦仁践祚（後花園天皇）〔279〕。
永享 元	一四二九	—	11・14義教、大内盛見に幕府料国筑前の管轄をゆだねる〔281〕。11・24義教、大和における筒井と越智・箸尾の合戦に介入開始（大和永享の乱）〔281〕。	【琉球】尚巴志、山南王他魯毎を滅ぼし琉球を統一〔114〕。
三	一四三一	—	7・27後室裏松栄子没（42歳）〔283〕。8・30義教、政道を批判した伊勢貞経を失脚させ、義持旧近臣の粛正を本格化させる〔283〕。12・11義教、義持ゆかりの三条坊門第から室町第に移る〔283〕。	6・28大内盛見、筑前深江で大友・少弐勢に攻められ敗死（55歳）〔281〕。

人 名 索 引

＊は研究者，（　）は又名，〈　〉は補足

あ 行

か　行

さ　行

た　行

な 行

は　行

ま　行

や　行

ら　行

わ　行

事項索引

〔　〕は所在地，（　）は又名，〈　〉は補足

あ　行

か　行

さ 行

た　行

な 行

は 行

ま　行

や　行

ら　行

わ　行

《著者紹介》

吉田賢司（よしだ・けんじ）

1974年　京都府生まれ。

2004年　龍谷大学大学院文学研究科博士課程単位取得満期退学。帝京大学講師を経て,

現　在　龍谷大学文学部准教授。博士（文学）。専攻は日本中世史。

著　書　『室町幕府軍制の構造と展開』（吉川弘文館，2010年）

『鎌倉時代の権力と制度』（共著，思文閣出版，2008年）

『岩波講座 日本歴史８〔中世３〕』（共著，岩波書店，2014年）ほか。

ミネルヴァ日本評伝選

足《あし》利《かが》義《よし》持《もち》

――累葉の武将を継ぎ，一朝の重臣たり――

2017年５月10日　初版第１刷発行　〈検印省略〉

定価はカバーに
表示しています

著　者　吉　田　賢　司

発行者　杉　田　啓　三

印刷者　江　戸　孝　典

発行所　株式会社　ミネルヴァ書房

607-8494 京都市山科区日ノ岡堤谷町１

電話代表（075）581-5191

振替口座 01020-0-8076

© 吉田賢司，2017〔170〕

共同印刷工業・新生製本

ISBN978-4-623-08056-4

Printed in Japan

刊行のことば

歴史を動かすものは人間であり、興趣に富んだ人間の動きを通じて、世の移り変わりを考えるのは、歴史に接する醍醐味である。

しかし過去の歴史学を顧みるとき、人間不在という批判さえ見られたように、歴史における人間のすがたが、必ずしも十分に描かれてきたとはいえない。二十一世紀を迎えた今、歴史の中の人物像を蘇生させようとの要請はいよいよ強く、またそのための条件もしだいに熟してきている。

この「ミネルヴァ日本評伝選」は、正確な史実に基づいて書かれるのはいうまでもないが、単に経歴の羅列にとどまらず、歴史を動かしてきたすぐれた個性をいきいきとよみがえらせたいと考える。そのためには、対象とした人物とじっくりと対話し、ときにはきびしく対決していくことも必要になるだろう。

今日の歴史学が直面している困難の一つに、研究の過度の細分化、瑣末化が挙げられる。それは緻密さを求めるが故に陥った弊害といえるが、その結果として、歴史の大きな見通しが失われ、歴史学を通しての社会への働きかけの途が閉ざされ、人々の歴史への関心を弱める危険性がある。今こそ歴史が何のためにあるのかという、基本的な課題に応える必要があろう。評伝という興味ある方法を通じて、解決の手がかりを見出せないだろうかというのも、この企画の一つのねらいである。

狭義の歴史学の研究者だけでなく、多くの分野ですぐれた業績をあげている著者たちを迎えて、従来見られなかった規模の大きな人物史の叢書として、「ミネルヴァ日本評伝選」の刊行を開始したい。

平成十五年（二〇〇三）九月

ミネルヴァ書房

ミネルヴァ日本評伝選

企画推薦
梅原　猛
ドナルド・キーン
佐伯彰一
角田文衞

監修委員
上横手雅敬
芳賀　徹

編集委員
石川九楊
伊藤之雄
猪木武徳
今谷　明
今橋映子
熊倉功夫
佐伯順子
坂本多加雄
武田佐知子
竹西寛子
西口順子
兵藤裕己
御厨　貴

上代

*俾弥呼　古田武彦
日本武尊　西宮秀紀
*仁徳天皇　若井敏明
雄略天皇　吉村武彦
継体天皇　若井敏明
*蘇我氏四代　遠山美都男
推古天皇　義江明子
聖徳太子　仁藤敦史
斉明天皇　武田佐知子
小野妹子・毛人　大橋信弥
*額田王　梶川信行
弘文天皇　遠山美都男
天武天皇　新川登亀男
持統天皇　丸山裕美子
阿倍比羅夫　熊田亮介
*藤原四子　木本好信
*柿本人麿　古橋信孝
*元明天皇・元正天皇　渡部育子
聖武天皇　本郷真紹
光明皇后　寺崎保広
*孝謙・称徳天皇　勝浦令子
藤原不比等　荒木敏夫
橘諸兄・奈良麻呂　遠山美都男
吉備真備　今津勝紀
*藤原仲麻呂　木本好信
道鏡　吉川真司
*藤原種継　木本好信
大伴家持　和田　萃
*行基　吉田靖雄

平安

*桓武天皇　井上満郎
嵯峨天皇　西別府元日
宇多天皇　古藤真平
醍醐天皇　石上英一
村上天皇　京樂真帆子
花山天皇　上島　享
*三条天皇　倉本一宏
藤原薬子　中野渡俊治
*藤原良房・基経　瀧浪貞子
菅原道真　竹居明男
*紀貫之　神田龍身
源高明　所　功
*安倍晴明　斎藤英喜
藤原実資　橋本義則
*藤原道長　朧谷　寿
*藤原伊周・隆家　倉本一宏
藤原定子　山本淳子
清少納言　三田村雅子
紫式部　竹西寛子
和泉式部　ツベタナ・クリステワ
大江匡房　小峯和明
*阿弖流為　樋口知志
坂上田村麻呂　熊谷公男
*源満仲・頼光　元木泰雄
平将門　西山良平
藤原純友　寺内　浩
最澄　吉田一彦
円珍　岡野浩二
*空也　石井義長
奝然　上川通夫
*源信　小原　仁
慶滋保胤　吉原浩人
*後白河天皇　美川　圭
式子内親王　奥野陽子
建礼門院　生形貴重
*藤原秀衡　入間田宣夫
平時子・時忠　元木泰雄
平維盛　根井　浄
守覚法親王　阿部泰郎
藤原隆信・信実　山本陽子

鎌倉

源頼朝　川合　康
*源義経　近藤好和
源実朝　神田龍身
*九条兼実　加納重文
九条道家　上横手雅敬
北条時政　野口　実
熊谷直実　佐伯真一
*北条政子　関　幸彦
北条義時　岡田清一
曾我十郎・五郎　杉橋隆夫
北条時頼　山本隆志
北条時宗　近藤成一
安達泰盛　山陰加春夫
平頼綱　細川重男
竹崎季長　堀本一繁
西行　光田和伸
鴨長明　浅見和彦
藤原定家　赤瀬信吾
*京極為兼　今谷　明
*兼好　島内裕子
重源　横内裕人
*運慶　根立研介
快慶　井上一稔
法然　今堀太逸
慈円　大隅和雄
明恵　西山　厚
*親鸞　末木文美士

恵信尼・覚信尼　西口順子
覚如　今井雅晴
*道元　船岡誠
叡尊　細川涼一
*忍性　松尾剛次
*日蓮　佐藤弘夫
一遍　蒲池勢至
夢窓疎石　原田正俊
*宗峰妙超　竹貫元勝

南北朝・室町

後醍醐天皇　上横手雅敬
*護良親王　新井孝重
*赤松氏五代　渡邊大門
*北畠親房　岡野友彦
楠正成　兵藤裕己
*新田義貞　山本隆志
*光厳天皇　深津睦夫
足利尊氏　市沢哲
*足利直義　亀田俊和
佐々木道誉　下坂守
円観・文観　田中貴子
足利義詮　早島大祐
足利義満　川嶋將生
*足利義持　吉田賢司
足利義教　横井清
*大内義弘　平瀬直樹
伏見宮貞成親王　松薗斉
*山名宗全　山本隆志
細川勝元・政元　古野貢
足利成氏　阿部能久
世阿弥　西野春雄
雪舟等楊　河合正朝
宗祇　鶴崎裕雄
*満済　森茂暁
一休宗純　原田正俊
蓮如　岡村喜史

戦国・織豊

北条早雲　家永遵嗣
北条氏政　黒田基樹
大内義隆　藤井崇
斎藤氏三代　木下聡
*毛利元就　岸田裕之
*毛利輝元　光成準治
*今川義元　小和田哲男
六角氏五代　村井祐樹
*武田信玄　笹本正治
*武田勝頼　笹本正治
*真田氏三代　笹本正治
*三好長慶　天野忠幸
*宇喜多直家・秀家　渡邊大門
*上杉謙信　矢田俊文
島津義久・義弘　福島金治
*長宗我部元親・盛親　平井上総
吉田兼倶　西山克
山科言継　松薗斉
*雪村周継　赤澤英二
正親町天皇・後陽成天皇　神田裕理
足利義輝・義昭　山田康弘
織田信長　三鬼清一郎
豊臣秀吉　藤井讓治
*北政所おね　田端泰子
*淀殿　福田千鶴
前田利家　東四柳史明
*黒田如水　小和田哲男
*蒲生氏郷　藤田達生
*細川ガラシャ　田端泰子
伊達政宗　伊藤喜良
*支倉常長　田中英道
*長谷川等伯　宮島新一
顕如　神田千里
教如　安藤弥

江戸

*徳川家康　笠谷和比古
*徳川家光　野村玄
徳川吉宗　横田冬彦
*後水尾天皇　久保貴子
光格天皇　藤田覚
崇伝　杣田善雄
*春日局　福田千鶴
宮本武蔵　渡邊大門
*池田光政　倉地克直
保科正之　八木清治
シャクシャイン　岩崎奈緒子
*田沼意次　藤田覚
*二宮尊徳　小林惟司
末次平蔵　岡美穂子
*高田屋嘉兵衛　生田美智子
*林羅山　鈴木健一
吉野太夫　渡辺憲司
中江藤樹　辻本雅史
*山崎闇斎　澤井啓一
山鹿素行　前田勉
*北村季吟　島内景二
伊藤仁斎　澤井啓一
貝原益軒　辻本雅史
松尾芭蕉　楠元六男
*ケンペル　B・M・ボダルト＝ベイリー
新井白石　大川真
荻生徂徠　柴田純
*雨森芳洲　上田正昭
石田梅岩　高野秀晴
白隠慧鶴　芳澤勝弘
前野良沢　松田清
平賀源内　石上敏
本居宣長　田尻祐一郎
杉田玄白　吉田忠
木村蒹葭堂　有坂道子
*大田南畝　沓掛良彦
菅江真澄　赤坂憲雄
*鶴屋南北　諏訪春雄
良寛　阿部龍一
*山東京伝　佐藤至子
*滝沢馬琴　高田衛
平田篤胤　山下久夫
国友一貫斎　太田浩司
シーボルト　宮坂正英
本阿弥光悦　岡佳子
小堀遠州　中村利則
狩野探幽・山雪　山下善也
尾形光琳・乾山　河野元昭
*二代目市川團十郎　田口章子
伊藤若冲　狩野博幸
鈴木春信　小林忠
*佐竹曙山　成瀬不二雄
葛飾北斎　岸文和
酒井抱一　玉蟲敏子
孝明天皇　青山忠正
*和宮　辻ミチ子
徳川慶喜　大庭邦彦
島津斉彬　原口泉
横井小楠　沖田行司
*古賀謹一郎　小野寺龍太
*永井尚志　高村直助
岩瀬忠震　小野寺龍太
*栗本鋤雲　小野寺龍太

大村益次郎　竹本知行
河合継之助　小川和也
西郷隆盛　家近良樹
*塚本明毅　塚本　学
*月　性　海原　徹
*吉田松陰　海原　徹
*高杉晋作　海原　徹
久坂玄瑞　一坂太郎
ペリー　遠藤泰生
ハリス　福岡万里子
オールコック　佐野真由子
アーネスト・サトウ　奈良岡聰智
緒方洪庵　米田該典

近代

*明治天皇　伊藤之雄
*大正天皇　F・R・ディキンソン
*昭憲皇太后・貞明皇后　小田部雄次
大久保利通　三谷太一郎
山県有朋　鳥海　靖
木戸孝允　落合弘樹
井上　馨　伊藤之雄
*松方正義　室山義正
北垣国道　小林丈広
板垣退助　小川原正道
長与専斎　笠原英彦

大隈重信　五百旗頭薫
伊藤博文　坂本一登
井上　毅　大石　眞
*井上　勝　老川慶喜
*桂　太郎　小林道彦
*渡邉洪基　瀧井一博
*乃木希典　佐々木英昭
星　亨　小林道彦
林　董　奈良岡聰智
*児玉源太郎　小林道彦
*高宗・閔妃　木村　幹
山本権兵衛　室山義正
*金子堅太郎　松村正義
高橋是清　鈴木俊夫
小村寿太郎　簑原俊洋
*犬養　毅　小林惟司
*加藤高明　櫻井良樹
牧野伸顕　小宮一夫
田中義一　黒沢文貴
内田康哉　高橋勝浩
石井菊次郎　廣部　泉
平沼騏一郎　堀田慎一郎
*鈴木貫太郎　小堀桂一郎
宇垣一成　北岡伸一
*宮崎滔天　榎本泰子
*浜口雄幸　川田　稔
幣原喜重郎　西田敏宏
関　一　玉井金五
水野広徳　片山慶隆

広田弘毅　井上寿一
安重根　上垣外憲一
*グルー　廣部　泉
*永田鉄山　森　靖夫
東條英機　牛村　圭
今村　均　前田雅之
蔣介石　劉　岸偉
石原莞爾　山室信一
木戸幸一　波多野澄雄
*岩崎弥太郎　武田晴人
伊藤忠兵衛　末永國紀
五代友厚　田付茉莉子
大倉喜八郎　村上勝彦
*安田善次郎　由井常彦
渋沢栄一　武田晴人
益田　孝　鈴木邦夫
山辺丈夫　宮本又郎
武藤山治　阿部武司・桑原哲也
池田成彬　松浦正孝
西原亀三　森川正則
小林一三　橋爪紳也
大倉恒吉　石川健次郎
大原孫三郎　猪木武徳
*河竹黙阿弥　今尾哲也
イザベラ・バード　加納孝代
*林　忠正　木々康子
*森　鷗外　小堀桂一郎
*二葉亭四迷　ヨコタ村上孝之

*夏目漱石　佐々木英昭
徳冨蘆花　半藤英明
巌谷小波　千葉信胤
樋口一葉　佐伯順子
*島崎藤村　十川信介
泉　鏡花　東郷克美
上田　敏　小林　茂
*有島武郎　亀井俊介
永井荷風　川本三郎
北原白秋　平石典子
菊池　寛　山本芳明
芥川龍之介　髙橋龍夫
*宮沢賢治　千葉一幹
高浜虚子　坪内稔典
与謝野晶子　佐伯順子
*種田山頭火　村上　護
*斎藤茂吉　品田悦一
*高村光太郎　湯原かの子
石川啄木　先崎彰容
萩原朔太郎　エリス俊子
*原阿佐緒　秋山佐和子
*狩野芳崖・高橋由一　古田　亮
*小堀鞆音　小堀桂一郎
竹内栖鳳　北澤憲昭
黒田清輝　高階秀爾
中村不折　石川九楊
横山大観　高階秀爾
*橋本関雪　西原大輔

小出楢重　芳賀　徹
土田麦僊　天野一夫
岸田劉生　北澤憲昭
*山田耕筰　後藤暢子
松旭斎天勝　川添　裕
中山みき　鎌田東二
佐田介石　谷川　穣
*ニコライ　中村健之介
出口なお・王仁三郎　川村邦光
島地黙雷　阪本是丸
*新島　襄　太田雄三
新島八重　佐伯順子
木下広次　冨岡　勝
海老名弾正　西田　毅
嘉納治五郎　クリストファー・スピルマン
柏木義円　片野真佐子
津田梅子　田中智子
*澤柳政太郎　新田義之
河口慧海　高山龍三
山室軍平　室田保夫
大谷光瑞　白須淨眞
*久米邦武　髙田誠二
フェノロサ　伊藤　豊
井上哲次郎　井ノ口哲也
三宅雪嶺　長妻三佐雄
*岡倉天心　木下長宏
志賀重昂　中野目徹
徳富蘇峰　杉原志啓

*竹越与三郎　西田　毅
内藤湖南・桑原隲蔵　礪波　護
*廣池千九郎　橋本富太郎
岩村　透　今橋映子
*西田幾多郎　大橋良介
*金沢庄三郎　石川遼子
柳田国男　鶴見太郎
厨川白村　張　競
*天野貞祐　貝塚茂樹
大川周明　山内昌之
西田直二郎　林　淳
折口信夫　斎藤英喜
シュタイン　瀧井一博
*西　周　清水多吉
*福澤諭吉　平山　洋
成島柳北　山田俊治
福地桜痴　山田俊治
島田三郎　武藤秀太郎
田口卯吉　鈴木栄樹
*陸　羯南　松田宏一郎
黒岩涙香　奥　武則
長谷川如是閑　織田健志
*吉野作造　田澤晴子
山川　均　米原　謙
*岩波茂雄　十重田裕一
*北　一輝　岡本幸治
*穂積重遠　大村敦志
中野正剛　吉田則昭

*満川亀太郎　福家崇洋
エドモンド・モレル　林田治男
*北里柴三郎　福田眞人
高峰譲吉　木村昌人
田辺朔郎　秋元せき
*南方熊楠　飯倉照平
石原　純　金子　務
*辰野金吾　河上眞理・清水重敦
*七代目小川治兵衛　尼崎博正
ブルーノ・タウト　北村昌史

現代

昭和天皇　御厨　貴
高松宮宣仁親王　後藤致人
*李方子　小田部雄次
吉田　茂　中西　寛
マッカーサー　柴山　太
石橋湛山　増田　弘
重光　葵　武田知己
市川房枝　村井良太
*池田勇人　藤井信幸
高野　実　篠田　徹
和田博雄　庄司俊作
朴正熙　木村　幹
田中角栄　新川敏光

竹下　登　真渕　勝
*松永安左エ門　橘川武郎
鮎川義介　井口治夫
*出光佐三　橘川武郎
松下幸之助　米倉誠一郎
渋沢敬三　井上　潤
*本田宗一郎　伊丹敬之
井深　大　武田　徹
*佐治敬三　小玉　武
幸田家の人々　金井景子
*正宗白鳥　大嶋　仁
大佛次郎　福島行一
*川端康成　大久保喬樹
*薩摩治郎八　小林　茂
坂口安吾　千葉一幹
太宰　治　安藤　宏
松本清張　杉原志啓
安部公房　鳥羽耕史
*三島由紀夫　島内景二
井上ひさし　成田龍一
R・H・ブライス　菅原克也
柳　宗悦　熊倉功夫
バーナード・リーチ　鈴木禎宏
イサム・ノグチ　酒井忠康
熊谷守一　古川秀昭

川端龍子　岡部昌幸
藤田嗣治　林　洋子
*井上有一　海上雅臣
*手塚治虫　竹内オサム
古賀政男　藍川由美
*吉田　正　金子　勇
武満　徹　船山　隆
*八代目坂東三津五郎　田口章子
*力道山　岡村正史
*西田天香　宮田昌明
安倍能成　中根隆行
サンソム夫妻　平川祐弘・牧野陽子
和辻哲郎　小坂国継
矢代幸雄　稲賀繁美
石田幹之助　岡本さえ
*平泉　澄　若井敏明
*早川孝太郎　須藤　功
安岡正篤　片山杜秀
島田謹二　小林信行
田中美知太郎　川久保剛
前嶋信次　杉田英明
唐木順三　澤村修治
保田與重郎　谷崎昭男
*福田恆存　川久保剛
井筒俊彦　安藤礼二
佐々木惣一　伊藤孝夫
小泉信三　都倉武之
*瀧川幸辰　伊藤孝夫

矢内原忠雄　等松春夫
式場隆三郎　服部　正
*フランク・ロイド・ライト　大久保美春
*中谷宇吉郎　杉山滋郎
大宅壮一　有馬　学
今西錦司　山極寿一
清水幾太郎　庄司武史

*は既刊
二〇一七年五月現在